Otto Zsok

SINN-ORIENTIERTE FÜHRUNGSLEHRE
nach Walter Böckmann

D1696587

Reihe
SINNSPUREN UND WIRTSCHAFT
Band 4

Otto Zsok

SINN-ORIENTIERTE FÜHRUNGSLEHRE
nach Walter Böckmann

Leben und Werk
des Bielefelder Soziologen

1. Auflage 2013
Deutsche Erstausgabe

Copyright © 2013 by EOS – Editions Sankt Ottilien
mail@eos-verlag.de
www.eos-verlag.de

ISBN 978-3-8306-7591-4

Bibliografische Information der Deutschen Bibliothek
Die Deutsche Bibliothek verzeichnet diese Publikation
in der Deutschen Nationalbibliografie; detaillierte bibliografische
Angaben sind im Internet unter http://dnb.ddb.de abrufbar.

Druck und Bindung: EOS-Druck Sankt Ottilien
Printed in Germany

INHALTSVERZEICHNIS

VORWORT UND EINLEITUNG

Wer ist der am 6. Mai 1923 in Wernigerode am Harz geborene und seit 1954 in Bielefeld wohnende Dr. Walter Böckmann, der am **6. Mai 2013** seinen neunzigsten Geburtstag feiert und dem dieses Buch – als Verneigung vor seinem Lebenswerk – gewidmet ist?

In der Weise einer Vorwegnahme lässt sich die Frage so beantworten: Nach 1945 studierte er Psychologie, Soziologie und Pädagogik. Er wurde Diplomsoziologe und promovierte in München mit einem pädagogischen Thema. Nachdem er Jahre hindurch als leitender Angestellter in der Medienwirtschaft gearbeitet hat, wurde er freiberuflicher psychologischer Berater und dann auch ein bei Viktor Frankl in Wien ausgebildeter führender Logotherapeut und Institutsgründer. In Bielefeld begründete und leitete Walter Böckmann das »Westdeutsche Institut für Logotherapie und Psychologie der Arbeitswelt« (1983 – 1991) und dort widmete er sich – nicht zuletzt durch seine Erfahrungen im Zweiten Weltkrieg angestoßen – der Anwendung logotherapeutischer und existenzanalytischer Erkenntnisse auf außertherapeutische Bereiche wie Geschichte, Pädagogik, Führung und vor allem auf Praktiken des Managements, zu denen Walter Böckmann auch bedeutende und bis heute hochaktuelle Bücher im Geiste der Logotherapie und Existenzanalyse nach Viktor Frankl schrieb. Außerdem wurde die Deutsche Gesellschaft für Logotherapie und Existenzanalyse seinerzeit [im Jahre 1982] auf seine Anregung hin gegründet, und auch die Arbeitsgemeinschaft der Logotherapieinstitute verdankte ihr langjähriges Bestehen [vor allem in den Jahren 1983 – 1995] seiner Initiative.[1]

---

1   In Anlehnung an die Kurzbiographie von Walter Böckmann, in: Kompendium der Logotherapie und Existenzanalyse. Bewährte Grundlagen, neue Perspektiven, hrsg. v. Wolfgang Kurz und Franz Sedlak, Tübingen: Verlag Lebenskunst 1995, S. 791f.

Böckmann schrieb viele Aufsätze, führte zahlreiche Gespräche mit Persönlichkeiten in der Wirtschaft und Arbeitswelt, und trat immer wieder und nicht ohne Humor als ein scharf argumentierender, von einem „heiligen Zorn" für das Sinnvolle durchdrungener Referent, Dozent, Therapeut und als eine Führungspersönlichkeit in Erscheinung. – Das wäre in Form eines »Präludiums« die Antwort auf die Frage, wer Walter Böckmann ist, wobei zu seinem Charakter auch all das gehört, was man einem »Reformertypus« [z.B. *Martin Luther* oder *Ignatius von Loyola*] zuschreibt: Sinn für das Gerechte, Einsatz für seine Überzeugungen und Bereitschaft zum Umdenken und Umlernen, wenn sich auch später herausstellt, dass manche Überzeugungen falsch oder „fehl am Platz" waren. Doch ist Böckmann nicht nur ein Reformertypus, sondern ein einzigartiges Original.

Dass Walter Böckmann in der evangelischen Tradition sozialisiert wurde; dass seine Mutter sowie seine mütterlichen Großeltern die primären Bezugspersonen für ihn waren; dass von seinem Vater in der Familie wenig gesprochen wurde; dass er von 1933 bis 1940 zunehmend die Indoktrination durch die Nazis sensibel erlebt hatte, und dass er den Zweiten Weltkrieg als Offizier in einer Panzerdivision mitmachte, sind weitere wichtige Prägungen während seiner Kindheit und Jugend. Hinzu kommen mancherlei eigenartige Erfahrungen mit Lehrern, die im Ersten Weltkrieg (1914 – 1918) gekämpft hatten und von dort her geprägt worden waren.

Eine eigenartige Gedankenverknüpfung ist mir in den Sinn gekommen, während ich mich viele Monate hindurch mit dem Leben und Werk von Walter Böckmann intensiv beschäftigt habe. „Und führe uns nicht in Versuchung", heißt es in einem alten, heiligen Gebet. Abgewandelt sagte ich mir immer wieder nach innen, zu meiner Seele sprechend:
„Und führe uns *in der* Versuchung", der wir Menschen durch inhumane Ideologien, nicht gezügelte Triebe und dumme, sinnlose Befehle – die nicht wenige Soldaten im Zweiten Weltkrieg bis zum Tod erleiden mussten – so oft erliegen. ...

„Und erlöse uns von dem Bösen", das vielfach wir Menschen generieren durch Setzung des Gegenteils von sinn- und werteorientierter Führung, durch Handlungen, die keineswegs der »Sinnorientierten Führungslehre«, welche auch die Praxis der Selbstführung inkludiert, entsprechen ...

Ja, mit diesen eigenartigen und doch zum Thema passenden Gedanken bin ich am 1. Januar 2013 wach geworden und dachte dabei intensiv an Walter Böckmann, der in einer schrecklichen Situation seines jungen Lebens als deutscher Soldat in Russland einen „Tobsuchtsanfall", wie er später sagte, angesichts einer Kette von dummen [sprich: unvernünftigen, sinnlosen, taktisch wie strategisch zwecklosen] Befehlen bekommen hatte.

Höchstwahrscheinlich trifft es zu, dass Walter Böckmann in diesem für ihn grauenvollen Widerfahrnis eines „Tobsuchtsanfalls" – wobei dort und damals viele Kameraden sinnlos gestorben sind – den Schlüssel für sein späteres Grundthema, – sinnorientierte Führung, – das ihn ein Leben lang beschäftigen wird, gefunden hatte.

Sicher war er nicht der einzige junge Mensch, der nach einer langen Phase der jugendlichen Naivität, die durch Naziindoktrination hoch gezüchtet wurde, über „Befehl und Gehorsam" nachdachte. In den Kriegsmemoiren von *Wilhelm Velten,* geboren am 10. April 1924, der nur ein Jahr jünger ist als Böckmann, fand ich folgende Reflexionen:

„Ich habe über dieses Problem des unbedingten Gehorsams bis heute [2011] oft nachgedacht. Im Krieg geht es um Tod und Leben. Der Befehlende hat den besseren Überblick. Das nimmt man wenigstens an und der Vorgesetzte glaubt das auch. Außerdem sollen alle Friktionen [Reibungen, Widerstände, Verzögerungen] vermieden werden. So darf es kein »Wenn und Aber« beim Gehorchen und bei der Weitergabe der Befehle geben. Das versteht sich von selbst. Es gibt aber *doch* Fälle, bei denen der Befehlende offensichtlich von falschen Voraussetzungen ausgeht und wo der, welcher die Befehle an Untergebene weitergeben soll, *ganz klar* erkennt, dass der oder die Befehle *falsch* sind. Aus Verantwortung für seine Untergebenen handelt er also befehlswidrig. Befehlsverweigerung ist aber ein schwerer militärischer Tatbestand. Die Unterordnung der Militärfachleute muss doch da eine Grenze haben, wo der militärische Fachmann die Lage besser beurteilen kann als der laienhafte Politiker. Ich denke hier an die Männer um Stauffenberg von 20. Juli 1944.

Unter diesen Gesichtspunkten habe ich oft über mein bereits dargestelltes Verhalten südlich von Rom vor meiner Verwundung [03. Juni 1944] nachgedacht. Was der Major mir damals befahl, war für mich und meine MG-Bedienung nicht einfach riskant, sondern *unverantwortlich und widersinnig*. Erwartungsgemäß tauchten als Vorhut der angreifenden Amerikaner bald Panzer auf. Der *sinnlose Tod* wäre uns Dreien ganz sicher gewesen.

Als ich nicht bereit war, mich in die Alarmkompanie einreihen zu lassen und unauffällig verschwand, war das keine Feigheit. Ich machte mich doch auf, um Anschluss an eine reguläre Einheit zu finden, die einen echten Kampfeswert haben würde und nicht einfach nur dazu geeignet war, Tote, Verwundete oder Kriegsgefangene zu produzieren."[2]

Was hier der in Geschichte promovierte Dr. Wilhelm Velten aus Niedernhausen in Taunus in seinem Buch im Juli 2011 thematisierte, – gruppiert um die Worte: *unverantwortlich, widersinnig* und *sinnlos,* – ist nicht nur eine Schilderung von Fakten im Krieg, sondern die tiefe, oft quälende Reflexion auf die Sinnfrage – WOZU – aus der Perspektive des Soldaten und aus der Sicht des abgeklärten hohen Alters.

---

2   Wilhelm Velten, Kriegserlebnisse eines Unfreiwilligen von 1943 bis 1945. Auf Rädern, im Sattel und zu Fuß von Frankreich nach Italien und von dort durch Lazarette in die alte Heimat der Vertriebenen. Ein authentischer Bericht, Thalhofen: Bauer-Verlag 2011, S. 201f.

Es war die existenziell durchlebte Qual nach dem Sinn, die auch *Walter Böckmann* nach all seinen Erfahrungen im Zweiten Weltkrieg bewegt und angespornt hat, sich essentiellen Fragen nach der Führung, der Leitung, nach dem Sinn und Zweck – im Kontext der Wirtschaft und der Politik der alten Bundesrepublik – zu widmen und im Bereich dieser Themen eine wertvolle Pionierarbeit zu leisten.

Als 44-jähriger veröffentlichte Böckmann 1967 ein damals vielbeachtetes Buch über Führungsfehler der Wirtschaft und der staatlichen Verwaltung. Darin stellte er sich selbst so vor:

„Jahrgang 1923, Abitur 1940, danach Wehrdienst. Studiengebiete: Publizistik, Geschichte, Psychologie. Ausgedehnte Praktika im graphischen Gewerbe und langjährige Tätigkeit als Vertriebs- und Werbeleiter im Verlagswesen und in der Phonoindustrie. Arbeitet seit 1961 freiberuflich und lebt in Sennestadt bei Bielefeld. Herausgeber u.a. einer Reihe von Veröffentlichungen über Erziehung und Staatsbürgertum. Herausgeber und Redakteur von Littera, 1960 bis 1962 als Informationsdienst für Buchhandel und Publizistik, ab 1963 als Paperbackreihe über Fragen der Zensur in Literatur, Kunst und Film und über Führung in der Gesellschaft. Vorwiegend als Personalberater für Führungsfragen und Autor und Regisseur auf dem Gebiet des industriellen Dokumentarfilms und des staatsbürgerlichen Bildungswesens tätig."[3]

Was hier in wenigen Sätzen gesagt wird, soll im Folgenden ausführlicher beschrieben werden. Dabei gehe ich zunächst der Frage nach, wie ich Walter Böckmann, den „Pionier der sinnorientierten Führungslehre" kennen und schätzen gelernt habe.

---

3   Walter Böckmann, Millionenverluste durch Führungsfehler, Düsseldorf – Wien: Econ Verlag 1967, Klappentext.

Nach dem 3. Weltkongress für Logotherapie im Juni 1983 an der Universität Regensburg, die zugleich der erste Weltkongress im damaligen Westdeutschland war, habe ich mir in Freiburg, wo ich katholische Theologie, Christliche Soziallehre und Caritaswissenschaften studierte, ein kleines Büchlein gekauft mit dem Titel *„Sinn-voll heilen. Viktor E. Frankls Logotherapie – Seelenheilkunde auf neuen Wegen"*, Herderbücherei 1984. Irgendwann im Sommer desselben Jahres blätterte ich das Büchlein durch und entdeckte auch den Namen *Walter Böckmann*. Sein in dem Büchlein zu lesender Aufsatz, „Sinn in Wirtschaft und Gesellschaft", erregte meine Aufmerksamkeit.

Dann wurde es Herbst 1986 und ich begann gerade meine Ausbildung in Logotherapie und Existenzanalyse bei Frau Dr. Elisabeth Lukas am Süddeutschen Institut für Logotherapie in Fürstenfeldbruck. Kurz danach hörte ich das zweite Mal den Namen Walter Böckmann, der damals in Bielefeld sein *»Westdeutsches Institut für Logotherapie und Psychologie der Arbeitswelt«* leitete. Zu Hause, inzwischen wohnte ich schon in München, schaute ich in dem oben genannten Büchlein nach, was in der Kurzbiographie von Böckmann zu finden ist, und las:

„Walter Böckmann, psychologischer Fachberater für Personalwesen, Arbeitsgestaltung und Führungswesen, studierte nach langjähriger Tätigkeit in der Wirtschaft Psychologie, Pädagogik und Soziologie. Er ist Diplomsoziologe mit dem Schwerpunkt Organisation und Personalwesen und promovierte im Hauptfach pädagogische Psychologie. Als Logotherapeut widmet er sich vor allem logotherapeutischen und sinn-theoretischen Problemen der Arbeitswelt. Er ist Leiter des Instituts für Logotherapie in Bielefeld."

Damit und durch die Logotherapie, die ich damals studierte, war ein Anknüpfungspunkt gegeben. Ich wusste also, dass Walter Böckmann auch ein Logotherapieinstitut leitet wie *Uwe Bö-*

schemeyer (gegründet 1982, damals in Hamburg) und *Elisabeth Lukas* in Fürstenfeldbruck.

Bis zum Abschluss meiner Ausbildung habe ich Walter Böckmann zwei Mal auf Logotherapiekongressen (1988 und 1989) gesehen und gehört, aber nicht mit ihm gesprochen. Jedenfalls wusste ich, dass er auch von Viktor Frankl begeistert ist, wie ich, außerdem, dass er in Bielefeld in seinem Institut die Logotherapie mit der Psychologie der Arbeitswelt verknüpft und diese Zusammenhänge erforscht. Das genügte mir als Motivation, langsam und Schritt für Schritt auch seine Aufsätze zu lesen und in seinen Büchern zu blättern.

Irgendwann im Frühjahr 1987 las ich in der Zeitschrift *»Logotherapie«* (Heft 1/1986, S. 114), was Böckmann über sein Institut schrieb:

„Das Institut wurde aus der fachpsychologischen Unternehmensberatung des Inhabers heraus entwickelt und arbeitet (...) seit dem Jahre 1983. Schwerpunkte der Unternehmensberatung bilden »Sinn-orientierte Mitarbeitermotivation und Unternehmensführung«, während im Mittelpunkt der Einzelberatung Partnerschafts-, Berufs- und die Vielfalt der Neurosenprobleme stehen."

Das hat mich angesprochen: „Sinn-orientierte Mitarbeitermotivation", ohne dass ich damals etwas darüber wusste. Der Begriff hatte jedenfalls „Verve" und irgendwann, so sagte ich mir damals, werde ich schon dem nachgehen, was sich dahinter verbirgt. Es dauerte aber einige Jahre, bis es so weit war.

Ende 1991 habe ich mitbekommen, dass er sein Institut in Bielefeld geschlossen hatte und sich selbst pensionieren ließ. Das habe ich so zur Kenntnis genommen. Im März 1995 bin ich dann erneut auf Walter Böckmann aufmerksam geworden, und zwar durch seine „Huldigung", die er dem damals 90-jährigen

Viktor E. Frankl gewidmet hat.[4] Die Lesung dieses Textes hat mich elektrisiert. Plötzlich spürte ich eine „innere Affinität", eine Art seelische Verbindung mit und zu Walter Böckmann, den ich damals persönlich immer noch nicht gesprochen habe. Es war seine Offenheit und Ehrlichkeit, die ich beispielsweise in solchen Sätzen spürte, wie diese: Und bei jener ersten Begegnung mit Viktor Frankl in Zürich „gab es keinerlei Peinlichkeit, im Gegenteil. Kaum hatten wir ein paar Sätze miteinander gewechselt, schlug er mir vor, mich nach der Veranstaltung ihm und seiner Frau bei einem Bummel durch den Züricher Abend anzuschließen. Dabei gab es sehr viele persönliche und nicht nur logotherapeutische Gespräche. Ich erfuhr einiges über sein Schicksal vor allem im Dritten Reich, für das ich einstmals Feuer und Flamme gleich nach meinem siebzehnten Geburtstag in den Krieg gezogen war, und ich sagte ihm das auch und manches andere dazu. Und auch da wieder keine Peinlichkeiten. Ihn interessierte der Mensch, was er sei und getan und persönlich zu verantworten habe, nicht die äußeren Umstände."[5]

Ja, wie wahr, dachte ich mir. Es war außerdem Böckmanns berechtigter, „heiliger Zorn", der mich in dem zitierten Text bewegt hat. Ein starkes Gefühl, das man spürt, wenn man den ganzen Text liest, so ging es mir jedenfalls. Darüber hinaus

---

4   Walter Böckmann, Viktor Frankl, nah, in: Logotherapie und Existenzanalyse. Sonderheft zum 90. Geburtstag von Univ. Prof. Dr. med. Dr. phil. Drs. h. c. mult. Viktor Emil Frankl (Zeitschrift der Deutschen Gesellschaft für Logotherapie und Existenzanalyse e. V.), März 1995, S. 28 – 33. Später komme ich auf diesen Text ausführlich zurück.

5   Walter Böckmann, Viktor Frankl, nah, ebd., S. 30f. Zu Frankls Erfahrungen im KZ siehe sein weltberühmtes Buch: … trotzdem Ja zum Leben sagen. Ein Psychologe erlebt das Konzentrationslager, München: Kösel Verlag 2012. Das in 30 Sprachen übersetzte Buch von Viktor E. Frankl ist ein Meisterwerk psychologischer Beobachtung und ein Zeugnis großer Humanität, das auch heute alle, die sinnlos leiden müssen, aufzurichten und zu trösten vermag.

fand ich seine Argumentation gestochen scharf, schlüssig und kohärent. Ich spürte seine Sympathie für Viktor Frankl. Walter Böckmann war mir von nun an innerlich nahe und ich fing an, mich mit ihm, mit seinen Schriften zu beschäftigen. Auch von außen kam sehr bald ein weiterer Impuls, der mich regelrecht zwang, seine Schriften zu studieren.

Am 20. Oktober 1996 hatte ich ein Seminar zum Thema: *„Sinnsuche in der Mitarbeiterführung: Logos und Ethos im Führungsverhalten von Persönlichkeiten in herausragenden Position"* zu halten. Es war der »Arbeitskreis für Führungskräfte in der Wirtschaft in Bayern«, der mich als Referenten einlud, um im Kloster St. Josef in Zangenberg bei Mühldorf eine Vormittagseinheit zu gestalten. (Davor hat *Paul M. Ostberg,* Unternehmensberater und Logotherapeut das Seminar geleitet). Und siehe da, auf welcher Basis konnte ich dort und damals einigermaßen angemessen sprechen, und den Unterschied zwischen *Führung* und *Leitung,* zwischen *Sinn* und *Zweck* darlegen? Auf der Basis der Texte von Walter Böckmann. Vor allem sein Buch, *„Wer Leistung fordert, muss Sinn bieten. Moderne Menschenführung in Wirtschaft und Gesellschaft"* (Düsseldorf 1984), hat mir wertvolle Unterstützung für mein Seminar gegeben.

Im Oktober 2003 kündigte das Süddeutsche Institut für Logotherapie, dessen Leitung ich schon damals inne hatte, einen neuen Kurstypus für Führungskräfte in der Wirtschaft an. (Das war an und für sich nichts Neues, denn einige Jahre zuvor schon bemühte sich Paul M. Ostberg, entscheidend durch Walter Böckmanns Werk angeregt, um Kurse und Seminare dieser Art). Das Informationsheft dazu – damals mit *Dr. Erich Schechner* zusammen verfasst – wurde weitgehend in Anlehnung an

Walter Böckmann ausformuliert.[6] Der bald darauf stattfindende Kurs mit 15 Personen war eine nicht geringe Leistung und ein schöner Erfolg.

Dann kam es, endlich, zu einer persönlichen Begegnung mit Walter Böckmann. Der in München lebende Betriebswirt und Verleger *Andreas Mascha,* dem Böckmann seine Schriften anvertraut hatte, machte mich darauf aufmerksam, dass Dr. Böckmann nicht weit von Fürstenfeldbruck in einem bayerischen Lokal in Gauting einen kleinen Vortrag hält und ich könnte gerne dazu kommen. Das wurde dann, in der Tat, ein Erlebnis für mich und es war zugleich meine erste persönliche Begegnung mit Dr. Walter Böckmann, ich glaube, Ende September 2006.

Seitdem habe ich mit ihm öfters telefoniert, bekam von ihm verschiedene Schriften zugeschickt, – u.a. *„Das Sinn-System der Arbeit. Ausschnitte und Kommentare für die Informationstagung 06. Oktober 1977 Am Semmering",* – und ich lud ihn ein, im Rahmen einer Fachtagung im Kulturzentrum Fürstenfeld in Fürstenfeldbruck (am 07. Juni 2008) zum Thema *»Sozialethische Dimensionen in der Wirtschaft. Werteorientierung und Sinnsuche in der Wirtschaft im Geiste der Logotherapie nach Viktor Frankl«* einen Vortrag zu halten. Walter Böckmann konnte aus gesundheitlichen Gründen zwar nicht erscheinen, aber er schickte uns ein Tonband und so durften wir seine Stimme hören und seinem spannenden Vortrag, *„Sinn in Arbeit, Wirtschaft und Gesellschaft"* lauschen. Die etwa 30 Teilnehmenden haben die Inhalte, nach meiner Erinnerung, sehr positiv aufgenommen.

So weit eine erste Hinführung zu Walter Böckmann und zur Frage, wie ich den Zugang zu ihm gefunden habe. Aber es gibt noch eine kleine Fortsetzung.

---

6   Vgl. Otto Zsok, Weiterwirkende Sinn-Spuren. Bleibender Wille zum Sinn. Zum 25-jährigen Bestehen des Süddeutschen Instituts für Logotherapie und Existenzanalyse, Edition: Logos und Ethos, Bauer-Verlag 2011, S. 126 – 140.

Am 11. August 2012 habe ich Dr. Walter Böckmann in Bielefeld besucht und 3 Stunden mit ihm gesprochen. Ich erlebte einen großgewachsenen, freundlichen und heiteren Menschen, der zwar manches, was vor kurzer Zeit passiert ist, vergisst, aber über zwei „Konstanten" seines Lebens so bewegt und deutlich redet, als wären sie noch Gegenwart: Erfahrungen und Prägungen in den Jahren 1939 bis 1945, und dann die Begegnung mit Viktor E. Frankl (1969) und die damit verbundene geistige Wende in seinem Leben.

Während des Gespräches erlebte ich Züge eines nachdenklichen und tief schürfenden „Reformertypus", der inzwischen weise und heiter geworden ist; der mancherlei Absurditäten, Dummheiten und Sinnwidrigkeiten dieses Lebens mit Humor betrachten kann; der sich weiterhin die Frage stellt, wozu das alles, was er erlebt habe, gut gewesen sei. An einem bestimmten Punkt des Gespräches, an dem Böckmann eigene Erfahrungen bezüglich der „Führung im Dritten Reich" schilderte, – er sprach dabei die Zeit März und April 1945 an, – verstand ich plötzlich, dass sein späteres Grundthema, – die sogenannte »Sinn-Orientierte Führung«, das immer wieder Nachdenken über das Verhältnis von »Sinn und Werte« über »Führung und Motivation« über den feinen Unterschied zwischen »Sinn und Zweck«, – in seiner *Biographie* begründet liegt. Meine Intuition ließ mich erspüren, dass wichtige Aspekte seines schriftlich niedergelegten Lebenswerkes, – Voraussetzungen einer sinnorientierten Führung, – mit sehr starken, extremen, oft grauenvollen Erfahrungen und vielfach mit richtig dummen Befehlen, die im Zweiten Weltkrieg ausgeführt werden mussten, zusammenhängen.

Nach einer kurzen biographischen Skizze, wird hier gewagt, das seelisch-charakterliche *Profil* eines „originellen Freiwilligen", wie einmal Böckmann sich selbst bezeichnete, darzulegen. Es wird ein bedeutender „Schüler" des Wiener Psychiaters und

Arztphilosophen Viktor E. Frankl (1905 – 1997), Begründer der Logotherapie und Existenzanalyse, mit Hilfe ausgewählter Texte aus seinen Büchern charakterisiert und seine Lebensleistung gewürdigt. Walter Böckmann verdient m.e. Aufmerksamkeit und Würdigung. Es lohnt sich, ihm zuzuhören, hat er doch schon Anfang der 1970er Jahre den Spruch geprägt: Nur eine sinn- und werteorientierte Führung ist wahre und eigentliche Führung, und, wer Leistung fordere, müsse Sinn bieten. Breiter formuliert: „Wer Leistung in der Arbeit oder auf welchem Gebiet auch immer fordert, muss Sinn-Verwirklichungsmöglichkeiten bieten."[7] Schon 1967 sprach Böckmann „von Führungsfehlern in der Wirtschaft und ihren materiellen wie ideellen Folgen" und schrieb:

„Die hinter uns liegenden Jahren unter einem autoritären Regime [die Nazidiktatur von 1933 bis 1945], das die Angst geradezu zum Führungsmittel erhoben hatte, sollten eigentlich erwarten lassen, dass man in zunehmendem Maße ihren Ursachen und Wirkungen nachgespürt hätte, um sie soweit wie möglich aus unserem Leben zu verbannen. »Freiheit von Furcht« wurde zwar als eine der Vier Freiheiten in die Charta der freien Welt aufgenommen; nichtsdestoweniger aber schwelt die Angst weiter, und zwar überraschender Weise nicht in erster Linie als Angst vor neuen Kriegen, (...) sondern *als Angst vor materiellen Verlusten und unzureichender sozialer Sicherheit.*"[8]

Diese Sätze galten nicht nur damals, 1967, sondern ihr Wahrheitsgehalt entpuppt sich heute noch in all den aktuellen Krisen,

---

7   Walter Böckmann, Logotherapie und Sinn-Theorie. Überlegungen zum therapeutischen wie außertherapeutischen Umgang mit dem Frankl'schen Sinn-Begriff und seiner erweiterten Definition im Rahmen einer Sinn-Theorie, in: Journal des Viktor-Frankl-Instituts, 2/1997, S. 122, Anmerkung 2.

8   Walter Böckmann, Millionenverluste durch Führungsfehler, Düsseldorf-Wien: Econ Verlag 1967, S. 7.

die wir in der Europäischen Union durchleben, als eine prophetische Herausforderung. Was Böckmann als „Führungsfehler" bezeichnet, hat in seinem Leben eine sehr persönliche Konnotation und Vorgeschichte, die zunächst mit seiner Begeisterung für den Nationalsozialismus, dann mit extremen Erfahrungen im Krieg, dann aber, und nicht zuletzt, mit Enttäuschungen und Desillusionierungen gegen Ende des Zweiten Weltkrieges zu tun haben. Anfang 1945 dämmerte es ihm, dass das Grauenvolle und die Dämonie des Zweiten Weltkrieges u.a. durch eine Kette von katastrophalen Führungsfehlern und durch Nichtbeachtung der Verantwortung der Einzelnen, die da involviert waren, sowie durch das Ignorieren einer *politischen Lösung* seitens der Naziführung möglich werden konnten. Das alles, was hier nur stichwortartig angedeutet ist, – und was Böckmann selbst in seinen nicht veröffentlichten Kriegsmemoiren reflektiert hatte, – ließ ihn nicht mehr los. Zwar hatte er „dumme Befehle" und „militärische wie politische Führungsfehler" schon in den Jahren 1941 bis 1945 beim Namen genannt und kritisiert, – sogar ungewöhnlich scharf und mutig für einen 20 bis 23-jährigen jungen Mann, – doch die ethischen und geistigen Aspekte des Themas „Führung" im Sinne einer *sinnorientierten Führung* und einer ethisch begründeten Autorität konnte er erst nach dem Untergang der nationalsozialistischen Gewaltherrschaft erkennen und ausarbeiten.

In der Übergangszeit, zwischen April 1945 und August 1948, dämmerte es vielen Menschen in Deutschland, – und so auch Walter Böckmann, – dass das „Tausendjährige Reich" im Führerbunker in Berlin mit dem Suizid des „größten Führers aller Zeiten" (am 30. April 1945) endete. Eine nicht geringe Zahl von Menschen träumten (!) damals, noch im Jahre 1943, zusammen mit Goebbels, „als die größten Staatsmänner aller Zeiten oder als ihre größten Verbrecher in die Geschichte" einzugehen. So formulierte Goebbels in seinem Tagebuch, wobei Letzteres die

richtige Prognose war. Nach dem Untergang mussten die Über-
lebenden offen oder nur *vor sich selbst* zugeben: Alles, wofür
wir gekämpft haben, war vergebens. Das grauenvolle Ende
konnte nicht aufgehalten werden.[9]
Auch aus solchen Erfahrungen gespeist, sah sich Böckmann
nach dem Zweiten Weltkrieg mit dem in seiner Gymnasialzeit
gelernten lateinischen Spruch, *principiis obsta* (Seneca), wehret
den Anfängen, konfrontiert und erkannte die hohe Bedeutung
einer Führung, die auf sicheren Fundamenten ruht. Es hat ihm
die Erfahrung definitiv gereicht, die er mit den Worten „handeln
zu müssen *ohne denken* zu dürfen" umschrieb. Irgendwann, so
gegen Ende 1944, hatte er die Nase voll, Trugbilder „am Him-
mel meiner Illusionen", wie er später sagte, weiter zu betrachten
und sich mit ihnen zu identifizieren.

Mit Bezug auf das Problem der Führung in den Jahren 1939 bis
1945 hat Böckmann im Rückblick mit großer Klarheit ausgesprochen: Befehle und blinder Gehorsam konnten nie Ersatz für
Führung sein. Ein Lehrfach „Führung" habe es im Nationalsozialismus nicht gegeben. Speziell das nationalsozialistische „Führerprinzip" habe im Grunde genommen nichts mit „Führung",
aber viel mit *Gewaltherrschaft* zu tun gehabt. Eine Verantwortlichkeit „von oben nach unten" habe es im Nationalsozialismus
nicht gegeben, und wenn, dann sei sie – gegen Ende des Krieges – „pure Rhetorik" gewesen. In einem dichten Satz drückte
Böckmann seine kaum vorstellbare Erfahrungen der Ohnmacht
aus: „Stand man dann als junger unerfahrener Führer in einer

---

9   Vgl. Ian Kershaw, Das Ende. Kampf bis in den Untergang. NS-Deutschland
    1944/45, München: Deutsche Verlags-Anstalt 2011. Eine minutiöse Dokumen-
    tation aus der Feder des bedeutenden britischen Historikers. „Bei weitem die
    beste Antwort darauf, warum NS-Deutschland bis zur totalen Selbstauflösung
    kämpfte" (Antony Beevor).

Situation, die in keiner Denkvorschrift enthalten war, dann lief man blind in den dunklen Wald hinein, und niemand konnte einem sagen, ob und wie man jemals wieder herauskam", schrieb er 1996 in einer langen Selbstreflexion. Eine letzte, schreckliche Einsamkeit, das Zurückgeworfenwerden auf das eigene Gewissen spüre ich in diesen Zeilen.

So gesehen, hat es ihm definitiv gereicht, Ende April 1945 durch schreckliche existenzielle Erschütterungen erlebt haben zu müssen, „wie wir untergehen in Dummheit und Würde". Wobei das Wort „Würde" hier mehr als nur ironisch gemeint ist. Es ist der Zorn des Ohnmächtigen, der um die Würde weiß, sie aber nicht mehr richtig fühlen kann, weil die Nazidiktatur fast jedes Gefühl für Würde in den Menschen ausgelöscht hat.

In den Jahren 1949 bis 1967 widmete sich Walter Böckmann intensiv dem Thema »Führung« in den *verschiedenen* Bereichen der Gesellschaft. Und später, nach der Begegnung mit dem Wiener Arztphilosophen *Viktor Emil Frankl,* richtete sich seine Aufmerksamkeit noch mehr auf die Sinnfrage, auf Werte, die wirklich gelten und auf die Verantwortung des einzelnen Menschen für das, was mit ihm geschieht und wie er damit umgeht, was ihm widerfährt. Böckmann konzentrierte sich mehr und mehr auf *Basisbegriffe* wie »Ich – Selbst – Identität und Sinn«, indem er Verbindungen zwischen ihnen aufzeigte und SINN auch in Arbeit, Wirtschaft und Gesellschaft in den Mittelpunkt seiner gut begründeten Reflexionen rückte.

Walter Böckmann spricht es zwar in seinen Büchern nicht direkt aus, doch er lässt indirekt erkennen: Menschen, die in Deutschland nach 1950 geboren worden sind, haben kaum mehr eine realistische Vorstellung darüber, was in der Zeit des Nationalsozialismus, 1933 bis 1945, in Nazideutschland und in Europa *wirklich* passiert ist. Deshalb ist, sage ich dazu, sachliche Aufklärung notwendig. Es zeigt sich immer wieder, dass man trotz der umfassenden Informationsmöglichkeiten, die wir heute haben, nur bei Wenigen fundierte historische Kenntnisse voraussetzen darf. Aber wir müssen die jüngste Geschichte Europas kennen, und die Lektion der Geschichte verstehen lernen, damit wir aktuelle Krisen – Wahn des Rechtsradikalismus, Wirtschafts- und Bildungskrise, Demokratiedefizite in ganz Europa, geistige Orientierungslosigkeit sowie maßlose Geldgier – überwinden können. Denn, es ist wahr: „Ohne geschichtliche Kenntnisse fehlt ein Teil des Verständnisses [für die Gegenwart], und das gilt für das Individuum und seine Lebensgeschichte genauso wie für die Gesellschaft und Kultur" (Bernd Rieken). Ohne fundierte Kenntnisse unserer europäischen Geschichte, sind schöpferische Gestaltung des sozialpolitischen Geschehens der Gegenwart sowie die Implantierung einer sinn- und werteorientierten Führung kaum möglich. Und die Fakten der Geschichte Europas im 20. Jahrhundert lassen erkennen, dass nur ein *europäisches Deutschland* (und nicht ein deutsches Europa) realistischer Weise zukunftsträchtig und human sein kann und ist. Die Zeiten für Großmannssucht (à la Stalin, Hitler usw.) sind vorbei. Jedenfalls in Europa. Hoffentlich!

Zwar gibt es nach wie vor Zerstörungskräfte. Auch trifft es zu, dass Führung, in der EU wie in Deutschland, noch nicht richtig als eine sinn- und werteorientierte Führung in Erscheinung tritt, doch viel tiefer und umfassender ist das Sinn-System etabliert, wie Böckmann in vielen Varianten seiner Bücher beschreibt und zeigt: ein Sinn-System, das wir alle neu zu entdecken und uns anzueignen haben.

Böckmanns ureigener Beitrag zur *Logotherapie und sinnorientierte Führung,* zur *Bedeutung der Logotherapie* oder auch *Sinn-Theorie für eine humane Wirtschaft und Arbeitswelt* sowie zur *Beachtung eines Sinn-Systems,* in dem wir alle leben und das eigene Gesetzmäßigkeiten hat, wird durch ausgewählte Texte aus seinen Büchern dokumentiert. Es handelt sich um zentrale Schwerpunkte des geistigen Wirkens eines Mannes, der 1996 seine Arbeit insgesamt als *„meine Reflexbewegung des Widerstandes gegen das Grausige, Lächerliche, Unentwirrbar-Dunkle innerer und äußerer Welt"* charakterisiert hatte, und als den natürlichsten Ausdruck *„meiner Freude am Geschenk des Daseins und meines Zweifels an der Wertigkeit des Geschenks",* wie Böckmann in seinen biographischen Skizzen formulierte.

In einem vorhin erwähnten Gespräch mit ihm am 11. August 2012 in seinem Haus in Bielefeld, wo er mit seiner Frau Esther lebt, konnte ich zweierlei erleben. Die Erfahrungen des Zweiten Weltkrieges waren in Walter Böckmann sehr präsent, als würde er über etwas sprechen, was gerade vor einigen Tagen passiert ist. Er hat mir mindestens 20 Minuten u.a. darüber erzählt, wie er beim „Führer" ein Stück Kuchen gegessen hat, das eigentlich für den „größten Führer aller Zeiten" [Gröfaz] bestimmt war. Bei dieser Geschichte hat er laut gelacht und wirkte auf mich sehr heiter, obwohl seine Erfahrungen im Führerhauptquartier in Rastenburg gänzlich deprimierend waren, da er dort nur „dritt-klassige Führungselemente" erlebt hatte. Doch als er den Satz sprach, *„das, was Hitler und Konsortien mit den Juden gemacht haben, war überhaupt nicht gut",* da wurde sein Gesichtsausdruck sehr ernst und er wurde ganz still. Ich schwieg mit ihm mehrere Minuten.

Dann hatte ich Anteil an einem anderen Erlebnis. Seine liebenswürdige Frau hat uns Kaffee und Kuchen angeboten und wir setzten das Gespräch fort. Noch einmal wollte ich von ihm hören, wie es für ihn die Begegnung mit Viktor E. Frankl war. Und Böckmann, seine altersmäßig bedingte Vergesslichkeit vergessend, sprach mit Begeisterung und Bewunderung über den Wiener Psychiater und Arztphilosophen. Er schilderte Einzelheiten aus mehreren Begegnungen mit ihm, erzählte über die persönliche Freundschaft und gegenseitige Wertschätzung und schließlich, wie er, Böckmann, im Juli 1997 in Wien mit Frankl mehrere Tage zusammen war. Und dann habe er am 01. September 1997 gehört, dass der Begründer der Logotherapie gestorben sei. Hier hielt Dr. Böckmann inne. Dann fügte er hinzu: Frankl und seine Logotherapie seien für ihn eine Art „Offenbarung" gewesen.

Beim Abschied habe ich für Dr. Böckmann und seiner Frau einen Text auf Papier geschrieben, sagend, er möge das immer wieder für sich selbst lesen und erfühlen, wenn es ihm danach sei. Meine Empfindung sagt mir, dass Walter Böckmann schon realisiert hat und auch danach lebt, was der besagte Text wunderbar zum Ausdruck bringt, nämlich:

> Nimm dein Leben wie es ist!
> Denke nicht: „So könnt' es sein."
> Fluche keinem deiner Tage!
> Was du tragen musst, ertrage!
> Alles, was dir je begegnet,
> Segne, und du wirst gesegnet! –

(RAT, in: Bô Yin Râ, Wegweiser, Bern: Kober Verlag 1992, S. 176)

In diesem Sinne sei das hier vorliegende Buch dem **90-jährigen Dr. Walter Böckmann** mit besten Segens-Wünschen gewidmet. Er ist ein illustrer und origineller „Schüler" von Viktor Frankl. Er ist – neben Uwe Böschemeyer, Elisabeth Lukas und Wolfram K. Kurz – auch ein Institutsgründer für Logotherapie: der Gründer des »*Westdeutschen Instituts für Logotherapie und Psychologie der Arbeitswelt*« (1983 – 1991) in Bielefeld. Als solcher hat er Pionierarbeit im Bereich der Logotherapieausbildung geleistet. Außerdem ist er Autor zahlreicher Bücher.

Dass man Walter Böckmann als einen „Pioniergeist" nennen darf, hat manche gute Gründe. Wie kaum ein anderer im deutschen Sprachraum nach dem Zweiten Weltkrieg, hat er die hohe Bedeutung und die bleibende Aktualität einer sinn- und werteorientierten Führung in vielen Seminaren, Schulungen, Vorträgen, Büchern und Aufsätzen dargelegt. Das ist seine geistige Leistung, und viele von uns Heutigen können von ihm Wichtiges lernen. Ebenso als zumindest teilweise seine – nicht weniger große – Leistung darf die 60 Jahre [seit 1953] andauernde Ehe mit seiner Frau bezeichnet werden, und, dass Walter Böckmann Vater von vier Kindern ist.

Für die Korrektur des Manuskriptes dankt der Autor Frau Carola Opitz in Gießen. Für die reibunglose und stets freundliche Zusammenarbeit mit P. Dr. Cyrill Schäfer OSB vom EOS-Verlag ist hier ebenfalls ein großes Dankeschön auszusprechen. Zu erwähnen ist auch: Dieses Buch konnte mit Unterstützung der »Logos und Ethos Stiftung für Logotherapie und Existenzanalyse« (München) erscheinen. Es ist zugleich der vierte Band in der beim EOS-Verlag in Sankt Ottilien erscheinenden Reihe »Sinnspuren und Wirtschaft«.

Otto Zsok   *Fürstenfeldbruck, den 1. März 2013*

ERSTER TEIL
LEBENSSTATIONEN
(1923 – 2013)

Der historische Kontext (1923 bis 1945)

Walter Böckmann wird am 06. Mai 1923 in einer bürgerlichen Familie in Wernigerode am Harz geboren. Das Jahr 1933 lebt in ihm als „eine Zeit der Angst" und sie sei „die Wurzel aller Aggressivität", wird er später sagen.

Richtig ermessen, was die Machtergreifung durch Hitler für Deutschland und Europa bedeutete, konnte Walter Böckmann in den Monaten des Jahres 1933 nicht. Dass jener 14. Oktober 1933 (Austritt Deutschlands aus dem Völkerbund) für Deutschland einer außenpolitischen Isolierung gleichkommt, überstieg sein damaliges Auffassungsvermögen. Der Zehnjährige konnte gar nicht wissen, dass Hitler den alten deutschen Plan verfolgte, eine Vormachtstellung des Reiches in Europa militärisch durchzusetzen; dass Hitler schon in „Mein Kampf" (1925) vorausgesagt hatte, der nächste Krieg sei unvermeidbar, denn die Sowjetunion sei „reif zum Zusammenbruch" und dort erst würden die Deutschen „Grund und Boden" finden; dass in Hitler böse und dämonische Mächte „im Kommen" waren, die Deutschland und die Welt in den Abgrund reißen werden. Nein, der Knabe Böckmann konnte nicht begreifen, dass am 30. Januar 1933 ein Fanatiker und ein an Paranoia Leidender an die Spitze des Staates gelangt ist und die schwache deutsche Demokratie in wenigen Monaten radikal abschaffen wird. Nur eins wusste der Knabe Böckmann schon damals sicher: er wurde vom *Grauen* und von der *Angst* gepackt.

Bis zu seinem Abitur in dem humanistischen Fürst-Otto-Gymnasium seiner Geburtstadt war auch der 10- bis 17-jährige Junge, Walter Böckmann, dem Ungeist des Nationalsozialismus ausgesetzt. Später wird er Viktor Frankl gegenüber sagen, er sei für das Dritte Reich „Feuer und Flamme" gewesen und sei gleich nach seinem siebzehnten Geburtstag „in den Krieg gezogen." Einige historische Bemerkungen gehören hierher.

Während Menschen des Jahrgangs 1928 bis 1935 als „Kriegskinder" bezeichnet werden, – zu ihnen gehört beispielsweise der frühere Bundeskanzler *Helmut Kohl,* – ist der 1923 geborene Walter Böckmann im Zweiten Weltkrieg *Soldat* gewesen. Die Zeit vor dem Krieg wie der Krieg selbst hinterlassen bei ihm sehr tief sitzende Spuren. Als der 13-jährige Böckmann 1936 in die Aktivitäten der Hitler-Jugend eingestiegen war, setzte er sich einem Prozess der Umerziehung aus, wobei er „freiwillig" auf sich nahm, was er da gewollt habe, sagte er später in einer Selbstreflexion.

Der Einstieg in die Uniformität übte – nicht nur auf Böckmann – seine eigentümliche Faszination aus. In den Lagern der Hitler-Jugend war die Gemeinschaft alles und der Einzelne zählte nichts. Ein zutiefst antihumanes Weltbild, das das Naziregime in der ganzen Gesellschaft durchgesetzt hatte, konnte damals [1933 bis 1940] sehr viele Menschen, vor allem die naive und leicht verführbare Jugend, faszinieren. Der Preis dieser merkwürdigen Volksgemeinschaft, oft auch Kameradschaft genannt, war aber extrem hoch: der Einzelne musste seine Freiheit – und damit seine urpersönliche Verantwortung – opfern.

Treffend schreibt *Hans-Peter Schwarz* mit Bezug auf die Generation von Helmut Kohl: „Die meisten dieser Kinder [die Jahrgänge 1928 bis 1935] haben in jenen Jahren [1939 – 1945] mehr erlebt als die später Geborenen in einem ganzen langen Leben: die tägliche Sorge um die Familienangehörigen bei der Wehrmacht, Entsetzen über die Todesanzeigen, Wellen von Angst in den Luftschutzkellern und Hochbunkern, Haß auf die Feinde und zunehmenden Zynismus gegenüber dem NS-Regime. Sie lernen im Deutschen Jungvolk und in der Hitlerjugend forcierten Nationalismus, forcierten Wehrwillen und Durchhalteparolen kennen, aber nicht zuletzt das Gemeinschaftserlebnis mit Gleichaltrigen."[10]

Bei Walter Böckmann kommen zu alledem noch weitere prägende Faktoren hinzu: Indoktrination in der Schule, eigenes Interesse, das Motiv der Freiwilligkeit, konkrete Kampferfahrungen in Russland, in Frankreich und woanders, innere Auflehnung gegen dumme, unvernünftige Befehle, die das Leben der Soldaten unnötig aufs Spiel gesetzt haben, außerdem Verwundung, Lazarettaufenthalte von mehreren Monaten und einiges mehr.

Zwischen 1940 und 1945 leistete er „freiwillig", wie er sagte, seinen Kriegsdienst ab und musste erfahren, dass Freiwilligkeit eine autosuggestive Wirkung hat. Illusionen und aufgebaute Trugwelten brachen in ihm Schritt für Schritt zusammen, nachdem er seinen Glauben in „die Führung" bzw. in den „Führer" verloren hatte.

Als ein scharf beobachtender und sein Denkvermögen nützender junger Mensch kritisierte Böckmann in jenen Jahren immer wieder eine dumme, unvernünftige und impotente Führung, die „zu viele Verluste" generiert habe, und die, seiner Ansicht nach, hätten vermieden werden können. Dabei wusste er selber, dass bedingungsloser Gehorsam den Soldaten keinen Freiraum ließ. Der Umgang mit dem „Menschenmaterial", so wird er später urteilen, sei in der Wehrmacht nicht nur „unsensibel" gewesen. Er sei vielmehr und von vornherein von der Ideologie des Spruches „du bist nichts, dein Land/Volk ist alles" durchdrungen, so dass eine reale und humane »Ich – Du Begegnung« schlichtweg nicht vorgesehen war. – Anzumerken ist hier: Dass es zu solche

---

10 Hans-Peter Schwarz, Helmut Kohl. Eine politische Biographie, München: Deutsche Verlags-Anstalt 2012, S. 40.

31

Begegnungen dennoch kam, ist meines Erachtens als *geistige Leistung mancher Einzelner* zu bewerten.

Freilich: Das absolut Fatale des Nationalsozialismus war schon im Ansatz gegeben, nämlich in dem einen Gedanken, dass eine Nation einer höheren „Rasse" angehöre;[11] und dann in dem zweiten Gedanken, dass das Volk oder die sogenannte Volksgemeinschaft einem einzigen „Führer" unterstellt werden müsse, der von der „Vorsehung" auserwählt sei, „Deutschland zu erlösen". Genau dadurch wurde, wie Viktor Frankl erkannt hatte, eine *pseudo*personale „Entität" – Masse, Klasse oder Rasse – über die wahre geistige Person, die jeder Einzelne ist, gestellt. Frankl wörtlich: „Die Person ist nicht nur *in-dividuum* [etwas Unteilbares], sondern auch *insummabile* [nicht verschmelzbar], weil sie Einheit und Ganzheit ist. Als solche geht sie auch unmöglich in höheren Ordnungen auf – wie etwa in der Masse, in der Klasse, in der Rasse: all diese der Person überordenbaren ,Einheiten' sind höchstens pseudopersonale Entitäten. Der Mensch, der in ihnen aufzugehen meint, geht in Wirklichkeit in ihnen bloß unter; in ihnen ,aufgehend', gibt er sich selbst als Person eigentlich auf."[12]

Hier ist *das Fatale* beim Namen genannt und dies gilt mit Bezug auf die Ideologie des Nationalsozialismus ebenso wie im Hinblick auf die Ideologie des Kommunismus. Dämonie hier – Dämonie dort. Ich gehe noch einen Schritt weiter und sage: Zwei extrem dämonische Gestalten, Hitler und Stalin, haben –

---

11 Vgl. Otto Zsok, Biologismus und Rassenwahn in Deutschland in den Jahren 1859 – 1939 im Lichte der Logotherapie und Existenzanalyse Viktor E. Frankl, in: Existenz und Logos Heft 20/2012, S. 38 – 62.

12 Viktor E. Frankl, Der Wille zum Sinn. Ausgewählte Vorträge über Logotherapie, München: Piper Verlag 1991, S. 108f.

sicher durch Unterstützung nicht weniger „Helfer" – den europäischen Kontinent in den Abgrund geführt. Wer 1923 das Licht der Welt erblickt und seine Sozialisation in Deutschland erlebt hatte, konnte sich kaum den zunächst nur aggressiven, dann aber zunehmend dämonischen Einflüssen des Diktators und des ihn unterstützenden ganzen ideologischen und militärischen Apparates entziehen.

Die Zeit von 1933 bis 1945 ist das dunkelste und schrecklichste Kapitel der deutschen Geschichte. Und die Jahre 1949 bis 1989, die Zeit des Kalten Krieges, stellten für viele Menschen in Osteuropa – in der Sowjetunion, in Rumänien, Bulgarien, Ungarn, in Polen und der ehemaligen DDR – ebenfalls ein dunkles Kapitel dar.

Sie bedeuteten wiederum nur Unterdrückung, Missachtung der elementaren Menschenrechte, Nationalismus und Diktatur. Es ist auf meine Prägung und auf meine Sozialisation zurückzuführen, – ich bin Jahrgang 1957 und habe die dumpfe und dumme Diktatur des rumänischen Diktators Ceaușescu noch erlebt, – dass mir jede politische Diktatur, – z.B. Faschismus, Nationalsozialismus, Kommunismus, – aber auch jede religiös motivierte starre Ideologie schlichtweg zuwider ist.

Ich konnte und kann solche „Gebilde" nur als antihuman, als geistwidrig – ja: als geist*los* – erkennen und bezeichnen. Mir kommt in den Sinn, was ich in einem Buch von Joseph Anton Schneiderfranken Bô Yin Râ (1876 – 1943) mit Erschütterung gelesen habe,[13] nämlich:

---

13 Bô Yin Râ (Joseph Anton Schneiderfranken), Briefe an Einen und Viele, Bern: Kober Verlag 1971, S. 84.

Ihr sagt:
„Die Weltgeschichte
Ist das Weltgericht!"
Gewiß!
Doch ein Gericht,
In dem der *Mensch* allein
Sich *selbst* das Urteil spricht!
Hier hat sich „Allmacht"
Aller Macht *begeben* ...
Hier spricht nur geist-*getrenntes,*
Tierversklavtes Leben!

Veröffentlicht wurden diese Zeilen, darin ein Zitat von Schiller, 1935. Sie sprachen damals und sprechen heute noch deutlicher als „die Deutlichkeit in Person." Im Jahre 2013 können wir sagen: Vor acht Jahrzehnten [1933] begann die Ausbreitung des Naziwahns. Am Ende, nach 12 Jahren, waren 60 Millionen Menschen tot.

Natürlich kann niemand mehr den Zweiten Weltkrieg abwehren. Niemand vermag es, Hitler und Stalin als dämonische Erscheinungen der europäischen Geschichte abzuschaffen. Niemand mehr kann die Zerstörungen, die durch den Kommunismus stattgefunden haben, zum Verschwinden bringen.[14] Faktum ist Faktum und nicht Fiktion.

Doch die Auswirkungen, die in Europa nach der Kapitulation Nazideutschlands (am 08. Mai 1945) und fast 70 Jahren später immer noch zu spüren sind, (z. B. in Form eines starken Antisemitismus, durch heilloses Agieren einer NSU-Gruppe, Nationalsozialistischen Untergrund, durch rechtsradikale Gedanken und

---

12 Siehe, um nur ein Beispiel zu nennen, Stéphane Courtois u.a. Das Schwarzbuch des Kommunismus: Unterdrückung, Verbrechen und Terror, München: Piper Verlag 2004.

Strömungen in mehreren europäischen Ländern usw.) sollen, müssen und können *wir alle* abwehren, gestalten und zur Ruhe bringen.

Nicht weniger müssen wir die Folgen des Kommunismus – im Bereich der Mentalität und des Menschenbildes – ausbügeln und ausklingen lassen. Das alles braucht Persönlichkeiten, die sinn- und werteorientiert *führen können,* womit wir wieder bei Walter Böckmann wären.

Nach einer Zeit des Übergangs (Mai 1945 bis August 1948), und nachdem er als „Mitläufer" entlastet wird, vollzieht Walter Böckmann die Erkenntnis: Es habe ja doch keinen Zweck, vor den Realitäten die Augen zu verschließen. Man müsse vor sich selbst zugeben, dass Freiwilligkeit eine geradezu autosuggestive Wirkung habe und nicht selten das Wahrnehmungsvermögen betrübe, da man etwas schon deshalb „für gut und richtig" zu halten geneigt sei, weil man es eben selber freiwillig getan habe. Die meisten Nazis hätten auch das, was sie getan haben, aufgrund der Freiwilligkeit für gut und richtig gehalten. Dem ist aber nicht so – konkludiert Walter Böckmann. Aufgrund seiner Prägungen und Erfahrungen in den Jahren 1940 bis 1948 wird ihn das Philosophieren über die Freiheit des Menschen und über die damit unabwälzbar verbundene Verantwortung nicht mehr loslassen.

Das Thema Führung wird ihn ein Leben lang beschäftigen. Und erst nach der Begegnung mit Viktor Frankl geht es Walter Böckmann auf, dass nur eine *sinnorientierte Führung* diese Bezeichnung wirklich verdient.

Studien, erste Schriften und Praktika
(1948 – 1967)

Walter Böckmann widmete sich ab Herbst 1948 umfangreichen Studien in der Pädagogik, Soziologie, Journalismus und Betriebswirtschaft.

Er promovierte 1950 im Fachbereich Pädagogik über ein französisches Thema. 1953 heiratete er. Dann absolvierte Böckmann noch eine Ausbildung als Verlagsbuchhändler. Arbeitsbereiche: Vertriebs- und Werbeleiter (u.a. Vandenhoeck und Ruprecht in Göttingen, Luchterhand Verlag in Neuwied/Berlin), Verlagsleiter, Prokurist (Ariola/Bertelsmann).

Ab 1961 übte er freiberufliche Tätigkeit als Unternehmensberater (Marketing, Werbung, Mitarbeiterschulung) aus. Er hielt Motivations- und Führungsseminare für Mitarbeiter und Führungskräfte unter anderen der Pharmaindustrie (Bayer, Behring, Boehringer u.a.). Später bot er auch entsprechende Ausbildungslehrgänge in seinem *„Westdeutschen Institut für Logotherapie und Psychologie der Arbeitswelt"* in Bielefeld an.

Es folgten betriebssoziologische Studienreisen mit filmischen Begleitung in folgenden Ländern: Sowjetunion, USA, Kanada, Japan, Thailand, Indien, Taiwan, Hongkong, Kenia, Somalia, europäisches Ausland.

Er war Lehrbeauftragter an einer Ingenieurfachhochschule und dozierte schwerpunktmäßig über: Menschenführung im Betrieb und der Ingenieur als Führungskraft.

In den Jahren 1967 bis 1975 entstanden unter der maßgeblichen Mitwirkung von Walter Böckmann verschiedene Industrie- und Dokumentarfilme, wie:
- *„UFA Werbefilm: Vorwerk";*
- *„Der eigene Weg 1967 – Kunst in Stahl. Deutsche Stahlbauverband 1967";*

- *„Littera Film: Vermögen für alle 1970 – Die unternehmerische Herausforderung / Chancen und Probleme einer Demokratisierung in Wirtschaft und Betrieb 1972 ".*
- *„Der sowjetische Arbeiter in der sozialistischen Planwirtschaft und die Entscheidungsprozesse im Betrieb 1973 ";*
- *„Arbeiterselbstverwaltung in der sozialistischen Marktwirtschaft Jugoslawiens 1973 "; „Ausbildung und Chance: Betriebliche Aus- und Fortbildung in den Friedrich Krupp Hüttenwerken 1975 (Tonbildschau) ",*

Außerdem hat Böckmann diverse Kurzspielfilme für das Norddeutsche Werbefernsehen, Hamburg gemacht.

Doch seine Arbeit als verständlich, anspruchsvoll und scharfsinnig formulierender Schriftsteller, als Diplomsoziologe und als kritisch denkender Intellektueller konzentrierte sich mehr und mehr auf die Sinn- und Wertfragen des Lebens des Einzelnen und der Gesellschaft, wobei er nicht nur aus Büchern schöpfte, sondern viele eigene Erfahrungen, Gespräche mit Persönlichkeiten aus der Industrie, Arbeitswelt und Politik auswertete und einbrachte.

Böckmann ist nicht der typische Akademiker, der fast durchgängig nur Fachbücher zu einem Thema zitiert, sondern er tritt als kritisch denkender und fühlender Einzelkämpfer in Erscheinung, dem das Sinnwidrige ein Gräuel ist. Böckmann plädiert für eine »Freiheit von Furcht« und dann auch für eine »Freiheit mit Verantwortung«.

In seiner schriftstellerischen Arbeit beschäftigte sich Böckmann in den 1970er und 1980er Jahren auch mit Themen der Evolutionspsychologie und der deutschen Mythen- und Frühgeschichte und schrieb dazu mehrere Bücher. Bemerkenswert ist: *„Botschaft der Urzeit – Wurzeln menschlichen Verhaltens in unserer Zeit "*, Düsseldorf: Econ 1979.

Einen besonderen qualitativen Fortschritt in seinem Denken und Fühlen stellte sein erstes vielfach beachtetes Buch „*Millionenverluste durch Führungsfehler*" (Düsseldorf: Econ Verlag 1967) dar, in dem Böckmann in aller Offenheit und Schonungslosigkeit die Führungsfehler im Bereich der Wirtschaft und der staatlichen Verwaltung ausbreitete und Auswüchse eines krankhaften Machtstrebens kritisierte. Hier schon findet man das Leitmotiv, das in Böckmanns späteren Arbeiten immer wieder und in verschiedenen Variationen in Erscheinung tritt. Führung bedeutet, sagt Böckmann: „*Verständlichmachen betrieblicher Erfordernisse, Erringung von Vertrauen, persönliches Vorbild in Verhalten und sachlicher Leistung und mitmenschliche Verantwortung für den anderen.*"[15] Und weiter: Wir müssen erkennen lernen, dass der *Eigenwert des Menschlichen* viel mehr zu betonen sei, mag der wirtschaftliche Faktor des homo oeconomicus im Einzelfall auch noch so gering sein.[16]

Begegnung mit Viktor E. Frankl (1969)

Im März 1969 erfolgte die erste Begegnung mit Viktor E. Frankl (1905 – 1997) in Rüschlikon bei Zürich. Im Rahmen des Gottlieb Duttweiler Instituts fand dort ein dreitägiges internationales Symposium zum Thema „Hemmende Strukturen in der Wirtschaft" statt. Dabei waren Referenten (neben Edward de Bono, Vance Packard sowie Parkinson, Friedan, Taylor) auch Viktor Frankl und Walter Böckmann, der dort und damals das erste Mal den Namen *Frankl* und den Begriff *Logotherapie* [als „Dritte

---

15 Walter Böckmann, Millionenverluste durch Führungsfehler, Düsseldorf-Wien: Econ Verlag 1967, S. 8.

16 Vgl. ebd., S. 133.

Wiener Schule der Psychotherapie"] hörte. Böckmanns Vortrag erregte die Aufmerksamkeit Frankls, der ihn dann angesprochen und ihn gelobt hatte.[17] Es fand ein intensives Gespräch von dreieinhalb Stunden zwischen Viktor Frankl und Walter Böckmann statt, das seinem weiteren Lebenslauf – nach seinen eigenen Worten – „eine geistige Wende" gab. Der damals 46-Jährige fühlt sich durch das *Sinnkonzept* von Frankl wie elektrisiert.[18] Er habe endlich das gefunden, was ihm die ganze Zeit gefehlt habe: die Bedeutung der Sinnkategorie und der Werte für die Wirtschaft und Arbeitswelt, wird Böckmann später sagen. Böckmann ist beeindruckt von der Persönlichkeit und der Sinnlehre des Wiener Arztphilosophen Frankl, mit dem er sich sehr bald anfreundet und ihm bis zu seinem Tod geistig wie freundschaftlich verbunden bleibt. Mitte Juli 1997 treffen sich Böckmann und Frankl das letzte Mal in Wien und sprechen über den „Sinn des Lebens". Sechs Wochen später, am 02. September 1997, verstirbt Frankl. – Was aber sagte Böckmann in jenem Vortrag am 07. März 1969? Essenzielle Gedanken daraus sollen hier, wörtlich und sinngemäß, zitiert werden.

---

17 Hemmende Strukturen in der Wirtschaft: Wirtschaftsordnung im Spiegel ihrer Gesellschaftsordnung, in: Hemmende Strukturen in der heutigen Industriegesellschaft. Bericht eines interdisziplinären Symposiums mit Beiträgen von W. Böckmann, E. de Bono, V. E. Frankl, B. Friedan, V. Packard, C.N. Parkinson, A. Plack, W.R. Poindexter, H. Schoeck, G. R. Taylor und E. Webster, gdi-Verlag, Gottlieb Duttweiler-Institut für wirtschaftliche und soziale Studien, Rüschlikon-Zürich 1969, S. 107 – 122. Aus diesem Aufsatz zitiere ich im Folgenden.

18 Siehe dazu: Walter Böckmann, Viktor Frankl, nah, in: Logotherapie und Existenzanalyse. Sonderheft zum 90. Geburtstag von Univ. Prof. Dr. med. Dr. phil. Drs. h. c. mult. Viktor Emil Frankl (Zeitschrift der Deutschen Gesellschaft für Logotherapie und Existenzanalyse e. V.), März 1995, S. 28 – 33.

Er gab seinem Vortrag den Titel: „Hemmende Strukturen in der Wirtschaft: Wirtschaftsordnung im Spiegel ihrer Gesellschaftsordnung." Er führte aus:

Im Bereich des Gesellschaftlichen gäbe es erstarrte Strukturen, welche zu große Spannungen in der wechselseitigen Beziehung zwischen Gesellschaft und Wirtschaft verursachten. Nach einem Rückblick in die Geschichte zog Böckmann das Fazit: Ziel einer gesellschaftlichen Entwicklung und damit auch der Technik sei, „den Menschen freier, glücklicher zu machen." Dies aber setze voraus, „dass Wirtschaftsordnung und Gesellschaftsordnung kongruent sein müssen, sollen sich nicht unabsehbare Spannungen und Verluste ergeben." Zu beachten ist, „dass ein ganz bestimmtes soziales Gefälle mit den Begriffen »Geben und Nehmen« verbunden ist, und eine der Hemmungen wird dann erst überwunden, wenn darauf geachtet wird, dass sich nicht Arbeitgeber und Arbeitnehmer an einen Tisch setzen müssen, sondern Arbeiter unter sich, also *Menschen,* die gemeinsam ihr Bestes geben. Demokratie in der Wirtschaft, ebenso wie in der Politik, könne nur heißen: „gleiche Rechte *und* gleiche Pflichten." Das könne gelingen durch „breit gestreutes Eigentum mit Risiko und Verantwortung", und das heißt „fließendes Hineinwachsen einer großen Zahl von Miteigentümern in eine neue Wirtschaftsgesellschaft", in der viele sich mitverantwortlich fühlen. Daraus könne Schritt für Schritt eine neue Praxis entstehen, „die *mit der Macht in der Gegenwart auch die Verantwortung für die Zukunft*" realisiert. Doch eine neue, eine andere Praxis, so Böckmann weiter, sei an gute Bildung wie Ausbildung gebunden. Dabei sollen nicht nur Spezialwissen vermittelt, sondern Zusammenhänge und Ursachen von Entwicklungen dargelegt werden. Innerbetriebliche Information reiche nicht aus, denn mindestens so wichtig sei es, wirtschaftliche Maßnahmen – aber auch historische Zusammenhänge – allgemein verständlich zu erklären.

Und dann:

„Man lehre – in der Wirtschaft! – eine Geschichte der Begriffe, eine Erkenntnis des Bedeutungswandels der Terminologien, man mache –

40

wie in einem tiefenpsychologischen Prozess – bewusst, was wir an autosuggestiven Vorstellungen, an hemmenden Strukturen in uns herumtragen wie eine radioaktive Strahlenquelle, die uns schließlich am Krebs der Vergangenheit, am Alterskrebs, eingehen lässt." In der Linie dieser deutlichen Aufforderung bleibend, betont Böckmann auch, dass uns weder „Fetischisierung" noch „Tabuisierung" zahlreicher Begriffe [z.B. „oben und unten", „Leistung und Fortschritt", „Berufstreue und Betriebstreue"] weiterbringen werde. Nur klare Sprache und klare Gedanken seien passende Faktoren zur teilweise Überwindung hemmender Strukturen in Wirtschaft und Gesellschaft.

„Demokratie heißt, dass alle mitdenken müssen", dass sie die Kraft der Vernunft einsetzen sollen und zwar immer gekoppelt mit der „bewussten Erziehung [und Selbsterziehung] zur Verantwortung." Entscheidend für die humane Weiterentwicklung sei endlich, fühlend zu begreifen: „Wir dürfen nicht mehr nur nach dem nächsten Schritt fragen, den wir uns [wirtschaftlich und politisch] leisten können, sondern danach, was wir tun *müssen.*" – In anderen Worten: Böckmann hebt gegen Ende seines Vortrages hervor, dass erst die Beachtung der Notwendigkeit jene humanere Gesellschaft ermöglicht, nach der wir streben. –

Dass dieser Vortrag, hier nur in Essenz zitiert, den Wiener Arztphilosophen Viktor Frankl angesprochen hat, lässt sich leicht nachvollziehen, hat doch Frankl, wie kaum ein anderer Psychotherapeut, *die Verantwortung als Geisteskraft* ins Zentrum seiner Logotherapie und Existenzanalyse gerückt.

Im Frühjahr 1975 saß Böckmann in Wien mit dem damals 70jährigen Wiener Arztphilosophen Frankl zusammen und die beiden konnten nur feststellen, dass „der See still ruhte" [das heißt: die Logotherapie war in Österreich und in Deutschland kaum bekannt], was Böckmann zufolge damit zu tun hat, dass es besonders schwer sei, „den Propheten im eigenen Land zu entdecken, [und] Frankl wäre nicht der erste, der so etwas erlebte."[19]

---

19 Ebd., S. 30.

1976 erwarb Böckmann das Zertifikat in Logotherapie an der Universität Wien: *„Postgratuated Courses of Logotherapie 1974 – 1976.“* Frankl selber bestätigte ihm, – wie er dies auch Elisabeth Lukas, Uwe Böschemeyer und Wolfram Kurz bestätigt hatte, – dass er berechtigt ist, die Logotherapie in Lehre und Forschung sowie Beratung anzuwenden.

1977 fand eine ÖMV-Tagung am Semmering statt, die Böckmann gemeinsam mit Viktor Frankl gestaltete. Die erste öffentliche Darstellung der „Logotherapie in der Arbeitswelt" erfolgte auf dieser Fachtagung. Böckmann bekam für seinen Vortrag höchstes Lob von Frankl. Von nun an fand er sein eigentliches Thema, und unter dem Einfluss von Frankl wurde ihm immer klarer:

„Werteverwirklichung heißt SINNrelevante Verarbeitung von Reizen. Das SINN-System ist sozusagen der Filter, der diese Reize be-wertet. Erfüllung heißt Werterelevanz und SINNbilanz einer ganz bestimmten individuell und subjektiv erlebten Situation."[20] Und:

„Wer Leistung fordert oder will, muss Sinn bieten. In dem Maße, in dem SINNerfüllung [in] der Arbeit möglich wird, steigt Leistungsbereitschaft als Folge – als Er-Folg – automatisch an. Leistungsbereitschaft kann deshalb nicht direkt ‚erzielt', sondern nur indirekt durch SINNverwirklichung ‚er-folgen'."[21]

Diesen Kerngedanken wird Böckmann in den folgenden Jahren immer klarer, mit kohärenten Argumentationen herausarbeiten, begründen und durch viele Beispiele aus der Wirtschaft, Politik und Arbeitswelt untermauern.

---

20 Walter Böckmann, Das Sinn-System der Arbeit. Ausschnitte und Kommentare. ÖIAG VMU Informationstagung 06.10.1977 Am Semmering, S. 2, unveröffentlichtes Manuskript.

21 Ebd., S. 15 zu Tafel X.

Logotherapie und Psychologie der Arbeitswelt
(1970 – 1991)

In Vorbereitung des 3. Weltkongresses für Logotherapie, der 16. – 19. Juni 1983 in Regensburg stattgefunden hatte, wurde in Bremen Ende 1982 mit einer kleinen Zahl von kompetenten Persönlichkeiten – Dr. med. Karl Dieter Heines, Dr. Walter Böckmann, Dr. theol. Uwe Böschemeyer, Dr. phil. Elisabeth Lukas und Dr. med. Paul Bresser – die „Deutsche Gesellschaft für Logotherapie" gegründet, die inzwischen *„Deutsche Gesellschaft für Logotherapie und Existenzanalyse e.V."* (DGLE) heißt.[22] Im führenden Gremium hat Böckmann von Dezember 1982 bis Oktober 1991 eine wichtige Rolle gespielt. Unter anderem hat er 1969 die Arbeitsgruppe „Logotherapie und Arbeitswelt" gegründet und bis 1991 geleitet.

Als „zweiter logotherapeutischer Pionier" bzw. Institutsgründer in Deutschland, – der erste war Uwe Böschemeyer in Hamburg (April 1982) – gründete Böckmann 1983 in Bielefeld das *Westdeutsche Institut für Logotherapie und Psychologie der Arbeitswelt,* und unterhielt dort auch eine Praxis für psychologische Beratung.

Sein Vortrag, den der damals 60-jährige Walter Böckmann 1983 in Regensburg auf dem Logotherapiekongress gehalten hatte, enthält nach meinem Gefühl bis heute „Sprengstoff". Man lese aufmerksam folgende Gedanken:

Es gäbe nach wie vor irritierende gesellschaftliche Fragen, „auf die Antworten im politischen Raum gefunden werden müssen. (…) Die Gesellschaft als verursachendes Element [im Hinblick auf das Elend des Individuums] gilt als schadenstiftend und zur Wiedergutmachung verpflichtend zugleich. Damit wird der Einzelne gleich zweimal zum

---

22 Siehe: www.logotherapie-gesellschaft.de

Objekt gemacht: einmal als Objekt des gesellschaftlichen Schicksals und zum anderen als Objekt des gesellschaftlichen Heilungsprozesses. Dem entspricht dann auch das Prinzip seiner ubiquitären Bevormundung, Vertretung, Repräsentation durch immer neue Instanzen, Gruppen, Parteien, Verbände und nicht zuletzt Therapeuten. (…) Vielleicht hat das Bekenntnis zu Freud oder Frankl schon immer eine Art Abstimmung darüber bedeutet, ob man zu der Partei der Unabhängigen oder zur Partei der Abhängigen gehörte – zu denen, die nach den Ursachen (den *Fremd*ursachen) für Schicksal und Verhalten fragten [Freud], oder zu denen, denen es um den *Sinn* von Schicksal und Verhalten ging [Frankl]. Für das eine wäre man tatsächlich nicht zur Rechenschaft zu ziehen, für das andere hätte man selbst einzustehen."[23] Und weiter:

„Ich bin mir sehr darüber im Zweifel, ob eine Mehrzahl der Ratsuchenden aufgrund ihrer Persönlichkeitsstruktur überhaupt in der Lage ist, mit *der* Freiheit etwas anzufangen, zu der sie die Logotherapie herausfordert. (…) Das gilt (…) auch für ganze politische Parteien, die manchmal geradezu Angst vor der Macht und der Entscheidungsverantwortung zu haben scheinen und sich in der Begrenztheit als Opposition viel sicherer fühlen. (…) Indem Frankl den Menschen in seiner *eigentlichen humanen* Dimension – nämlich als einen sinnsuchenden – begreift, verweist er ihn zugleich hinaus über den bloßen triebmechanistischen Lebensrahmen und spricht ihn frei zu einem *selbstverantwortlichen* und *gemeinschaftsverantwortlichen* Handeln."[24] Und weiter:

Der entscheidende Ansatz für die gesellschaftliche Orientierung durch Logotherapie sei nicht mehr die auf Zweckmäßigkeit ausgerichtete Frage *Cui Bono,* wem nützt es, sondern: Wie sinnvoll ist es? Denn: „Die Frage nach dem Sinn greift tiefer als die vordergründige Frage nach dem Zweck und legt die motivierenden Wurzeln bloß. Wenn z.B. ein in jahrelangem Studium zum Ingenieur qualifizierter Mann nur

---

23   Walter Böckmann, Sinn in Wirtschaft und Gesellschaft (1983), in: Sinn-voll heilen. Viktor E. Frankls Logotherapie – Seelenheilkunde auf neuen Wegen, Freiburg: Herder Verlag 1984, S. 76f.

24   Ebd., S. 78.

eine Anstellung als Facharbeiter bekommt, dann ist dies für ihn gewiß eine zweckmäßige Arbeit, um überleben zu können, aber sicher keine sinnvolle Tätigkeit, die sein Leben erfüllt."[25] Und weiter: „Auch in der Politik ist Sinn-Erfüllung individuell. Die Verwirklichung bestimmter Werte als Sinnerfüllung kann man nicht allen Mitgliedern einer Gesellschaft aufzwingen, nicht einmal durch Mehrheitsbeschluss. Mehrheitsbeschlüsse sind einfache – häufig einfältige – Lösungen, sie lösen selten die eigentlichen Probleme, sondern klären nur die Machtverhältnisse. Die Sinn-Problematik ist differenzierter. (…) Fragen wir uns ob eine Parteispende den *Sinn* hat, eine bestimmte gesellschaftspolitische Idee zu fördern – logotherapeutisch ausgedrückt: der Verwirklichung von ideellen Werten zu dienen – oder den *Zweck,* als Rundumspende an alle Parteien politisch ‚gutes Wetter' einzukaufen, dann wird rasch deutlich, dass Sinn ein äußerst unterscheidungsfähiges Kriterium darstellt."[26] Und weiter schreibt Böckmann: „Eine Gesellschaft mit Feindbildern ist eine zutiefst kranke Gesellschaft, wie Unternehmen oder Parteien, die nur deshalb nach immer größeren Marktanteilen und Stimmen gieren, weil in ihrem Hinterkopf doch noch die Erringung von Monopolen spukt."[27]

Weitere Sätze seien – gekürzt und sinngemäß – aus diesem bemerkenswerten Vortrag zitiert: Führung heißt auch mal in Talsohlen führen. Das permanente Wachstum beim Einkommen des Einzelnen wie in der Wirtschaft, ist ein Missverständnis. Auf und Ab, Werden und Vergehen gehören zum Leben. Eine geistig schlichte – sinnvolle – Lösung kann nicht darin bestehen, dass immer weniger Leute für immer mehr Geld arbeiten.

Fragen wir einmal unter Sinn-Gesichtspunkten, was Parteien heute sinnvoll zu unserer Gesellschaft beitragen könnten, werden wir schnell erkennen, was bei ihnen nur Attitüde, Lärm um des Lärms willen und Profilierungssucht ist und wo die relevanten Einsichten tatsächlich zu finden sind. „Eine Gesellschaft ist wie ein Organismus,

---

25 Ebd., S. 81f.
26 Ebd., S. 83 – 85.
27 Ebd., S. 87.

keine Einheit, wohl aber eine Ganzheit. (…) Pluralismus heißt *Vielfalt* in der Ganzheit, Zusammenwirken unterschiedlicher Organe mit unterschiedlichen Aufgaben und Auffassungen, aber in gemeinsamer Verantwortung für das Ganze."[28]

Soweit einige Gedanken von Böckmann im Jahre 1983, das in seinem Leben eine Wende brachte, da er sein Institut eröffnete. Im Rahmen seiner Institutsarbeit hat er sich in systematischer Weise dem Thema »sinntheoretische Probleme der Arbeitswelt« gewidmet und als von Frankl persönlich geprüfter und anerkannter Dozent für Logotherapie auch (ca. 150) Schüler ausgebildet. Walter Böckmann selbst hat 1986 das Profil seines Institutes folgendermaßen charakterisiert:

„Das Institut wurde aus der fachpsychologischen Unternehmensberatung des Inhabers heraus entwickelt und arbeitet unter der Bezeichnung *Institut für Logotherapie und Psychologie der Arbeitswelt* seit dem Jahre 1983. Schwerpunkte der Unternehmensberatung bilden »Sinn-orientierte Mitarbeitermotivation und Unternehmensführung«, während im Mittelpunkt der Einzelberatung Partnerschafts-, Berufs- und die Vielfalt der Neurosenprobleme stehen.
Das Institut bietet eine Reihe von Seminaren an: Geschlossene Veranstaltungen auf der Unternehmensseite für die jeweiligen Auftraggeber und offene Seminare mit einer allgemeinen »Einführung in die Logotherapie« bis zur Anwendung der Logotherapie in bestimmten Berufsbereichen (industrielle Personalarbeit, Schule, Sozialarbeit etc.). Zur Zeit läuft ein Ausbildungsgang »Logotherapeut in der Arbeitswelt«, der jetzt in seinen dritten Abschnitt geht und an den sich dann ein Anwendungsjahr mit Projektarbeit anschließt.
Eine Balintgruppe aus Werksärzten, Werkpsychologen und Personalleitern gehört ebenso zu dem Aufgabenbereich des Instituts wie ein »Arbeitskreis Logotherapie«, in dem sich Ärzte, Seelsorger und die

---

28   Ebd., S. 89.

Angehörigen verschiedener Beratungsbereiche zusammengeschlossen haben".[29]

Und dann im Jahre 1988 charakterisierte Böckmann sein damals schon 5 Jahre bestehendes Institut mit folgenden Worten: „In der seit 28 Jahren [also seit 1960] in Bielefeld bestehenden Beratungspraxis wurde schon frühzeitig, etwa seit Ende der 1960er Jahre, ein Modell »Sinnorientierte Leistungsmotivation und Mitarbeiterführung entwickelt, das seine Anstöße der damaligen Begegnung [1969] Dr. Böckmanns mit Prof. Frankl verdankt. Dieses Motivations- und Führungsmodell hat inzwischen seinen Niederschlag – vor unterschiedlichen Interessenten aus Wirtschaft, Bundeswehr und Polizei – in zahllosen Vorträgen, Fachzeitschriftenartikeln, Buchveröffentlichungen und Seminaren gefunden. Der dabei vertretene Motivationsansatz wird zur Zeit an einer norddeutschen Fachhochschule zum Gegenstand einer Prüfungsarbeit gemacht.

Mit der Zunahme des Interesses an Logotherapie in weiteren Kreisen der Bundesrepublik, etwa seit dem Regensburger Kongress [Juni 1983], hat das Bielefelder Institut die Ausbildung in Logotherapie mit in sein Programm aufgenommen. (…) Der Ausbildungsgang ist vom Arbeitsamt als förderungswürdig anerkannt, die Inhalte sind weitgehend in der »Arbeitsgemeinschaft der Logotherapieinstitute« aufeinander abgestimmt. (…) Die wissenschaftliche und publizistische Arbeit (…) zielt auf die Anstöße, die von der Logotherapie für die Entwicklung einer umfassenderen Sinn-Theorie ausgehen und damit auf sinntheoretische Aspekte in der Soziologie und Systemtheorie, Pädagogik, Entwicklungspsychologie, Sozialarbeit u.a.m. (…) Empi-

---

29 In: Logotherapie. Zeitschrift der Deutschen Gesellschaft für Logotherapie, Jahrgang 1, Heft 1, 1986, S. 114. Der damalige Sitz der Gesellschaft war: Rockwinkeler Landstraße 110 in Bremen. Dr. med. Karl Dieter Heines war der 1. Vorsitzende und Dr. phil. Elisabeth Lukas die 2. Vorsitzende (Fürstenfeldbruck). Zum Vorstand gehörten noch: Dr. med. et Dr. phil. Paul Bresser (Remscheid), Dr. paed. Walter Böckmann (Bielefeld) und Gerhard Lukas (Fürstenfeldbruck).

risch wissenschaftliche Untersuchungen laufen zur Zeit zum Thema »Sinn-orientierte Motivation von Schülern«."[30]

Im Jahre 1991 hat Walter Böckmann sein Institut in Bielefeld aus Altersgründen aufgelöst bzw. geschlossen und ließ sich selbst pensionieren. Wie aber muss man sich die erste, entscheidende Begegnung Böckmanns mit Viktor Frankl und der Logotherapie vorstellen? Was ist damals in der Begegnung zwischen Frankl und Böckmann passiert, woran sich der fast 90-jährige Böckmann immer noch so lebhaft erinnert, wie ich es am 11. August 2012 in einem unvergesslichen Gespräch mit ihm erleben konnte?

Böckmanns Zeugnis über Viktor E. Frankl (1995)

Zum 90. Geburtstag von Viktor E. Frankl (26. März 1995) meldete sich Walter Böckmann noch einmal mit einem längeren Artikel zum Wort. Er schrieb in einem Sonderheft der „Deutschen Gesellschaft für Logotherapie und Existenzanalyse" im März 1995 ein sehr bemerkenswertes persönliches Zeugnis über Viktor Frankl und über seine Beziehung zu ihm. Schon in den einleitenden Sätzen spürte ich den „berechtigten Zorn" dieses prophetischen Reformers Böckmann:
Es sei so vieles, das ihn mit Viktor Frankl verbinde und andere Leute nichts angehe, andererseits seien seine Vorstellungen von Huldigung nicht allgemeingültig, denn: „Dass jemand 90 oder auch nur 9 Jahre alt wird, dafür kann er nichts. Um Mozart mit 9

---

30 So berichtete Böckmann 1988, hier etwas abgekürzt zitiert, über sein *Westdeutsches Institut für Logotherapie und Psychologie der Arbeitswelt*, in: Logotherapie. Zeitschrift der Deutschen Gesellschaft für Logotherapie Heft 1/1988, S. 86.

Jahren wäre es bereits schade gewesen, bei gewissen Zeitgenossen hätte ein Lebensalter von nur 9 Jahren für die Mitwelt eine Gnade bedeutet." [Ob er hier Hitler meint?]

Nach diesem „Zornausbruch", der sich öfters wiederholen wird, kommt dann seine persönliche Huldigung, – **Viktor Frankl, nah** – die hier fast vollständig zitiert wird:

Viktor Frankl kann gar nicht alt genug werden. Er hat zwar wesentliche Erkenntnisse auch schon im jugendlichen Alter gehabt, aber wenn man sich mit ihm heutzutage unterhält, dann vernimmt man dabei immer wieder Un-Erhörtes, bis dahin noch nicht Vernommenes. Natürlich gibt es noch immer viele, die einfach nicht hinhören wollen, nicht zuletzt aus der Zunft der Medizinmänner und ihrer psychotherapeutischen Nachahmer. ,Ein bisschen weiche Theorie, meinen Sie nicht' fragte mich anno ,Regensburg' [im Juni 1983 auf dem 3. Weltkongreß für Logotherapie] ein dortiger hochbestallter Psychologe, und ein paar Jahre später, so anno ,Offenbach' hieß es dann aus wissenschaftlich ,berufenem' Munde: ,Was soll eine Therapie ohne Methodik? Ich verstehe nicht, wie Sie [Böckmann] sich damit abgeben können'. –

Hiesige Psychologiekollegen haben denn auch schon mal angerufen und mich gebeten, ihnen doch ,die Logotherapie' so auf ein- bis anderthalb Seiten zu verklickern (anders könnte man das wohl nicht nennen), weil sie mal wieder einen Studenten hätten, der darüber unbedingt seine Diplomarbeit schreiben wolle. (,... Sonst müsste ich ja »etwas lesen«!' So etwas sollte man natürlich einem universitären Staatsdiener auch nicht zumuten). Wenn Elisabeth Lukas »SPIEGEL«-Fechtereien betreibt (Journal 2/94. S. 89),[31] weil irgendein herausragender Psychotherapiefachmann [Klaus Grawe] bei der Logotherapie (und anderswo) wissenschaftliche Wirksamkeitsuntersuchungen vermisst, dann

---

31 Böckmann verweist hier auf einen bemerkenswerten Artikel von Elisabeth Lukas: Wer ist der Gaukler? – Einspruch gegen eine Diffamierung der Logotherapie, in: Journal des Viktor-Frankl-Instituts, Nummer 2/1994, S. 89 – 93. Hier setzt sich E. Lukas kritisch mit Klaus Grawes Aussagen über die Logotherapie auseinander.

müsste man eigentlich Schreikrämpfe bekommen. Ich habe das Pech gehabt, mich bei meiner psychologischen Dissertation mit einigen der wichtigsten amerikanischen Tests zur psychischen Gesundheit u.a. zu befassen (wem dies etwas sagt: POI, MMPI, CPS, FHID) und dazu, wie üblich, mit mehreren Dutzend dazu erstellter Wirksamkeitsuntersuchungen, von Adhoc- bis Langzeitquerschnitten. Wer etwas über die faktische, nicht theoretisch konstruierte, Unwiederholbarkeit von Rahmenbedingungen weiß, wer immer wieder die Unvergleichbarkeit erfahren hat, mit der P1 bis Pn ihre Wahrnehmungen an sich selbst und anderen zu differenzieren und in diskrete Kategorien umzusetzen in der Lage bzw. nicht in der Lage sind, wer nachgerade den Unsinn eingesehen hat, psychische Phänomene wie konkrete Zahlenwerte zu verrechnen (3 + 3 sind in der Algebra, aber nicht in der Psychologie, immer 6, nur bei Franz Joseph Strauß waren es nach eigener Aussage auch mal 5,8 oder 6,3 jedoch nur in der Politik), – wer suggestive Beeinflussung von Probanden wie die autosuggestive von Untersuchungsleitern seit beinah 50 Jahren kennt (ein Jahr müsste eigentlich genügen), dem stehen die Haare zu Berge, wenn er von vorliegenden Untersuchungen zur psychotherapeutischen Wirksamkeit auch nur hört. Dabei lassen wir auch noch den (nie eingebrachten) individuellen Einfluß des Therapeuten außer acht, auf den Frankl immer wieder hingewiesen hat. Die Skala reicht bekanntlich vom Künstler bis zum Scharlatan. Nicht das Nichtvorliegen von Wirksamkeitstests sollte bedenklich stimmen, sondern ihr sog. Vorhandensein.

Warum ich überhaupt davon spreche? Weil mich all diese Schaumschlägereien rund um die Psychotherapie und besonders um die Logotherapie Viktor Frankls fuchsteufelswild machen können, weil ich weiß, wie ihn bei aller offensichtlichen Abgehobenheit doch trifft, was da so mache ‚Kritiker’, die zu faul und zu arrogant sind, sich mit der Sache selbst zu befassen (sie müssten ja sonst ‚etwas lesen’), ihre buntschillernden Seifenblasen aus ihren (Ton-)Pfeifenköpfen abblasen. 27 Ehrendoktorhüte sollen es heute sein, mit denen sich da etliche Universitäten selbst dekorieren, die Mehrzahl davon in den letzten zehn Jahren (richtig?). Warum haben sie es nicht schon früher getan? Frankls Werk liegt ja schon fix und fertig seit Jahrzehnten vor. Sie hätten vermutlich halt auch ‚was lesen’ müssen, jetzt macht einer nur den anderen nach. Als wir so um seinen 75. Geburtstag [März 1980] in Wien zusammensaßen, konnten wir nur feststellen, dass ‚der See still ruhte', nicht das leiseste Wellenkräuseln zeigte sich. Inzwischen sind die Wogen haushoch gegangen, bis zur Orkanstärke honoris causa. Es ist bekanntlich besonders schwer, den Propheten im eigenen Land zu entdecken, Frankl wäre nicht der erste, der so etwas erlebte. Inzwischen ist es keine Kunst und schon gar kein Verdienst mehr, Frankl zu entdecken oder ihn gar, wie in Hamburg, mit stehenden Ovationen hochzuloben. Aber es hat einmal eine Zeit gegeben, da war es noch etwas anders, ich denke da so dreißig Jahre zurück, Mitte der Sechziger.

Ich hatte mir damals gerade meinen Berufsfrust von der Seele geschrieben und ein Buch verfasst, das ‚*Millionenverluste durch Führungsfehler*' hieß. Aufgrund dessen war ich vom Gottlieb-Duttweiler-Institut in Zürich (neben de Bono, Packard, Parkinson, Friedan, Frankl, Taylor u.a.) zu einem Symposium eingeladen worden unter dem Motto ‚Hemmende Strukturen der Wirtschaft'. Nach meinem Referat ‚Wirtschaftsordnung im Spiegel ihrer Gesellschaftsordnung', was sehr viel soziale Kritik heißen sollte, aber die meisten haben es gar nicht gemerkt, kam ein älterer Herr auf mich zu, der damals noch wesentlich jünger war [nämlich 62] als ich heute [nämlich 72] und fragte mich:

„Wissen Sie, dass Sie soeben einen logotherapeutischen Vortrag gehalten haben?" Ich schaute meinen Gegenüber verdutzt an, denn ich hatte noch nie etwas von der Logotherapie gehört, nicht einmal den Namen. Dann sagte er auch noch ‚Frankl', was mich zwar nicht klüger machte, mir aber immerhin Gelegenheit bot zu der geistreichen Erwiderung ‚Böckmann'. Doch meinen Namen kannte er bereits, pflegte doch der Versammlungsleiter die Vortragenden vor ihrem Referat namentlich vorzustellen. Peinlich, peinlich ... Aber das eben war bzw. ist Viktor Frankl: Es gab keinerlei Peinlichkeit, im Gegenteil. Kaum hatten wir ein paar Sätze miteinander gewechselt, schlug er mir vor, mich nach der Veranstaltung ihm und seiner Frau bei einem Bummel durch den Züricher Abend anzuschließen. Dabei gab es sehr viele persönliche und nicht nur logotherapeutische Gespräche. Ich erfuhr einiges über sein Schicksal vor allem im Dritten Reich, für das ich einstmals Feuer und Flamme gleich nach meinem siebzehnten Geburtstag in den

Krieg gezogen war, und ich sagte ihm das auch und manches andere dazu. Und auch da wieder keine Peinlichkeiten. Ihn interessierte der Mensch, was er sei und getan und persönlich zu verantworten habe, nicht die äußeren Umstände, oder in Kurzform heute: der Inhalt, nicht die Verpackung. Nicht nur das verbindet mich mit Viktor Frankl, dass ich mit ihm auch über die damaligen Jahre reden kann. Offen und ohne alle Vorbehalte und wider die ‚political corectness' unserer heutigen veröffentlichten Meinung, der zu widersprechen Viktor Frankl nie gescheut hat, u.a. als er auf dem Marktplatz von Innsbruck vor wenigen Jahren noch davon sprach, daß weder von Kollektivschuld noch von Kollektivscham die Rede sein könne. Jeder sei für sich selbst verantwortlich – und für die anderen nur insoweit, als er, falls er die Macht dazu besaß, Unrecht nicht verhindert hat. Und auch das gilt heute noch.

Mein weiterer Kontakt nach der Züricher Begegnung war nicht ohne Stolpersteine. Zum einen habe ich mich mitunter recht begriffsstutzig angestellt und in den ersten Texten, die wir austauschten, mehrfach Selbsttranszendenz und Selbstdistanzierung verwechselt, und zum anderen war und bin ich bei aller Ehrerbietung nicht immer seiner Meinung, aber das diskutieren wir unter uns, und das hält sich in Grenzen.

Da ich der Meinung war, dass zum Thema Logotherapie von Viktor Frankl bereits alles Erforderliche gesagt sei – und dieser Meinung bin ich auch heute noch – habe ich meinen ‚psychologischen Senf' nicht auch noch dazugegeben, zumal ich meinen dritten Anlauf zu einem psychologischen Studium erst einmal formgerecht abschließen wollte.

Meine Bemühungen, meine eigene Überlegungen zum Sinn der Arbeit, zur Arbeitsmotivation und zum Sinn des Wirtschaftens überhaupt durch Franklsche Erkenntnisse zu fundamentieren und zu differenzieren, sind dann wohl doch nicht ganz erfolglos geblieben, denn im Laufe der Jahre hat eine ganze Reihe von Veranstaltungen stattgefunden, bei denen man Viktor den Großen und nach und nach Berühmten einlud und bei denen er mich dann als Spezialisten für Wirtschaftsfragen mit auftreten ließ. Erstmals fand so etwas 1977 vor den Führungskräften der österreichischen (staatlichen) Ölindustrie statt. Bei der Gelegenheit habe ich auch zum ersten Mal mein Modell einer ‚sinnorientierten Leistungsmotivation und Mitarbeiterführung' vorgestellt, und Frankl hat in seiner Schlussansprache dazu angemerkt, daß er ein Samenkorn geliefert habe, und ich hätte daraus einen Baum wachsen lassen. Für mich war das wie ein Logotherapieverdienstkreuz I. Klasse.

Was ich ganz und gar nicht verstanden habe, war seine Abstinenz in organisatorischer Beziehung. Bereits vor – ich weiß nicht mehr wie viel – Jahren hatte er den Versuch gemacht, eine Gesellschaft für Logotherapie zu gründen. Zu diesem Zweck war eine Handvoll Kollegen nach München beordert worden, wo wir zwei Tage lang Vereinsstatuten berieten. Als Präsident war ein medizinischer Professor ausgeguckt worden, der jedoch lieber bergwanderte und nicht erschien. An sich waren gerade soviel Personen anwesend, dass der gesetzlich vorgeschriebene Vorstand besetzt werden konnte – Frankl und Gemahlin hatten sich die außerorganisatorische Oberleitung vorbehalten –, aber oh Graus! Da saß eben doch noch jemand, den offenbar niemand außer Frankl so gut kannte (und Frankl, wie sich bald zeigen sollte, auch nicht gut genug), und ich bekam es nicht übers Herz und plädierte dafür, dass wir auch diesen Zeitgenossen noch vorstandsmäßig versorgen sollten, was dann auch geschah. Ich glaube, er wurde Kassenwart oder so etwas Ähnliches. Dass dies nun aber eine völlige Fehlbesetzung war, zeigte sich alsbald, als Besagter mit etlichen tausend DM [D-Mark] einer von ihm betreuten Klientin durchging und diese, da es sich um ihrer Meinung nach um einen logotherapeutischen, wenn auch untypischen Vorgang handele, ihr Geld ausgerechnet von Frankl wiederhaben wollte.

Frankl hat mir diese Initiative, die eine reine Mitleidsreaktion gewesen war, als ‚eine von zwei personellen Fehlentscheidungen in Sachen organisierter Logotherapie im Laufe der Jahre' mit ironischem Lächeln angekreidet. Dieses sich nicht mit der Deutschen Gesellschaft für Logotherapie durch persönliche Übernahme des Vorsitzes, ja nicht einmal der Ehrenpräsidentenschaft, Festlegenwollen, sollte sicher anderweitige Gründungen, die recht bald ins internationale Kraut schossen, nicht behindern. Von Nachteil war dies aber doch, genauso wie die Nichtgründung eines Zentralinstituts für Logotherapie, das die Aus-

und Fortbildung hinsichtlich der Zugangs- und Abgangsbedingungen vereinheitlicht hätte. Was sich später dann allerorts als logotherapeutischer Ausbildungsgang herausbildete, kann das Kriterium ‚koordiniert' wohl nur sehr begrenzt beanspruchen, trotz meiner Bemühungen um eine ‚Arbeitsgemeinschaft der Logotherapieinstitute', in der man sich zwar nicht in die Quere, aber sachlich auch nicht näher kam. (...) Ich merke, dass ich dringend Schluß machen muss. Einmal weil ich anderen hier sonst zuviel Platz wegnehme, zum anderen weil ich mich langsam in Wut rede. (...)
Zu denen, die meinen, Frankl habe eigentlich, weil er nun einmal älter sei als sie, nur das schon von ihnen veröffentlicht, was sie selber immer schon gewusst haben, gehöre ich noch immer nicht. Der Abstand zwischen Frankl und mir ist auch jenseits meiner eigenen Siebzig nicht kleiner geworden wie gegenüber manchem anderen. Frankl ist mir noch immer um ‚zwanzig Jahre voraus' an Alter, Weisheit und Verstand.[32]

So hat Walter Böckmann seine Huldigung zum 90-sten Geburtstag von Viktor E. Frankl formuliert. Es liegt m.E. im Böckmanns Reformer-Charakter, dass er Faulheit und Arroganz vehement ablehnt und der Beschäftigung mit der Sache selbst – mit den Texten der Franklschen Logotherapie – absolute Priorität einräumt. Denn wesentliche, das Menschsein betreffende Erkenntnisse, die Viktor Frankl zwischen 1925 und 1995 veröffentlicht hat, behalten ihre Gültigkeit weiterhin, folgert der damals 72-jährige Walter Böckmann.
Nach dem Rückzug aus seinem Institut hat Walter Böckmann weiterhin Fachartikel verfasst, Vorträge gehalten und den freundschaftlichen Kontakt zu Viktor Frankl gepflegt. Mitte Juli 1997

---

32 Walter Böckmann, Viktor Frankl, nah, in: Logotherapie und Existenzanalyse. Sonderheft zum 90. Geburtstag von Univ. Prof.. Dr. med. Dr. phil. Drs. h.c. mult. Viktor Emil Frankl, März 1995, S. 30 – 33. (Zeitschrift der Deutschen Gesellschaft für Logotherapie und Existenzanalyse e.V.)

traf er zum letzten Mal den großen Wiener Arztphilosophen und sprach mit ihm über den „Sinn des Lebens". Sechs Wochen später, am 02. September 1997, verstarb Viktor E. Frankl in Wien im Alter von 92 Jahren. Unmittelbar danach schrieb Elisabeth Lukas:

„Frankls Tod löste international ein starkes Echo in der Fachwelt aus. War er doch einer der letzten großen Gründerväter psychotherapeutischer Denkrichtungen, nämlich der Logotherapie und Existenzanalyse, und eine weltweit berühmte Persönlichkeit: Überlebender von vier Konzentrationslager, Würdenträger hoher medizinischer Ehrungen, darunter von 29 Ehrendoktoraten. Mit ihm ging eine Ära zu Ende, die, was die Disziplinen der Psychotherapie und Psychiatrie betrifft, mit Genialität, Menschenkenntnis, Intuition und Weisheit zu tun hatte und weniger mit Verfahrenstechnik, künstlichem Setting und statistischer Effizienkontrolle. (...) Nach der Trennung von Adler, entwickelte Frankl seine eigene *Anthropologie,* deren Kernaussage lautet: Dem Menschen eignet eine existenzielle (= spezifisch humane) Dimension, die ihn von den anderen Lebewesen unterscheidet, und in die die Befunde aus dem biopsychischen Raum nicht übertragbar sind. Frankl nannte sie die geistige oder ‚noetische' Dimension (vom griechischen Wort Nous = Geist). Fortan konzentrierten sich seine Forschungen auf die Fruchtbarmachung dieser geistigen Dimension des Menschen zur Linderung und Überwindung seelischer Störungen."[33]

Diese sogenannte *noetische,* dem Menschen inhärente *geistige* Dimension faszinierte auch Walter Böckmann, dessen Berufung es war, sich auf die Fruchtbarmachung und Anwendung der geistigen Dimension in den Bereichen der Wirtschaft, Organisation und Arbeitswelt zu konzentrieren. Kommt der Arbeitswelt

---

[33] Elisabeth Lukas, Die Logotherapie – Viktor E. Frankls Erbe, in: Heilungsgeschichten. Wie Logotherapie Menschen hilft, Freiburg: Herder Verlag 1998, S. 11f.

als dem Hauptfeld menschlicher Werteverwirklichung eine besondere Bedeutung zu, wie Böckmann öfters betont, dann muss darin auch die geistige Dimension des Menschseins – Verantwortung, Wertbezug, Sinnorientierung, das Beachten des »Wir« – eine größere Rolle spielen als bisher.

Wenn wir unter Kultur, wie Böckmann sagt, „die vom Menschen – entsprechend seinem Lebenssinn – veränderte Natur verstehen", dann müssen wir „nicht nur nach dem Sinn irgendeines beliebigen Systems einschließlich des Systems »Mensch« fragen, sondern nach dem Sinn des Lebens eines einzelnen Menschen. Bei der Suche nach einer Antwort darauf offenbart sich uns plötzlich die eigentlich kaum beschreibbare Bedeutung unseres individuellen Ich- und Selbstbewusstseins.

Sich selbst auf einmal dieser Welt gegenüberzusehen, an das eigene Leben, Überleben – aber auch Ableben – zu denken, der Dienstleistung eingedenk sein, die in der Sinn-Erfüllung eines jeden lebenden Wesens gegenüber dieser Welt liegt, sich dabei aber nicht auf Fremdsteuerung des Instinktes, des »Gedächtnisses der Art« verlassen zu können, sondern allein auf die eigenen Erfahrungen, und die eigenen Taten verantworten zu müssen – das ist eine Erkenntnis von ungewöhnlicher Tragweite. Der Sinn des Lebens eines einzelnen Menschen wird durch so viele einzelne Ereignisse in Einzelsituationen und durch so viele Einzelentscheidungen geprägt, dass er sich schließlich als Summe aller sinn-voll bewältigten Einzelsituationen im Leben darstellt" – schrieb Böckmann 1995 im Kompendium der Logotherapie.[34]

---

34 Walter Böckmann, Die Bedeutung der Logotherapie für die Welt der Arbeit. Sinn – Zweck – Motivation in der Industriegesellschaft, in: Kompendium der Logotherapie und Existenzanalyse. Bewährte Grundlagen, neue Perspektiven, hrsg. v. Wolfram Kurz und Franz Sedlak, Tübingen, Verlag Lebenskunst 1995, S. 583f.

Späte Früchte (1996 – 2013)

Kurz vor und dann auch nach dem Tode von Frankl veröffentlichte Böckmann drei Fachartikel, die mich aufhorchen ließen. Deshalb seien sie hier genannt:

(1) *„Sucht – Rausch – Sinn"*, in: Logotherapie und Existenzanalyse 2/1995 und 1/1996.

(2) *„Logotherapie und Sinn-Theorie. Überlegungen zum therapeutischen wie außertherapeutischen Umgang mit dem Frankl'schen Sinn-Begriff und seiner erweiterten Definition im Rahmen einer Sinn-Theorie,* in: Journal des Viktor-Frankl-Instituts, 2/1997.

(3) *„Logotherapie – kritisch"*, in: Existenz und Logos. Zeitschrift für sinnzentrierte Therapie – Beratung – Bildung, Heft 14/2007.

Böckmann trat nach 2003 immer seltener in der Öffentlichkeit auf. Zuletzt lieferte er einen Beitrag zum Kongress „Sozialethische Dimensionen in der Wirtschaft", organisiert vom *Süddeutschen Institut für Logotherapie und Existenzanalyse* im Kulturzentrum Fürstenfeld in Fürstenfeldbruck (07. Juni 2008). Böckmanns Thema lautete „Sinn in Arbeit, Wirtschaft und Gesellschaft."

Nicht nur für Interessenten der Mittel- und Großindustrie, sondern für alle, die der Verbindung „Sinn und Wirtschaft" besondere Aufmerksamkeit widmen möchten, bleibt Böckmann eine *maßgebliche* Persönlichkeit. Es lohnt sich, sein schriftlich vorhandenes Werk zu entdecken und zu studieren, was letztlich auch das hier vorgelegte Buch anregen will. Es kommt im 20. Jahrhundert, jedenfalls in Deutschland und im deutschen Sprachraum, nicht allzu oft vor, dass jemandem der Brückenschlag zwischen Philosophie und Wirtschaft, zwischen logotherapeutischer Anthropologie und moderner Personalführung gelingt. Böckmann gehört zu diesen Seltenen, und vermutlich ist er *der Erste* in Deutschland, der die

Bedeutung der „Sinnlehre" [also der Logotherapie und Existenzanalyse Viktor E. Frankls] mit Bezug auf die Arbeitswelt und die Wirtschaft erkannt und in vielen Büchern und Aufsätzen – immer mit konkreten Beispielen untermauert – sowie in zahlreichen Vorträgen dargelegt und begründet hat.

Für Könner und Kenner ist Böckmann schon heute [und seit 1977] „die prophetische Stimme einer sinnorientierten Führungslehre", die wir in Europa mehr brauchen denn je. Eine prophetische Stimme, welche in vielen Variationen in die Welt hinausschreit, dass der „Logos" [oder eine philosophisch fundierte „Sinntheorie", wie Böckmann die Logotherapie Frankls manchmal nennt] und der „homo oeconomicus" viel tiefer miteinander in Verbindung gebracht werden sollten, als dies bisher geschah. In anderen Worten: Böckmann legt dar, dass ein Sinn-Denken und Sinn-Empfinden notwendig ist, will die Wirtschaft und die Arbeitswelt humaner werden. Schon 1969 war Böckmann überzeugt: Man muss in der Wirtschaft das Morgen *geistig vorwegnehmen,* um vom Morgen her „auf unsere Gegenwart hin zu planen. Wir dürfen nicht nur nach dem nächsten Schritt fragen, sondern danach, was wir tun *müssen".*[35] Der uralte Gedanke der »Anánke« – der hehren Notwendigkeit – klingt hier durch.[36] Eine Vielzahl seiner Buchverlagsrechte *(Littera-Publikationen)* hat Walter Böckmann zur weiteren Betreuung *Andreas Mascha* in München anvertraut.[37] Nicht nebensächlich, wenn auch pri-

---

35 Walter Böckmann, Hemmende Strukturen in der Wirtschaft: Wirtschaftsordnung im Spiegel ihrer Gesellschaftsordnung (1969), S. 121.

36 Vgl. dazu: Bô Yin Râ (Joseph Anton Schneiderfranken), Das Gespenst der Freiheit, Bern: Kober Verlag 1990, S. 17 – 28.

37 A. Mascha hat 2008 ein *Institut für Sinnorientierte Führung (ISF)* gegründet, in dem vor allem die von Böckmann begründete Sinnorientierte Führungslehre weiter erforscht, für das 21. Jahrhundert weiterentwickelt und in verschiedenen Seminaren gelehrt wird.

vater Natur, ist meines Erachtens der existenziell gewichtige Umstand, dass Walter Böckmann verheiratet ist und mit seiner Gattin vier Kinder hat. Bis heute lebt er mit seiner Frau I. Esther in Bielefeld.

*

Im folgenden zweiten Teil dieses Buches werden ausgewählte Texte aus den Schriften von Walter Böckmann zitiert. Die Auswahl habe ich nach eigenem Gefühl und Ermessen getroffen und thematisch sowie chronologisch, entlang einiger seiner Bücher, deren Titel in „Kapitälchen" angegeben werden, strukturiert. Auslassungen im zitierten Text sind mit runden Klammern (…) gekennzeichnet.

Texte in eckigen Klammern [...] stammen immer von mir. Sie sind als Erläuterung oder Abkürzung oder als Kommentar gemeint. Längere oder auch kürzere Einfügungen und Exkurse, – die auch *meine eigene* Auseinandersetzung mit manchen Gedanken von Böckmann darstellen, – sind mit kleineren Buchstaben gedruckt.

ZWEITER TEIL
AUSGEWÄHLTE TEXTE
MIT KURZKOMMENTAREN

MILLIONENVERLUSTE DURCH FÜHRUNGSFEHLER
Düsseldorf – Wien: Econ Verlag 1967

Vorbemerkungen. Dieses Buch wurde damals, im Jahre 1967, eine Art „Bestseller". Es wurde innerhalb eines Jahres ca. 20.000 Mal verkauft. Böckmann analysierte und reflektierte – flankiert durch viele konkrete Fallbeispiele aus der Wirtschaft und aus dem Leben einzelner Personen – die Hemmnisse, welche zwanzig Jahre nach dem Zweiten Weltkrieg einer Leistungssteigerung in Betrieb und Verwaltung entgegenstanden. Eine seiner Erkenntnisse von damals, – die heute [2013] nicht weniger aktuell ist, – lautete:
Die Führungsfehler im Bereich der Wirtschaft und der staatlichen Verwaltung kosten Millionen und führen zu Verlusten, die selbst durch eine raffinierte Betriebskostenabrechnung nicht mehr zu fassen sind. Diese Verluste haben ihren Hauptgrund im Bereich zwischenmenschlicher Beziehungen. – Dieser Grundthese bzw. Wahrheit kann heute ohne weiteres zugestimmt werden.
Böckmann breitet die Führungsfehler, die seiner Ansicht nach vermeidbar sind, in aller Offenheit und Klarheit aus und bringt auch positive Beispiele. Dabei leitet ihn die Hoffnung, dass symptomatische Tatbestände, die nicht bloß in Einzelfällen zu beobachten sind, überwunden werden können.
Im ersten Teil geht es um „Die Manager und die Angst" (S. 13 – 240). Hier weist Böckmann an einer Fülle praktischer Beispiele nach, wie Angst, Unsicherheit, falsche Mentalität der Vorgesetzten, das Generationsproblem, falscher Führungsstil und unklare Führungsordnung die sinnvolle Mobilisierung menschlicher Leistungsreserven in den Bereichen der Produktion, des Verkaufs und der Verwaltung massiv verhindern.

Im zweiten Teil, „Leistungssteigerung ohne Investitionen" (S. 241 – 355) untersucht Böckmann die „neuen Wahrheiten" [die sehr alt sind], die für die Wirtschaft und für das Zwischenmenschliche von großer Bedeutung sind im Hinblick auf Leistungssteigerung. Böckmann schildert die Kunst, unpopuläre Entscheidungen populär zu machen, nennt Kriterien eines adäquaten Führungsstils, zeigt, wie man echte Arbeitsfreude in den Mitarbeitern wecken kann und einiges mehr. Dieses Buch des 44-jährigen Böckmann vermittelt eine Fülle von Anregungen, die heute noch relevant sind, will man nicht mehr Millionenverluste, sondern mehrere Milliardenverluste vermeiden bzw. schrittweise abbauen, denn sprunghaft wird hier – in unserer globalisierten Wirtschaft – kein Wunder geschehen.

Es folgen ausgewählte Texte aus diesem bis heute bemerkenswerten Buch von Walter Böckmann. Ein mutiger Pioniergeist erhebt hier seine Stimme – in seiner vorlogotherapeutischen Phase, denn zum Zeitpunkt des Erscheinens des Buches hat Böckmann den Wiener Psychiater und Erzvater der Logotherapie und Existenzanalyse Viktor E. Frankl *noch nicht* gekannt. Erst nach der Begegnung mit ihm „erklingen" neue Töne bei Böckmann zum wichtigen Thema „Führung".

Nur die Einfügungen in eckigen Klammern [...] sind von mir, Otto Zsok, und dienen der sinnvollen Überleitung oder auch Abkürzung eines Textes, denn hie und da habe ich längere Texteinheiten gekürzt. Auslassungen im Text werden durch runde Klammern (…) gekennzeichnet. Die Seitenzahlen der Zitate aus dem Buch werden gleich nach dem zitierten Text angegeben.

Die Manager und die Angst (S. 13 – 240)

„Nicht nur politische Mächte machen das Geschäft mit der Angst – ganze Organisationen und Industrien leben davon. Nicht nur jene, die Atomschutzbunker oder Geigerzähler verkaufen ...

Angst ist in vielerlei Gestalt ein Geschäft – Angst vor dem Alter, Angst vor der Krankheit, Angst vor materieller Not und sozia-

lem Abstieg. Fast scheint es, als wäre das sicherste Geschäft –
das Geschäft mit der Angst. Ist es das wirklich?
Das Gegenteil ist der Fall, weil nichts – auf die Dauer – die Geschäfte so sehr stört und mit Sicherheit zerstört wie die Angst"
(S. 16).

„Aber auch das System der »totalen« Freiheit bringt nicht automatisch Sicherheit. Da aber Unsicherheit stets die Ziehmutter
der Angst ist, muss jedes Streben nach Freiheit zugleich auf ein
Maximum an Sicherheit gerichtet sein, was ohne ein Minimum
an Preisgabe der Freiheit nicht möglich ist.
Stellt die Angst in einem totalitären Regime [Nationalsozialis-
mus, Sowjetkommunismus] geradezu das psychologische Fundament ihrer »Sicherheit« dar, so sollte ein System der Freiheit
es als unter seiner Würde ansehen, der Angst auch nur irgendei-
nen Spielraum zu lassen. Das Gegenteil ist der Fall.
Die Auslagen der Krankenkassen für die Folgen der Angst gehen in die Millionen" (S. 17).

„Was kostet die Angst?
Sie kommt uns alle teuer zu stehen, teurer, als wir es wahrhaben
wollen. Die politische Angst, die wir als verhängnisvollen Un-
terbau unseres seelischen Gleichgewichtssystems »ruhig« mit-
rechnen wollen, kostet den Staat – das heißt uns alle – jährlich
Milliarden. (...)
Die Kosten der Wirtschaft für ein Regime der Angst gehen ebenfalls in die Millionen. (...)
Führung erwächst aus Vertrauen, Angst ist die Folge von Füh-
rungslosigkeit.
Millionenverluste der Wirtschaft sind Führungsfehler. Ihre Beseitigung erfordert nicht Geld, sondern Mut. Mut vor den »Fürs-
tenthronen« der Manager, der Unternehmer, der Aufsichtsräte,
von denen die meisten selbst durch die Hölle der Angst gegan-

gen sind [im Dritten Reich] oder mitten in ihrem Fegefeuer stehen" (S. 19).

„Der Unfreie arbeitet unter Zwang, er ist kaum noch sachlich, weil er Rücksicht nehmen zu müssen glaubt, weil er ständig auf der Hut ist. Seine Aufmerksamkeit gilt mehr seiner Sicherheit als seiner Aufgabe" (S. 21).

[Im Gegensatz zur Kriegsführung] „hat man sich über die Menschenführung im Frieden – und schon gar nicht in der Wirtschaft – weniger Gedanken gemacht. Dabei stellt ein Zusammenleben und Zusammenwirken, das Menschen generationenlang »Befriedigung« und Glück bringen soll, erfahrungsgemäß ungleich höhere Anforderungen an die Menschenführung als das Kommandieren von Menschenmassen unter den Ausnahmebedingungen eines Krieges und somit auch auf begrenzte Zeit" (S. 24).

„Obwohl gerade die Industrialisierung es erfordert hätte, ist Menschenführung für den Bereich der Wirtschaft nie gelehrt worden. Auch heute noch [1967] gewinnt die Mehrzahl der in der Wirtschaft Tätigen ihre wesentlichen Erkenntnisse vor allem durch das *Vorbild* einiger weniger. Diese wenigen treten zudem immer seltener in Erscheinung. Ihr Einfluß verblasst, und die Antennen der Umwelt, ihr Wirken überhaupt zu erfassen, verkümmern immer mehr. Eines Tages kann ein Genie an Moral, ein Virtuose der mitmenschlichen Beziehungen unter uns sein, und wir werden seiner nicht mehr gewahr werden. Demgegenüber verfeinern wir die Techniken der Macht über die *Materie* und der Macht über den *Menschen"* (S. 25f.).
„Was uns tödlich bedroht, ist der Zerfall eines kulturtragenden Wertsystems und als dessen Folge ein geistig-moralisches Vakuum" (S. 27).

„Wir müssen uns wieder auf den *Menschen* [und nicht nur auf die »Wähler«] besinnen. Anstatt unser Recht auf Ideologien zu verteidigen, müssen wir uns erst einmal dazu bekennen, dass *alle Menschen* zunächst ein Recht auf Leben haben. Davon aber sind wir noch weit entfernt" (S. 28).

„Führung, die den Menschen aus dem Bann des Objekt-Seins heraus, zu sich selbst und zu einer innerlich akzeptierten Aufgabe führt, ihn aus seiner Isolierung löst und zum Partner macht, kann ihm die Freiheit, die er braucht, zurückgeben und zugleich die Sicherheit, nach der er verlangt" (S. 29).

„Sicherheit für alle – das heißt heute [1967] weitgehend soziale Sicherheit. Aber diese Sicherheit darf nicht vordergründig materieller Natur sein, (...), sondern kann nur Sicherheit im Sinne von sozialer Gerechtigkeit bedeuten. Denn mehr Geld bedeutet nicht unbedingt auch mehr Gerechtigkeit. (...)
Je länger wir der Gerechtigkeit misstrauen, desto eher fangen wir an, sie innerlich, oft unbewusst, abzuschreiben" (S. 30).

„Der enge Zusammenhang zwischen Unsicherheit und Angst – damit aber auch zwischen Unsicherheit und Aggression – schlägt sich in einer fortwährenden Manipulation der Gerechtigkeit nieder. Ohne Gerechtigkeit kommt es aber zur *Bestialisierung,* von der wir nicht behaupten könnten, dass sie auf kriegerische Auseinandersetzungen allein beschränkt sei. Im Wirtschaftsleben findet sie einen weiten Tummelplatz" (S. 31).

„Praktiker in einem größeren Unternehmen fällen häufig Entscheidungen, die sich nachteilig für die Firmen auswirken können, da sie zu sehr aus der Sicht des Spezialisten getroffen werden und so wenig die Zusammenhänge im gesamten Unternehmen berücksichtigen" (S. 33).

„Führung und Leitung sind Zweierlei" (S. 36).

„Es ist interessant, dass eine so hervorragende Einrichtung wie die »Sozialakademie in Dortmund«, die in weitesten Kreisen einen ausgezeichneten Ruf genießt, (...), keine ausgesprochene »Lehre vom Menschen« kennt, bei der also die notwendigen Grundzüge der Anthropologie und der Psychologie dargeboten werden. Wir kommen aber um eine solche Lehre vom Menschen [Philosophische Anthropologie] für breitesten Kreis nicht herum, und wir dürfen sie auch nicht nur den Wissenschaftlern an den Universitäten überlassen, deren Aufgabe es ist, *weiterzuforschen"* (S. 39).

„Führung ist nicht Beherrschung der technischen Mittel und Kenntnis der organisatorischen Praktiken, sondern Einsatz des geeigneten Menschen am richtigen Arbeitsplatz, seine Steuerung im Arbeitsprozess und die Fürsorge und Betreuung dieses Menschen in körperlicher und vor allem seelischer Hinsicht. Seine Ausbildung als Techniker, als Kaufmann oder Spezialist irgendeiner Fachrichtung hat mit Führung im ursprünglichen Sinne noch nichts zu tun. Das ist [nur] Schulung und An-Leitung. Insofern ist es richtig, dass man in der Wirtschaft von Abteilungs*leitern* und Geschäfts*leitern* spricht und einen deutlichen Unterschied zum – für alle Bereiche, vor allem den personellen – zuständigen Geschäfts*führer* macht. (...) Wenn wir [in Deutschland] auch böse Erfahrungen mit dem Führerprinzip brauner [nationalsozialistischer] Prägung gemacht haben, so darf doch die heutige Übung, möglichst nur von Leitern, Vorsitzenden und Präsidenten zu sprechen, nicht zur Angst vor *echter Führung* werden. Eine Demokratie braucht mehr als jedes andere System Persönlichkeiten, die zur *Führung* befähigt sind" (S. 40).

„Führungskräfte müssen zwar nicht Fachleute auf den verschiedenen Gebieten sein, aber *sie müssen die Fachleute der verschiedenen Richtungen verstehen"* (S. 42).

„Führereigenschaften setzten heute voraus: intime Kenntnisse der menschlichen Psyche, menschlicher Verhaltensweisen und Antriebe sowie der Bedingtheiten soziologischer Entwicklungen" (S. 43).

[Hierher gehört auch, dass die Praktizierung echter Führung] „handfester *organisatorischer* Weichenstellung bedarf, um wirksam zu werden und so stellt sie nüchtern den Zwang des Faktischen in Rechnung.

Funktionäre in allen Bereichen zeichnen sich durch einen geradezu ins Auge springenden Mangel an Führerqualitäten aus, wie die Verantwortungslosigkeit vieler ihrer Entscheidungen beweist. (...) Führer übernehmen bewusst Verantwortung und haben auch den Mut zur Unpopularität. [Echte] Führer haben fast immer weniger versprochen und viel gefordert (Churchill: Blut, Schweiß und Tränen ...).

Betrachtet man die Spitzengremien verschiedener Parteien, Verbände und Wirtschaftsunternehmen, dann hat man den Eindruck, als ob wohlabgewogene personelle Paralysierung zum »Führungs«-System entwickelt wurde" (S. 44).

„Eine Unternehmensleitung muss mehr noch als auf das wirtschaftliche Wohlbefinden ihrer leitenden – ihrer *führenden* – Kräfte, auf deren seelisches Ergehen sehen. Dumpfe Konkurrenzangst schüttet die Kraftquellen zu, anstatt sie freizulegen, wie der Konkurrenzkämpfer mehr auf seine Mitbewerber als auf sein Arbeitsziel achtet. Offener Wettbewerb hingegen spornt den Tüchtigen an" (S. 55).

„Je mehr der Mensch von seinen wirtschaftlichen Bindungen beherrscht wird, desto stärker muss auch in der Wirtschaft *die Anerkennung der Individualität des einzelnen, die Gleichheit aller auch vor den Gesetzen im Wirtschaftsraum und die Beachtung der menschlichen Würde spürbar* sein" (S. 67).

„*Führung* ist mit »Verständlichmachung und Vorbild« gleichzusetzen, und »Ehre« [ist heute]Inbegriff der Integrität des Individuums im sozialen wie humanitären Sinne" (S. 68).

„Die Beachtung der körperlichen wie geistig-seelischen Unverletzlichkeit und Respektierung ist es, die heute für den Einzelnen wie die Gesellschaft *Maßstäbe setzen* muss" (S. 69).

»Erst dienen – dann verdienen«, sagte *Gottlieb Duttweiler.* (...)
„Die Masse sieht in den Großen ihrer Gesellschaft in erster Linie auch ihre großen [Geld-]Verdiener. (...)
Staat und Gesellschaft ruhen heute [1967] innerlich wie äußerlich auf Wirtschaftskräften, aber noch hat diese Wirtschaft nicht den entscheidenden Schritt vom Verdienen zum *überzeugten* Dienen getan" (S. 70).

„Das natürliche Streben nach Selbstverwirklichung darf nicht in Machtstreberei ausarten.
Ein reiner Machtkampf, der von vornherein nicht unter dem Zeichen des [fairen] Wettbewerbs steht und deshalb auch nicht den Besseren auf den richtigen Platz bringt, kostet nur Geld und Nerven" (S. 73).

„Es gehört eine absolute Doppelbegabung [sachliche Befähigung, angeborenes Gefühl für Macht, Sinn für die Ausschaltung des Gegners] dazu, Spitzenpositionen nicht nur zu gewinnen, sondern auch zu halten. Solche Doppelbegabungen sind selten. Vielfach findet man deshalb reine »Karrieremacher« am Werk, deren Aufmerksamkeit mehr ihrer Laufbahn als ihrer Arbeit gilt. Ihre Fähigkeit, sich den *Anschein* ungestümen Arbeitseifers zu geben, ist ebenso groß wie ihre Raffinesse in der Deklaration fremder Leistungen als eigene Erfolge" (S. 74).

„Auch unter den reinen Machtfanatikern gibt es echte Lebens-
künstler, die es fertig bringen, »nebenher« noch soviel zu leisten, dass für den Betrieb einiges, mitunter genügend, abfällt.
Die Masse der Machtbeflissenen gehört jedoch zur gefährlichen
Gruppe derer, die den Betrieb in jeder Hinsicht am meisten kosten. Als sogenannte Führungskräfte rangieren sie in den Spitzenpositionen der jeweiligen Gehaltsgruppe; da sie einen wesentlichen Teil ihrer Energien aber allein ihrem Machtstreben widmen,
zahlt ein Unternehmen mitunter Unsummen ausschließlich für
einen *personellen Ausgleich innerhalb der Spitzenpositionen,*
den es durch *Führung* einfacher, schneller, anständiger und vor
allem effektvoller erzielen könnte" (S. 77f.).

„Je unproduktiver, d.h. je weniger eigenschöpferisch ein Macht-
streber ist, umso mehr wird er sich der originalen Leistungen anderer bedienen müssen, seine Karriere zu untermauern" (S. 78).

„Ein Unternehmen lebt aus guten Ideen wie der Ideenträger selbst,
denn seine Schöpfungen stärken seine Position und helfen ihm
beim Vorwärtskommen. (...) Doch alle werden sich mit Händen
und Füßen gegen eine »Enteignung« wehren, dann nämlich, wenn
es um den Diebstahl ihres geistigen Eigentums geht" (S. 79).

„Eine [echte] Betriebs*führung,* der es gelingt, durch einen besonderen *Führungsstil* jedem einzelnen die Gewähr dafür zu geben,
dass er seine Ideen ohne Angst vor einer »schleichenden Enteignung« vortragen kann, wird sich über einen Mangel an produktiver Mitarbeit nicht zu beklagen brauchen.
Das Moment der *Selbstverwirklichung* ist in erster Linie mit der
Entwicklung neuer Ideen, mit dem Beitrag an *schöpferischen* Überlegungen und der *Gestaltung* sehr persönlicher Vorhaben verbunden. Wo das sorgsam gepflegt wird, tritt auch die sonst so gefürch-
tete Fluktuation von Arbeitskräften in den Hintergrund" (S. 80).

„Der vertikale Kontakt [von der unteren zur oberen Führungs-
ebene] ist für eine erfolgsreiche Betriebs*führung* von entscheidender Bedeutung, da immer wieder Verbindung mit dem
Nachwuchs gehalten und der Betrieb auf nachdrängende Kräfte
durchleuchtet werden muss, um den Strom produktiver Energi-
en nicht abzuschnüren" (S. 87).

[Es herrscht immer noch] vielfach die Meinung, „man habe einen Vorgesetzten oder Mitarbeiter dann überwunden, wenn man
den Bann der Distanz bräche, der mit der Anrede »Sie« und
»Herr« verbunden ist. Wie wenig damit praktisch erreicht wird,
macht das Leben täglich offenbar. Das »Du« allein hat noch keine einzige Schwierigkeit gemildert oder gar aus dem Wege ge-
schafft. Ein ehrliches »Sie« ist immer noch sinnvoller als ein im
Grunde unehrliches »Du«" (S. 90).
„Die Menschen sind eben *nicht* gleich. Eine *Führungs*ordnung
sollte das herausarbeiten und darauf achten, dass schädliche
Gleichmacherei nicht Platz greift. Zu »großzügig« denkende
Führungskräfte sollte man ruhig auf diesen Führungsfehler aufmerksam machen" (S. 91).

„Die Erkenntnis des Arbeitspsychologen [*Dr. Herbert Lehmann,*
der 4000 Lehrlingen in Fabrikbetrieben befragt und die Antworten analysiert hatte] lautet: Nicht die Jugendlichen, sondern die
Erwachsenen, der Betrieb, die Vorgesetzten und Ausbilder sind
die Ursachen für den Schwund an positiver Aktivität der jungen
Mitarbeiter" (S. 98).

„Es ist wichtig, Männern und Frauen, die im anstrengenden Be-
rufsleben stehen, [in Bildungskursen der Volkshochschule oder
in anderen, höher gestellten Institutionen] d*as kulturelle Fundament unserer Zivilisation* zu erhellen oder in Arbeitsgemein-

schaften auch berufsnähere Probleme der Soziologie und Psychologie zu erörtern" (S. 101).

[Es ist höchste Zeit], „eine breitangelegte Möglichkeit zu schaffen, neben der Berufsarbeit auf anerkannten Bildungsgebieten eine auch staatlich anerkannte *Prüfung* abzulegen" (S. 102).

„Wenn wir uns noch länger um die notwendigen Einrichtungen und Bildungshilfen herumdrücken, wird unsere Situation aussichtslos. Das System unserer Freiheit verliert damit nicht nur seine wirtschaftlichen Grundlagen, sondern auch seine Glaubwürdigkeit. (...) Unsere gesamte Bildungs-Bilanz ist negativ. Die Millionenverluste unserer Volkswirtschaft an Leistungen einer Mehrzahl voll ausgebildeter und umfassend gebildeter Fachkräfte und ihrer gesellschaftlichen Energien sind *Führungsfehler* eines staatlichen Denkens, das sich seltsamerweise ebensoviel auf seine soziale Verantwortung wie seine Wirtschaftsbezogenheit zugute hält" (S. 111).

Es folgt nun ein spannendes Kapitel, „Die neue Rangordnung". Hier geht es um: Die Kosten der neuen Rangordnung – Die Opfer der neuen Rangordnung – Die Rechnung mit dem ganzen Menschen – Die teuren Stunden. Und dann heißt es:

„Wir leben in einer sogenannten »Verbraucherwirtschaft«. (...) Die Misere eines neuen, höheren Lebensstandards liegt meist darin, dass man auf einmal nicht mehr genug Geld verdient, um Wünsche zu befriedigen, die man vorher nicht gehabt hat.
Um eine Kalenderweisheit zu zitieren: »Viele Leute kaufen heute mit Geld, das sie im Grunde gar nicht haben, Dinge, die sie eigentlich gar nicht brauchen, um damit Leute zu imponieren, die sie nicht mögen« (S. 112f.).

„Bei betrieblichen Untersuchungen kann man feststellen, dass recht aufwendige »Sozialleistungen« in gar keinem Einklang zu den Bedürfnissen der Belegschaft stehen und sich nicht selten als reiner Prestigeaufwand entpuppen. Das gilt für Sportplätze, die mitunter von weniger als einem Prozent der Arbeitnehmer benutzt werden, genauso wie für Erholungsheime, Schwimmbecken und dergleichen.

Für den einzelnen Verbraucher wie für die Unternehmen gilt vielfach: Wer etwas bedeuten will, demonstriert das am Aufwand. Dabei zwingt ihn der Wettbewerb – nicht selten aber auch nur die Eitelkeit – dazu, mehr zu scheinen als zu sein" (S. 114).

„Möglicherweise ist zumindest ein Teil der Sozialleistungen [in Großbetrieben] das Ergebnis von Auseinandersetzungen der Sozialpartner, bei denen offenbar auch mehr das Prestige der sich durchsetzenden Seite als das Bedürfnis der Betreuten mitgesprochen hat.

Der übersteigerte Konsum, die überzogenen Relationen sind hier wie dort Mittel zum Zweck: herauszuragen, den anderen zu übertrumpfen, bessere Ausgangspositionen für weitere Vorhaben zu gewinnen. Solange sich dabei die Kosten immer noch in erträglichem Verhältnis zum Effekt halten, könnte man sie noch als »Werbeaufwand« abbuchen, der sich nach und nach durch den Erfolg amortisiert. Nicht selten scheinen sie jedoch zu einer Art Selbstzweck geworden zu sein" (S. 115).

„Ein kurzes Wort von *Aldous Huxley* erspart langes Reden: – »Viele Menschen verstehen unter Fortschritt lediglich die Vervielfältigung ihrer Bedürfnisse und eine Verringerung ihrer Anstrengungen...«

Ich will einmal ein ganz konkretes Beispiel nennen: Es gibt wohl kaum noch einen Unternehmer in der Bundesrepublik, der die Inflation an Messen und Ausstellungen nicht beklagenswert

findet, und es gibt wohl keinen, der darin nicht eine allmählich an den Wahnsinn grenzende Inanspruchnahme von Geld, Menschenkraft und Zeit sieht, zu der die dabei erzielten »Erfolge« in gar keinem Verhältnis mehr stehen. (…)
Oder denken wir an eine andere Sünde unserer Zeit, an die Tagungen. Ich gehe wohl nicht fehl in der Schätzung, dass Tag für Tag Tausende und Abertausende verantwortlicher, leitender Leute aus der ganzen Wirtschaft bei irgendwelcher Tagungen zusammenkommen, und wenn man die Dinge genau verfolgt, das Inhaltsverzeichnis solcher Tagungen und – noch besser – nachher das Protokoll betrachtet, dann wird man feststellen, dass Tausende und Abertausende sich tagtäglich Binsenweisheiten erzählen, viel Zeit, Kraft und Papier verschwenden, um Dinge niederzulegen, die jeder kennt, die (…) nur etwas wiederholen, was längst bekannt ist. Wo bleibt da die Vernunft? Wo bleibt da das Maßhalten? …" (S. 116f.).

„Was fehlt, ist: Verantwortung in der Gemeinschaft und für die Gemeinschaft – oder von oben gesehen: *Führung.*
Bernhard Shaw hat es ganz klar gesagt: »Freiheit bedeutet Verantwortlichkeit, und das ist der Grund, weshalb die meisten Menschen sich von ihr fürchten« – und weshalb wir so wenig *Führung* haben. (…) Was fehlt ist das sichtbare Vorbild. Das gilt für einen Staat genauso wie für ein Wirtschaftsunternehmen oder eine Organisation. (…) Wo wirklich geführt wird, entsteht echte Autorität, und Autorität gebiert Vorbilder, die mehr bewirken als alle Anordnung und Befehle. Wo nicht geführt wird, schaffen sich die Nichtgeführten zwangsläufig ihre Leitbilder selbst. (…) Aber:
Leitbilder haben immer lärmende Publicity, Vorbilder nicht. Denn: Zur Führung gehört der Mut zur Unpopularität, wenn es die Verantwortung fordert. Zur Führung gehört das Gefühl für Stil und, wenn es sein muss, der Mut zur Askese, (…) und dies gilt für

jeden Bereich, sei er groß oder klein, seien seine Aufgaben politischer, wirtschaftlicher oder familiärer Natur" (S. 118 – 119).

„So leistungsfähig die Industrie auch ist, so hartnäckig muss man danach fragen, was der einzelne sich *tatsächlich* leisten kann und was er sich ausschließlich nur deshalb leistet, weil »man« ihn dazu zwingt. (…) Auch hier taucht wieder ein Führungsproblem auf. Das heißt: Man kann nicht nur, man *muss* darüber sprechen: Führung setzt den Mut zur *Selbstbeschränkung* voraus" (S. 130).

„Es ist [für eine echte Führungspersönlichkeit] zweifellos die größere Leistung, sich nicht alles zu leisten, was man sich leisten kann" (S. 131), das heißt, die Kunst der Selbstbegrenzung zu üben, wenn die zu große Macht zu verführen droht.

„Der einzelne Arbeitnehmer kann vom Betrieb her nicht mehr dualistisch als Wirtschaftsfaktor (homo oeconomicus) und – weniger wichtig – als Privatmensch betrachtet werden. (…) Wir müssen das Geltungsstreben einem sozialen Berufssystem einordnen, das *den Eigenwert des Menschlichen* betont, mag dessen ökonomische Bedeutung im Einzelfall auch noch so gering sein" (S. 133).

„Das Bedürfnis nach Anerkennung gehört zu den tiefsten Grundbedürfnissen der menschlichen Natur. Wird darauf [in den Betrieben und in der Wirtschaft allgemein] immer Rücksicht genommen? (…)
Dabei ist es doch so leicht und wunderbar wohlfeil dazu, gelegentlich zu sagen: »Prima, das nenne ich eine saubere Arbeit« oder »Mann, da wäre ich nicht darauf gekommen«. (…) Dazu bedarf es nur der Fähigkeit und Bereitschaft, über die eigene Nasenspitze hinweg *auch die Leistungen der anderen* zu sehen und *anzuerkennen*" (S. 143).

„Nicht nur der *homo oeconomicus* [der Mensch als lediglich Wirtschaftskraft] zählt, sondern zählen muss auch der Privatmensch in seiner persönlichen Lebenssphäre (S. 149), und die Vorgesetzten müssen wenigstens ungefähr die optimalen *persönlichen* Arbeitsbedingungen ihrer Mitarbeiter kennen. Die Kenntnis der allgemeinen Lebensumstände, also der familiären Verhältnisse und der persönlichen Antriebskräfte und Lebensziele ist unumgänglich. Es geht immer um den *ganzen* Menschen, mit seinem Charakter, seinen Willenskräften und all dem, was damit in Zusammenhang steht" (S. 150f.).

„Eine Schulung von *Führungskräften* muss vorwiegend auf psychologischer und *führungspraktischer* Grundlage erfolgen. [Ein Abteilungsleiter müsste bald nachweisen], dass er auf dem Gebiete der Menschenführung ebenso leistungsfähig ist wie als Techniker oder Kaufmann (S. 156). Der *ganze* Mensch fordert immer stärker unsere ganze Aufmerksamkeit, und je mehr ein Unternehmen sich ihm widmet, umso mehr wird sich dies auch auszahlen" (S. 156f.).

„Verwirrende Überlegungen und gefährliche Fehleinschätzungen werden wir nur dann vermeiden, wenn wir die Wirtschaft grundsätzlich als die Gemeinschaft aller arbeitenden Menschen begreifen und Betriebe lediglich als ihre organisatorische Form. (…) Form und Inhalt sind nun einmal keine Gegensätze, sondern bedingen einander. Arbeitgeber und Arbeitnehmer sind nur miteinander existenzfähig, und dies auch nur dann, wenn sie allmählich in dieselbe Rolle gegenüber den Produktionsmitteln hineinwachsen. Sehr geschickt ist also die bewusste Gegenüberstellung von »Wirtschaft« und »Arbeitskräften« nicht" (S. 160).

[Mit Bezug auf kompetente psychologische Beratung in Betrieben, muss festgestellt werden]:

„Psychologie ohne Körper ist genauso unzureichend wie Psychologie ohne Seele. Die medizinische Psychologie hat zuviel Körperbau und zu wenig *Charakter.* Von dem Idealzustand einer Synthese von geisteswissenschaftlicher Psychologie, medizinischer Psychologie und Tiefenpsychologie sind wir noch weit entfernt. Die Wissenschaft vom Menschen und seiner Arbeit bliebe ohne die Begriffe *Gesinnung, Persönlichkeit, Glück* und *Wohlbefinden* nur ein Torso" *(Dr. Helmut Sopp).*
Die *unterstützende* Rolle der Psychologie [bei der Menschenführung] sollte man nicht aus dem Auge verlieren, ebenso wenig, wie das natürliche Verhalten, das aus der eigenen Persönlichkeit hervorgeht, nicht ignoriert werden darf" (S. 166f.).

„Notwendigkeit erfordert ein Umdenken bezüglich »Leitung« und »Führung« (S. 183).
[Führung heißt]: Ein persönlicheres und menschlicheres Eingehen auf die Erfordernisse und Erwartungen, die Nöte und Sorgen jeden Mitarbeiters. Dabei sollte der einzelne nicht nur »beim Namen genannt« werden, sondern auch die persönlichen Bedürfnisse zur Sprache kommen, kurzum: alles das, was er braucht, um glücklich zu sein. Das Glück des Betriebsangehörigen ist auch das Glück des Unternehmens. Das allein sollte unter »fortschrittlicher Unternehmensführung« verstanden werden, die nicht nur Sache des Unternehmers, sondern aller Führungskräfte gemeinsam ist. Erst wenn der Führungsstil einen stärksten und überzeugendsten Ausdruck in der mitmenschlichen Für-Sorge gefunden hat, verhalten wir uns wirklich zeitgemäß human" (S. 185).

„Die mangelnde Fürsorge für die »Veteranen der Arbeit« und Pensionäre (…) ist ein gefährliches Symptom unserer nur recht vordergründig sozialen Zeit. Nicht die Höhe der finanziellen Aufwendungen entscheidet letztlich (…), sondern das echte »Sich-Kümmern«. Der Dank des Vaterlandes ist nach umfassenden Erfahrungen [in der Zeit des Nationalsozialismus] ebenso ungewiß wie in vielen Unternehmen der Dank an die Veteranen der Arbeit, wie deren Altersversorgung mit allen ihren umstrittenen Formen heute noch beweist" (S. 186).

„Führen im Sinne persönlicher Verantwortung und nicht als Ausübung von Macht kann immer nur der einzelne, nicht das Kollektiv. Kollektive werden (…) meistens beherrscht oder verwaltet. Zur Führung gehört die klar umrissene Persönlichkeit" (S. 189).

„Führungs-Kraft ist eben nur eine Kraft, aber wir brauchen *Menschen,* die stark genug sind, Führer sein zu können.
Das unmittelbare *persönliche* Vorbild ist entscheidend, ebenso aber der Stil. (…) Ist dieser Stil in seiner Eigenart immer an die Persönlichkeit gebunden und somit genauso wenig auswechselbar, (…), so ist auch sein Bezugssystem, die *mitmenschliche Verantwortung,* durch nichts anderes zu ersetzen.
Es ist deshalb sinnlos, wollte man einen Katalog seiner äußeren Merkmale aufstellen. Temperament und geistige Veranlagung, landschaftliche oder gesellschaftliche Eigentümlichkeiten, Auswirkungen der Tradition und der religiösen Überzeugung – alles das wirkt zusammen beim Bild einer Persönlichkeit, die ihren Stil finden muss" (S. 190).

„Ob Politik oder Betriebspolitik: diejenigen, die am wenigsten ihre Privilegien nutzen, die sich am wenigsten um Popularität bemühen, dafür aber mehr um *Verständnis ihrer vielfach sogar unpopulären Maßnahmen,* verfügen über eine stärkere Ausgeglichenheit und über ein fundierteres Selbstvertrauen als jene, die durch auffällige Maßnahmen immer wieder um Beifall oder auch um jenen Achtungstribut buhlen, dessen sie offenbar zum Ausgleich ihrer inneren Unsicherheit bedürfen" (S. 192).

„Weder eine ausgeklügelte Taktik der zwischenmenschlichen Beziehungen noch ein raffiniertes Leistungssystem des menschlichen Kontaktes oder ein noch so perfektes Organisationsschema der persönlichen Verhaltensweisen ersetzt innere Anerkennung [der führenden Person]. Mit einer sorgfältig niedergelegten »Führungsordnung«, mit einer gedruckten »Betriebsordnung« oder einem bis ins letzte ausgeklügelten »Organisationsschema« (...) bis zu den Riten innerbetrieblicher Todesfälle (...) ist noch nichts Entscheidendes getan. (...) *Stil* hat nur bedingt Organisation nötig, aber Organisation ist sicherlich noch längst nicht Stil" (S. 193).

„Organisation ist nur das halbe Leben. Bei ihr, ebenso sehr wie bei einer Kette, kommt es auch auf die »Hohlräume« an. Das Besondere einer Kette liegt ja darin, dass jedes einzelne ihrer Glieder *beweglich* ist und dadurch Außeneinflüsse (Spannungen, Druck usw.) *ausgleichen* kann, ohne dass sich diese Einflüsse sogleich mit voller Stärke dem Ganzen mitteilen. Wer menschliche Organisation starr und nicht »kettenförmig« begreift, verkennt das »Material« Mensch, mit dem er arbeitet. Scheinbare Organisationserfolge ändern daran gar nichts" (S. 202).

»Die Aufbewahrung aller Unterlagen erfolgt in Kästchen«, heißt es [in einer bestimmten Beschreibung, die Böckmann zitiert], (...) „der Mensch aber lässt sich nicht in Kästchen aufbewahren. [Es genügt nicht], den Menschen nur als Funktionsträger zu betrachten. Der Träger ist auswechselbar, aber der Mensch nicht. Er wehrt sich gegen diese Auswechselbarkeit.
»Die Schreibplatte« – so lesen wir [weiter] – »kann fest mit dem Schreibtisch verbunden sein oder auch getrennt daneben stehen.« Auch der Mensch kann mit seinem Schreibtisch, mit seiner Arbeit, fest verbunden sein oder getrennt danebenstehen. Vielleicht entscheiden darüber gerade solche Organisationspla-

nungen" (S. 203). – [Die subtile Ironie Böckmanns ist hier förmlich zu spüren].

[In einem kleinen oder Mittelbetrieb wirkt noch] „die *Persönlichkeit* des Unternehmers als Betriebsführer. Bei einem Großbetrieb mit einem halben Dutzend in der ganzen Bundesrepublik verstreuten Einzelwerken und mehreren tausend Arbeitnehmern ist das nicht mehr möglich. Auch persönliche Achtung – aus der Ferne – und die allgemeine Anerkennung der gewaltigen Aufbauleistung nach dem Kriege ersetzen einen wirksamen Führungsstil nicht. [Viel wichtiger als angeordnete »Schreibkurse« und sonstiges] ist für alle Führungskräfte eine *Beschäftigung mit den Menschen,* mit denen sie leben und arbeiten" (S. 205).
„Alle publizierten Anweisungen, die sich mit der Menschenführung im Betrieb befassen, (...) sind nur *unterstützende* Maßnahmen" (S. 207).

„*Führung* beginnt erst mit dem individuellen Einwirken, wenigstens mit einer schriftlich einführenden »Ansprache«, die den Neuling – wenn man schon auf persönliche Begrüßung verzichten will oder muss – in einem Begrüßungsbrief erreicht" (S. 208).

„Gewiss kann die Psychologie nicht die »Wunderwaffe« der Betriebsführung sein, (...) ebenso wenig sollte Juristerei »conditio sine qua non« sein. Eine verantwortungsbewusste Personalführung wird künftig jedoch auf die Mitwirkung erfahrener Psychologen ebenso wenig verzichten können, wie heute auf die der Juristen" (S. 230).

„Der Betrieb sollte als »ein Stück Lebensraum« erlebt werden können, sagte *Dr. Franz Hengsbach,* Bischof von Essen, und Böckmann zitiert ihn (S. 232) weiter mit den Worten:

»Wir haben heute viele soziale Einrichtungen und errichten noch mehr solche Institutionen und merken oft gar nicht, wie langsam unser Blick auf die *eigentliche soziale Wirklichkeit,* nämlich den *Menschen,* verstellt wird, und wie wenig wir noch aufeinander zukommen und uns noch von Mensch zu Mensch begegnen …« *(Franz Hengsbach).*

„Im gesamten gesellschaftlichen Leben, im Staat und in der Wirtschaft haben wir unsere Engpässe in erster Linie im personellen Bereich. Der Mensch ist zur Existenzfrage für unsere Wirtschaft geworden. Man kann diese Schwierigkeit nur bewältigen, wenn man den Menschen nicht als Arbeitskraft und Mittel zur Produktion sieht, sondern sich *um seiner selbst willen* um den Menschen verantwortlich weiß. Denn solange der Mensch im Betrieb das Gefühl nicht los wird, man kümmert sich um mich ja nur, weil man noch mehr Leistung von mir herausholen will, wird er sich mißtrauisch verschließen und der offenen Begegnung ausweichen (…).

Es ist Jahrzehnte Misstrauen gewachsen. Es muss abgebaut werden, und das neue Vertrauen muss sich entwickeln, indem sich die Partner ihrer gemeinsamen Leistung für die Volksgemeinschaft bewusst werden. *Partnerschaft* heißt nicht einfach hinwegsehen über echte Interessenspannungen, die da sind und die sich auch gesund auswirken können, aber Partnerschaft heißt doch *das Gemeinsame* sehen, die gemeinsame Leistung für die Volksgemeinschaft" (S. 233).

[Das Ganze eines Großbetriebes zu übersehen, ist gewiss nicht leicht], „hier muss sich der Vorgesetzte seinen Mitarbeitern stellen können, mit ihnen ins Gespräch kommen. Durch das Gespräch werden unsere Mitarbeiter Mitwissende, Mitdenkende und damit Mitverantwortliche. (...)

Der Mensch hat das Bedürfnis, als der, der er ist, mit seinen Grenzen und Fähigkeiten erkannt und innerhalb seiner Möglichkeiten ernst genommen zu werden. Das ist eine Angelegenheit zwischen den nächsten und engsten Mitarbeitern" (S. 234).

„Die Menschen von heute haben einen ganz ausgesprochenen Wunsch, vom Mitmenschen recht verstanden zu werden. (...) Aber während der Wunsch, verstanden zu werden, wächst, scheint die Fähigkeit, andere zu verstehen, abzunehmen ..." (S. 234f.).

„Unsere technische Leistung und unser industrieller Aufstieg dürfen nicht nur sachgemäß, sondern müssen auch *menschengemäß* sein. (...) Wenn wir nicht zugleich sachlich und menschlich fortschreiten, ist das Gerede vom Fortschritt ein gefährlicher Unfug ..." (S. 235).

„Die materiellen Verluste, die der Krieg [1939 – 1945] unserer Gesellschaft zugefügt hat, haben wir weitgehend überwunden; das verlorene Kapital an Selbstvertrauen und Selbstachtung, der Glaube an uns selbst sind schwerer zurückzugewinnen" (S. 236).

„Was eine Elite noch immer auszeichnet, (...), ist allein die Verantwortung für den anderen und für das Ganze. Wer im Staat oder im Betrieb zur Elite gehört, den erkennt man daran, dass er führt. Dieses Führertums (...) wirkt mehr in der Stille als im Scheinwerferlicht. Elitäres Denken ist [in erster Linie] von der Einsicht in die eigenen Grenzen bestimmt, die auch rechtzeitiges Abtreten zur Pflicht macht" (S. 237).

„Auch Eliten sind dem Wechsel unterworfen. Allen ihren Erscheinungen aber ist gemeinsam, dass ihr Verhalten zum Radarstrom wird, an dem sich der Wanderzug der Gesellschaft orientiert.

Ebenso wie die Millionenverluste unserer Wirtschaft sind die ideellen Verluste durch Führungsfehler. (...) Diese Verluste sollten wir genauso wenig wie die materiellen hinnehmen" (S. 238).

Leistungssteigerung ohne Investitionen (S. 240 – 355)

„Allen *Führungsaufgaben* sind bestimmte menschliche Verhaltensweisen und Grundsätze gemeinsam, die weniger vom Führungsbereich – Staat, Religion, Wirtschaft, Militär – als vom Wesen des Menschen bestimmt werden. Und dieser Mensch ist immer derselbe, ob er nun zur Wahlurne geht, an den Altar tritt, etwas produziert, verkauft oder ein Gewehr in die Hand nimmt. (...). Kommandieren ist aber nicht Führen" (S. 247).

„Die *wirtschaftlichen* Schlachten der Zukunft – und nur solche sollten noch geschlagen werden – sind allein von echten Partnerschaften zu gewinnen, die sich »in Freiheit« und aus Verantwortung zu einer gemeinsamen Aufgabe zusammengeschlossen haben. Dass unsere phrasenüberschwemmte Politik diese Begriffe bereits bis zu Nichtigkeit verbraucht hat, darf uns nicht daran hindern, sie ernst zu nehmen" (S. 249f.).

[Bewundernd zitiert Walter Böckmann den britischen *Marschall Montgomery*,[38] der zum Thema Menschenführung auch ein Buch geschrieben hat]:
„Der wahre Führer muss begreifen, dass im menschlichen Gemüt gewaltige Kräfte aufgespeichert sind, die es zu wecken und im positiven Sinne auszunützen gilt, indem man die Einbildungskraft

---

38   Gemeint ist der britische General Bernard Montgomery (1887 – 1976), der die Afrikaarmee Hitlers unter Erwin Rommel (Ende November 1942 in El-Alamein, etwa 100 Kilometer westlich von Alexandria) geschlagen hat.

der Menschen anregt und es ihnen »*warm ums Herz*« macht. Wer das kann, (...), der ist zu größten Leistungen fähig. Wer aber kühl und unpersönlich (»eiskalt und glashart«) an dieses menschliche Problem herangeht, wird wenig erreichen" (S. 253).

„Erst wenn man die Leistungsfähigkeit eines Betriebes auf die Leistungsfähigkeit jedes einzelnen *Menschen* zurückführt und bereit ist, für die *menschliche* Situation des einzelnen Arbeitnehmers dieselbe Verantwortung zu tragen wie für die maschinellen Einrichtungen, wird man der Aufgabe als Betriebsführer gerecht. (...)
»Führung« im Betrieb setzt mit der menschlichen Verantwortung für jeden einzelnen Betriebsangehörigen ein. Sie fordert genauere Kenntnis der persönlichen und familiären Situation des Betriebsangehörigen wie seiner fachlichen und charakterlichen Fähigkeiten. (...) Die Führerschulung im Betrieb ist notwendig" (S. 262).
„Zeitgemäße Führungsmaßnahmen müssen [auch] diejenigen Einflüsse beachten, von denen die *Mentalität* des Arbeitnehmers außerhalb des Betriebes beeinflusst wird: politische Ereignisse, soziologische Veränderungen, Partei- und Organisationspropaganda" (S. 267).

„Wer [als Führungspersönlichkeit und Führer] dabei ist, einem anderen Verantwortung und Vertrauen zu übertragen, kann gar nicht genug von diesem wissen. Da er mit ihm nicht nur als Fachmann, sondern auch als Mensch zusammenarbeiten muss, (...), muss er sich auch um das Menschsein des anderen kümmern" (S. 271).

„Vermeintliche Menschenkenntnis und dauernder Umgang mit Menschen berechtigen niemand, Mitarbeiter zu bewerten und ihre Lebenseinstellung zu benoten" (S. 272).

„Die beste Beurteilung ermöglicht zweifellos eine eingehende Beschäftigung, ein ausführliches Gespräch mit dem Bewerber" (S. 273).[39]

„Außerhalb der notwendigen vertrauensvollen *Gespräche unter vier Augen,* gibt es noch die Möglichkeit ein *Selbstzeugnis* schreiben zu lassen, das man [als Führer] anhand einer Kriterienübersicht von einer bestimmten Gruppe von Mitarbeitern in gewissen Zeitabständen verlangt. Dieses Zeugnis führt die Betreffenden zur Selbsteinsicht und verlangt von ihnen ein nicht geringes Maß an Objektivität in der Beurteilung der eigenen Person; Mut zum Bekenntnis eigener Schwächen, sowie Vertrauen in das Verständnis desjenigen, dem dieses Zeugnis vorgelegt wird. Damit ist es Teil jenes *Zwiegespräches,* das der verantwortliche Betriebsführer eigentlich unausgesetzt mit seinen Führungsgehilfen führen sollte" (S. 287f.).

„Offenbar haben wir in Deutschland [laut einer deutschen Fachzeitschrift] einen ganz besonderen Nachholbedarf an Stabilisierung des Selbstbewusstseins gerade der Arbeitnehmer" (S. 288).

„In der Führungsspitze sollte man einen Unterschied zwischen *Leitung* und *Führung* machen. Den Justitiar eines Unternehmens wird man zu den leitenden, weniger aber zu führenden Persönlichkeiten rechnen" (S. 291).

„Will man wirkliche *Führungskräfte* [unter »leitenden Angestellten«] charakterisieren, so muss an erster Stelle die *Verantwortung für die ihnen anvertrauten Mitarbeiter* stehen. Deren

---

39 Hier bringt Böckmann ein Gespräch, das der Inhaber einer größeren Druckerei mit dem künftigen Saalmeister seiner Buchdruckabteilung geführt hat. Sehr bemerkenswert, sehr gut (S. 273 – 277).

Anleitung und Führung im Sinne der Betriebsaufgabe ist das entscheidende Charakteristikum" (S. 293).

„Will man in einem Betrieb auch dem letzten Angehörigen das Gefühl der Gerechtigkeit geben, so genügt es nicht, dass eine Unternehmensspitze nur auf die unmittelbar nachgeordneten Führungsorgane einwirkt. Ihre Führung muss *übergreifen*. FÜHRUNG = Schulung und Leitung. Sowohl die wirtschaftliche *Leitung* eines Unternehmens wie die Menschenführung im Betrieb liegen bei der Unternehmens-Spitze, bei der Betriebs-Führung.

Äußerungen der *Leitung* sind die innerbetrieblichen – mündlichen oder schriftlichen – Weisungen.

Weisungen sollten sowohl aus Gründen der Ordnung, der klaren Kompetenzbegrenzung, der notwendigen Unterrichtung und Kontrolle, aber auch aus Takt und Vertrauen *stets auf dem Dienstweg erteilt werden.* (...). *Nur klare Weisungen ermöglichen klare Ausführung"* (S. 298).

„Äußerungen der *Menschenführung* im Betrieb sind: *Vorbild, Schulung* und *besondere Führungs- bzw. Fürsorgemaßnahmen* sowie der *Stil* aller betrieblichen Äußerungen" (S. 299).

„Schulung im Sinne der Menschenführung bedeutet nicht Erweiterung des Fachwissens oder Diskussion technischer oder organisatorischer Betriebsprobleme; in ihrem Mittelpunkt steht immer der Mensch im Betrieb – *die Anliegen der Betriebsführung an diesen Menschen und dieses Menschen an die Betriebsführung.* (...)

Formen dieser Schulung sind alle Maßnahmen,
– um das Vorbild der Schulenden im persönlichen Umgang wirksam werden zu lassen,

- dem einzelnen dabei die Möglichkeit der Äußerung und Entfaltung zu bieten,
- hierdurch sein Selbstbewusstsein zu stärken,
- seinen Leistungswillen anzuspornen,
- sein Gefühl für Verantwortung zu fördern,
- durch Klärung größerer Zusammenhänge seinen Sinn für Gerechtigkeit zu entwickeln und ihm das Bewusstsein zu geben, dass man von ihm etwas erwartet, dass man ihn kennt und anerkennt und von ihm ein gleiches Verhalten gegenüber seinen Mitarbeitern fordert.

Schulungs- und Weisungsstil sind unlösbar miteinander verbunden und stellen ein wichtiges Kriterium der Gesamtführung dar. Beide beruhen auf der Persönlichkeit und dem Vorbild der Führenden" (S. 300).

„Im Mittelpunkt eines neuen Führungsstils [in einer demokratischen Gesellschaftsform] muss *der Mitarbeiter als selbständig denkendes und handelndes Subjekt* stehen" (S. 309).[40]

„In der Praxis der Menschenführung gibt es kaum etwas, das grundsätzlich neu wäre. Vieles wird aber falsch angewandt, und häufig werden an sich richtige Maßnahmen aufgrund falscher Ausgangspunkte so angelegt, dass sie sich gegenseitig widersprechen, aufheben oder gar ins Negative verkehren" (S. 330).

---

40 Hier folgt dann ziemlich ausführlich „Die Konzeption einer Führung im Mitarbeiterverhältnis" nach dem sogenannten „Harzburger Modell", das damals schon in der »Akademie für Führungskräfte der Wirtschaft« in Bad Harzburg (einer Institution der Deutschen Volkswirtschaftlichen Gesellschaft e. V. unter der Leitung von Professor Dr. Reinhard Höhn) gelehrt wurde.

„Optimale Erfolge wird ein Unternehmen immer nur dann erzielen, wenn es in seiner Führung die ideenreiche Initiative jüngerer Führungskräfte mit der sorgfältig wägenden Erfahrung älterer zu *verbinden* weiß" (S. 333).

„Führung braucht Kontinuität. Eine »Kontinuität der Könner« gewährleistet nur ein Führungsdenken, das auf Entfaltung des einzelnen, Mobilisierung der Leistungsreserven, persönlicher Anerkennung und attraktiver Aufgabenstellung beruht. Dabei treten sogar die Bezüge oft in den Hintergrund.
Nur wenn der Führende und die Geführten lange genug beieinander sind, können [schöpferische] *Ideen* zünden und *Stil* und *Verantwortung* ein Unternehmen bis in die letzten Ausläufer prägen" (S. 334).

„Die innerbetriebliche Führerschulung muss System haben. (...)
Die Führerschulung sollte einer einheitlichen Leitung unterstellt werden, die hierfür genügend Zeit haben muss. (...)
Die Planung [der Schulung] muss Maßnahmen enthalten, die sich sowohl auf die volle Breite aller Führungsebenen erstrecken als auch qualifizierte Minderheiten gesondert erfassen. Nachwuchskräfte einzubeziehen, die noch keine verantwortliche Position inne haben, gehört genauso dazu, wie Erfahrungen und Fähigkeiten der obersten, führenden Unternehmerpersönlichkeiten nutzbar zu machen" (S. 335).

Zwischenbemerkung. Walter Böckmann bezieht sich hier (vgl. S. 270) auf die Vierteilung der Führungsschicht, die nach seiner Arbeitshypothese so aussieht:

Führungs-Spitze
(Unternehmer – Geschäftsführung sowie deren Vertreter)
Obere Führungsorgane
(Leiter von Tochterfirmen und Zweigbetrieben, Direktoren)
Mittlere Führungsschicht
(Verantwortliche Leiter größerer Abteilungen und deren Stellvertreter)
Untere Führungsschicht
(Leiter kleinerer, abhängig arbeitenden Abteilungen)

[Auf allen Ebenen] „ist wichtigstes Führungsmittel wieder der persönliche Kontakt, der organisiert werden muss, und zwar als Arbeitsbesprechung, als Einzelgespräch und als persönlich gehaltenes Gruppengespräch" (S. 335).

„Inhaltlich stehen bei solchen Gruppengesprächen Prinzipien, Maßnahmen, Methoden und Stil der Menschenführung im Betrieb im Vordergrund. (...)
Gerade das »Führungsgespräch« sollte klar den Unterschied zwischen *Weisung im arbeitstechnischen Sinne* und *Führung im zwischenmenschlichen Sinne* herausarbeiten. Weisung zeigt technische Ziele auf, Führung weist dem Menschen seinen persönlichen Weg und hilft ihm, die notwendigen Kräfte hierfür aufzubringen" (S. 336f.).
„Das Führungsgespräch, das die menschlichen Reaktionen zum Inhalt hat, muss *unausgesetzt* und das *ganze* Jahr hindurch geführt werden.
Weisungen sollte man knapp, eindeutig und möglichst schriftlich abfassen. Je sparsamer man mit ihnen umgeht, umso besser" (S. 337).

„Führung wird aber auch darauf zu sehen haben, dass tatsächlich nur diejenigen führen, die hierzu offiziell berufen sind" (S. 338).

„Entscheidende Fragen, die sich ein verantwortungsbewusster Betriebs*führer* stellen muss, sind diese:
Wie viele Inhaber von Führungspositionen haben Sie in Ihrem eigenen Betrieb vorgebildet?
Wie viele leitende Angestellte verdanken ihre berufliche Entfaltung den Möglichkeiten, die *Sie* ihnen gegeben haben?
Über welche *Führungsreserve* verfügen Sie?" (S. 340f.).

„Jovial-lapidare Wortwechsel reichen für den Kontakt mit den Führungskräften nicht aus. Führungsgespräche sollen auch den Geführten, den zu Schulenden Gelegenheit geben, sich zu äußern, Meinungen zu vertreten und zu urteilen" (S. 345).
„Wer [als Führer] nur Nieten oder solche Mitarbeiter um sich duldet, die ihm leistungsmäßig nicht gefährlich werden können, ist selbst eine Niete" (S. 346).

„Schriftliche Kontakte über persönliche [Probleme] und Führungsangelegenheiten müssen genauso organisiert werden wie die persönlichen Begegnungen. (...) Der offenen Aufforderung zur wohlbedachten Stellungnahme und positiven Kritik entspricht die strikte Zurückweisung jeder anonymen Äußerung. Einer Kritik haftet immer etwas Subjektives an. Ihre Berechtigung und ihre Gewichtigkeit sind untrennbar mit der Persönlichkeit des Kritisierenden verbunden" (S. 348f.).

„Das schriftliche Verfahren bietet bei manchen Menschentypen noch bessere Möglichkeiten, sie konkret zu einem Thema zu Worte kommen zu lassen und ihre produktive Phantasie anzuregen und zu testen, als das Gespräch" (S. 351).

„Oftmals ermöglicht ja nur der unmittelbare Einfluß der Unternehmensspitze die persönliche Entfaltung und Selbstverwirklichung der einzelnen Mitarbeiter" (S. 352).

„In dem Satz [eines Abteilungsleiters], *mein Chef ist froh, dass er mich hat,* liegen Geheimnis und Sinn der Führung: Weckung der Lebensfreude, Erzielung größtmöglicher Produktivität und die Beseitigung von Unsicherheit und Angst. (...)
Im Mittelpunkt der Probleme, die zu einer bestmöglichen Produktion führen, steht der Mensch" (S. 355).

*

Von nun an wird Walter Böckmann in seinen Schriften Fundamente des existenzanalytischen und logotherapeutischen Menschenbildes immer klarer berücksichtigen, die er in Anlehnung an Viktor Frankl, einmal so zusammengefasst hat:

1) Im Leben des Menschen ist Sinn-Suche das eigentlich humane Primär-Motiv.
2) Sinn-Erfüllung vollzieht sich durch Werte-Verwirklichung. Diese Werte sind konkret zugänglich: als schöpferische Werte, als Erlebniswerte und als Einstellungswerte. All diese Werte sind mit klaren Fragen zu erfassen und durch reale Handlungen praktisch umzusetzen. Dabei sollte freilich ein jeder seinen ureigenen personalen Wert bzw. seine Werte empfinden und erfühlen lernen.
3) Der Mensch ist zwar nicht frei von den biologischen wie soziokulturellen Bedingtheiten seines Daseins, – nicht frei von Verstrickungen und Fehlentwicklungen seines familiären Systems, – aber er ist weitgehend frei, sich ihnen gegenüber so oder so zu verhalten.
4) Aus der Freiheit des Menschen gegenüber den Bedingtheiten und Bedingungen seines Daseins resultiert auch seine Verantwortung. Die Art und Weise wie er sich zu Bedingungen verhält, ist seiner Verantwortung zugeordnet, die die Kehrseite seiner Freiheit ausmacht.[41]

---

41 Vgl. Walter Böckmann, Am Anfang war der Sinn, in: Logotherapie. Zeitschrift der Deutschen Gesellschaft für Logotherapie, Jahrgang 1, Heft 1, 1986, S. 46.

DAS SINN-SYSTEM
Psychotherapie des Erfolgsstrebens
und der Misserfolgsangst
Düsseldorf – Wien: Econ Verlag 1981

Vorbemerkung. Erfolgsstreben und Angst vor dem Misserfolg üben in unserer Gesellschaft eine nahezu suggestive Wirkung aus. Die Erfolgssüchtigen erleben sich in einer Art „Dauerfaszination" und die vor dem Misserfolg Geängstigten befinden sich in einem mehr oder weniger deprimierenden Zustand.

Böckmann schreibt in der Widmung: *Meinem Lehrer Viktor E. Frankl, dem ich neben anderem auch die Erkenntnisse aus seinem Buch verdanke »...trotzdem ja zum Leben sagen«*, und bietet Einblicke in den nur scheinbar sinnvollen Streben nach Erfolg. Seine klar verständliche, stets scharf analysierende Darstellung zielt auf unmittelbare Hilfe bei der Bewältigung konkreter Lebensprobleme. Einige Schwerpunkte seines Buches seien genannt: Was heißt Erfolg – was ist Sinn? Sinn-Verwirklichung als Werteverwirklichung, Bedeutung der Begegnung mit dem Selbst, der Wettbewerb mit sich selbst, Sinn und Kreativität, Sinn-Analyse der Arbeit. ... All diese Themen werden auch praktisch anschaulich entfaltet, die Anregungen für Sinn-Verwirklichung und Lebenserfolg sind zahlreich.

Im Folgenden werden ausgewählte Texte aus diesem Buch, wiederum mit Seitenangabe nach den Zitaten, vorgelegt. Die Texte von Böckmann sind teilweise auch gekürzt. Einfügungen in eckigen Klammern [...] stammen von mir – Otto Zsok. Auslassungen in einem längeren Text sind mit runden Klammern (...) gekennzeichnet.

Erfolg und Sinn

„Ein Sinn-System des Lebenserfolgs (...) fragt nach den subjektiven Voraussetzungen, die der einzelne bei sich *schaffen* muss, um Erfolgschancen überhaupt wahrnehmen zu können. (...)

Erfolg ist immer *Folge sinnvollen* Handelns. Aber ehe wir wissen, wie wir die Menschen und Dinge um uns nehmen müssen, sollten wir wissen, mit wem wir es bei uns selbst zu tun haben. Für viele Menschen ist das, wovon sie am wenigsten wissen, ihr eigenes Ich, richtiger: ihr Selbst" (S. 12).

„Den Sinn im Leben aufzuspüren bedeutet von den Ursprüngen der Sprache her:»Reise, Weg, Erfahrung«. Der Sinn wird uns von niemandem geliefert, wir müssen ihn suchen, ausfindig machen. Sinn heißt»hinter etwas kommen«,»in eine *bestimmte* Richtung gehen«, nicht in irgendeine beliebige, eine *eigene* Richtung einschlagen, um den eigenen Weg zu gehen, jeder den seinen, um *sein* Ziel zu erreichen, nicht das Ziel der anderen.

Darum hängt auch der Erfolg immer vom *eigenen* Tun ab, nicht von dem der anderen, noch nicht einmal von ihrem Urteil über unser Handeln. (...)

Da jeder nur durch die Brille *seiner* Wahrheit [als »das, was einem zukommt«], seiner Wahrnehmung sieht, kann er auch nur das als wichtig erkennen, was in sein Wahrheitsschema, in seine Sinn-Struktur passt. So ist für den einen der Südtiroler Bergsteiger Reinhold Messner ein Jahrhundertereignis wie die Landung der Amerikaner auf dem Mond, für den anderen ein Fall für die Psychotherapie.

Bedeutet Menschsein, an die Grenze des Möglichen vorzustoßen, so ist *Messner* ein solcher Mensch – aber auch die *Mutter Theresa* in Bombay. Beide haben sich selbst – ihr Selbst – erkannt und überwunden. Aber diese Überwindung ist kein einmaliger Akt, sondern ein immerwährendes Bemühen und bedarf einer ständigen gewaltigen Kraft. Die Quelle dieser Kraft liegt im Erkennen des Sinns und in dem Bewusstsein, gemäß den eigenen Sinn-Prinzipien das Leben zu erfüllen. Erfolg ist dann eine Folge dieser Sinn-Erfüllung, und dieser Erfolg ist an ihr Handeln – nicht an den Beifall der anderen – gebunden. Messner hatte seinen Erfolg oben auf den Achttausendern und Mutter Theresa den ihren in den Slums von Bombay – vor dem Nobelpreis bzw. dem internationalen Beifall" (S. 14).

[Gerät das eigene Leben außer Kontrolle und sind Ziele und Inhalte fremdbestimmt], „dann erst merkt ein Mensch, wie wichtig es ist, die Frage nach dem Sinn, nach »dem einzig Wahren«, nicht zu leicht zu nehmen. [Scheinbare Erfolge sind zwar auch da möglich], aber nur so lange, bis sie sich als Selbsttäuschung herausstellen" (S. 14f.).

„Sinn lässt sich nicht ersetzen: weder durch Vernunft noch durch bloße Hoffnung auf ein ganz bestimmtes Ereignis noch durch scheinbaren Erfolg" (S. 17).

„Der Entzug ausreichend emotioneller Kontakte wirkt sich in den Extremsituationen des Lebens – bei ganz jungen Kindern und ganz alten Menschen sowie selbst bei jungen und starken Erwachsenen in besonders deprimierenden Situationen, etwa in einer besonders grausamen Kriegsgefangenschaft – bisweilen tödlich aus.

Wenn die Logotherapie deshalb den sozialen Erlebniswerten besondere Aufmerksamkeit schenkt und soziale Kontakte als Element eines sinnvoll erlebten Lebens mit an die erste Stelle rückt, dann hat sie schon aus medizinischer Sicht dazu allen Grund. Aber auch Erfahrungen außerhalb des medizinischen Bereiches geben dazu Anlaß" (S. 21).

„Bei tatsächlicher oder scheinbarer Unabwendbarkeit des Schicksals wirft der Organismus sozusagen das Handtuch.

Wie sehr Lebenswille und beim Menschen auch der Lebenssinn nicht nur von der Einsicht in die Schicksalhaftigkeit einer Situation, sondern auch von dem Eingebundensein in die Normen und Werte der Kultur abhängen, [soziale Erlebniswerte, soziale

Bedeutsamkeit], zeigen Fälle, in denen Menschen plötzlich aus diesen Beziehungen herausgelöst werden" (S. 23).

„Haben wir uns erst einmal durch Erziehung oder eigenes Bemühen in eine tiefe innere Bindung begeben, dann übernehmen wir deren Inhalte, Ziele, Riten und Symbole – ihre Werte – auf eine Weise und mit einer nachwirkenden Kraft, die uns oft erst dann bewusst wird, wenn uns diese Werte wieder verloren gehen" (S. 24).

„Soziale Ausgliederung [das Ausgestoßenwerden aus einer Gruppe, Partei, Kirchengemeinde] bringt oft als psychische Ursache den Tod des Betroffenen mit sich. [Das gilt vor allem bei Naturvölkern und teilweise auch in unserer säkularisierten europäischen Gesellschaft]. Die Ausgestoßenen *werden* nicht etwa getötet, sie töten sich auch nicht selbst, nein, sie sterben »von selbst«. Ihr zerstörtes Selbst reißt sie auch körperlich mit in den Abgrund" (S. 24).

„In unserer sogenannten aufgeklärten, wissenschaftsgläubigen Gesellschaft sehen zwar die Symptome von Sinn-Verlust und Erfolglosigkeit anders aus als bei den Naturvölkern, aber die psychosomatischen Heilmechanismen sind dieselben.

Da *wir* nun einmal an Wissenschaft glauben, heilen uns unsere wissenschaftlichen Mittel auch noch dort, wo sie nachweislich nur auf einem reinen Glaubenseffekt beruhen, wie die Placebo-Forschung gezeigt hat.

Aus der Erfüllung des Lebenssinns erwächst dem Menschen eine gewaltige Kraft. Sinn-Suche und Sinn-Erfüllung erweisen sich dabei als das große Reservoir der Motivationsenergie, die »Berge versetzen« (...) kann" (S. 26).

„Die Frage nach dem Sinn im Leben ist keinesfalls nur eine philosophische Frage. (...) Die psychotherapeutische Erfahrung zeigt, dass Sinn sehr wohl an ganz konkreten Erkenntnissen abgelesen und in ganz konkreten Handlungen umgesetzt werden kann" (S. 27).

„Im Bereiche des menschlichen Handelns ist »der Sinn die Logik des Bewusstseins«: Handelt ein Tier »logisch«, so handelt es instinktgemäß; will ein Mensch logisch handeln, so muss er *bewusst sinnvoll* handeln" (S. 29).

„Die physiologisch unauflösbare Verbindung zwischen dem Körper und seinem Steuerungsorgan, der Psyche, mit ihrer materiellen Grundlage, dem Zentralnervensystem (Gehirn und Rückenmark), bezeichnet man als Psychophysikum. Nun steht außer Zweifel, dass damit das menschliche Wesen nicht vollständig umschrieben ist. Denn Steuerung und Verantwortung für Steuerung sind zweierlei" (S. 31).

„Auch Tiere müssen sich entscheiden, (…), aber wir wissen, dass sie dies nicht auf jener Bewusstseinsstufe tun wie der Mensch, sondern nach den Mustern einer Instinktwelt, die sie nicht in die Freiheit verantwortlicher Entscheidung entlassen hat. Auch die Entscheidungen eines Tieres bleiben instinktgesteuert und somit reflexhaft. Wir sprechen deshalb auch *nicht* von Erziehung von Tieren, sondern von *Dressur,* und damit meinen wir das Bedienen jener Instinktmechanismen, mit denen auch wir aus einer jahrzehntausende langen Erfahrung im Umgang mit Tieren vertraut sind.

Der Mensch kann sich jedoch bei seinen Entscheidungen nicht mehr auf Instinkte verlassen, und er *darf* sich heute noch nicht einmal mehr auf die Normen und Werte seiner Kultur verlassen, die man ihm mit seiner Erziehung vermittelt hat. Das einfachste Beispiel wäre das Handeln auf Befehl, das nach unserem jetzigen ethischen Bewusstsein, spätestens seit den Nürnberger Prozessen von 1946, niemand mehr vom Vorwurf des Mordes freisprechen kann, auch wenn er ihn »auf Befehl« ausgeführt haben will.[42]

---

42 Zwischen dem 20. November 1945 und dem 19. April 1949 fanden die Nürnberger Prozesse gegen die Hauptkriegsverbrecher im Justizpalast Nürnberg statt. 1946 verurteilte das Internationale Militärgerichtshof 24 hochrangige Nazis zum Tode. Diese Prozesse machten deutlich, dass für Verbrechen, die einzelne

Dass die Praxis auf der ganzen Welt anders aussieht, ändert nichts an diesem Anspruch, denn Ansprüche und Praxis werden auseinanderklaffen, solange es Menschen gibt" (S. 31 – 32).

Exkurs: UNVERMÖGEN

Zum letzteren Satz, dem ich ohne Probleme zustimmen kann, passt sehr gut der folgende, schon im Jahre 1934 veröffentlichte Text des deutschen Kunstmalers und Lebens-Lehrers *Joseph Anton Schneiderfranken Bô Yin Râ* (1876 – 1943):[43]

Seid sicher,
Daß auch nicht die Enkelkinder eurer Enkel
Eine Zeit erleben werden,
Die auf Erden keinen Krieg mehr kennt!

Seid sicher,
Daß auch noch der fernste Nachfahr
Mordbedrohung um der Selbstsucht willen
Unter Menschen dieser Erde:
„Zwangsläufig" und „Naturbedingnis" nennt!

Der Mensch mag alle Kräfte der Natur
Bezwingen: –
Das Raubtier in sich selbst zu zähmen,

---

aus ideologischen Motiven oder im Interesse des Nazi-Staates begangen hatten, gleichwohl diese Einzelpersonen verantwortlich und zu bestrafen waren. Niemand konnte sich damit ausreden, Befehle ausgeführt zu haben. (Vgl. Tony Judt, Geschichte Europas von 1945 bis zur Gegenwart, München: Carl Hanser Verlag 2006, S. 73f.). Auf diese auch juristisch festgestellten Tatsachen nimmt Böckmann hier Bezug.

43   Unvermögen, in: Bô Yin Râ, Über dem Alltag, Bern: Kober Verlag 1979, S. 83.

Wird auf dieser Erde aber
Nur den Höchstgearteten, –
Den *Hörigen* des Menschentieres
Nie gelingen!

Damit zurück zu Böckmann, der – hierin Frankl folgend – die geistige Dimension der Menschen in der *Verantwortung für Entscheidungen* festmacht.

Dabei hebt Böckmann *die Rolle der Gefühle* bei der Bewertung verschiedener Eindrücke, die wir ständig haben, hervor. Der Mensch sei noch immer ein von seinen Gefühlen beherrschtes Wesen, und sie nehmen eine Bewertung aller innerkörperlichen wie Umweltreize vor und registrieren sie als angenehm, neutral („nichtssagend") oder unangenehm, sagt Böckmann und dann:

„Dadurch, dass wir *Geist* beim Menschen erkennen, anerkennen wir zugleich die *Verantwortung* des Menschen für das Leben. Das Leben ist dem Menschen (...) nicht nur gegeben, sondern aufgegeben. Er muss etwas daraus machen. Wenn er nichts daraus macht, wird es »unerfüllt« bleiben. Sein Leben wird dann keine Folgen haben: kein Erfolg werden" (S. 34).

[Die Wurzel des Begriffs] „Sinn liegen tiefer als (...) Erfolg oder Hoffnung. (...) Sinn ist *da*s lebensentscheidende Merkmal im menschlichen Dasein" (S. 34).

„Nicht nur das Erfolgsprinzip ist aus der Evolution ablesbar, sondern auch das Sinn-Prinzip!" [Freilich]: „Sinn von Zellen ist etwas anderes als Sinn von Menschen. (...) Sinn ist immer abhängig von der Dimension der Lebensbedingungen. Für einfach konstruierte Organismen wie die Amöbe ist Sinn etwas anderes als für hochorganisierte Lebewesen wie den Menschen. (...) Der

Sinn des Lebens als Erscheinung auf diesem Planeten überhaupt ist etwas Durchgängiges, Ganzheitliches (wenn auch nicht Einheitliches) und, soweit man das überhaupt sagen kann, etwas Ewiges" (S. 41).

[*Jean Piaget* sagte]: „Instinkt ist die Logik der Organe. (...) Wenn Organe, also bewusstseins-unfähige Körper, »logisch« reagieren, dann reagieren sie gemäß den Gesetzmäßigkeiten der Natur, in die sie eingebettet sind. *Logos* bedeutet auch in diesem Zusammenhang: Geist, *Sinn*.
(...) Wir erkennen in der Natur Entwicklungen, (...) und damit drängt sich uns auch der Eindruck auf, dass dem Ganzen doch eine Ordnung zugrunde liegt. (...) Ordnung ist eine Vorbedingung des Bewusstseins. Wenn es keine Ordnung gäbe, könnte es auch kein Lernen geben, denn alles bedarf der Orientierung am bereits Gehabten, Wiedererkennbaren, Vergleichbaren. (...) Erst lernt man an den fünf Fingern abzählen, eines Tages verlieren sich dann unsere Berechnungen im Abstrakten – aber die Finger bleiben Finger, und die Größe »Fünf« bleibt »Fünf«. Wenn diese Ordnung der Finger und der Zahl nicht konstant bliebe, nützten uns auch alle weiteren Berechnungen nichts" (S. 42).

„Nur dort ist Leben, Überleben und Entwicklung, wo es uns gelingt, im Einklang mit der Natur zu bleiben [auch wenn wir bestenfalls nur Teile davon wahrnehmen und uns selbst als Teil dieser Natur begreifen]. Auch wenn wir als Menschen offenbar die »Gangart« der Evolution beschleunigt haben, die Straße selbst werden wir nicht verlassen" (S. 43).

„Mit dem Bewusstsein des Menschen, durch das die Natur so »plötzlich« Entwicklungen vervielfältigt und beschleunigt hat, wurde aber auch dem Menschen die Verantwortung für die Logik seiner Organe übertragen.

An die Stelle natur-gemäßer Instinktsteuerung tritt nun die nicht minder natur-gemäße Sinn-Steuerung. Sinn-Suche wird damit zur Suche nach dem Natur-Gemäßen. Dies kann jedoch niemals ein »Zurück« zur Natur bedeuten, sondern immer nur ein Vorwärts mit der Natur; denn Natur ist ein Prozeß und kein Zustand: Natur ist sozusagen der D-Zug, nicht der Bahnhof. (…) Charakteristische Eigenschaft des Lebendigen – und zugleich Prinzip seiner Sinnhaftigkeit – ist die permanente »Entwicklung aller Potentialitäten«, wie es in der »Humanistischen Psychologie« so schön heißt; auf deutsch: Jede in einem Organismus angelegte Möglichkeit wird in der Natur zur Entfaltung gebracht. Dabei erweisen sich die optimalen wie die risikobelasteten Lebensbedingungen gleichermaßen als produktiv" (S. 44).

„Aus der Sicht der Evolution kann man drei Phasen unterscheiden: Zunächst die Entwicklung des Lebens überhaupt, (...) dann die Herausbildung des Bewusstseins und der Selbstverantwortung im Menschen und schließlich die Fortführung der Evolution mit anderen als den biologischen Mitteln durch den Menschen unter dem Gebot der Selbstverantwortung" (S. 45).

Exkurs: Schöpfertum

Sich auf *Georg Werner Haverbeck* beziehend, spricht Böckmann einerseits von der *Schöpfung des Menschen* als *Objekt* der Evolution und andererseits spricht er von der Zeit des »*Schöpfermenschen*« als selbstverantwortlichem *Subjekt* der Evolution (vgl. S. 45). Böckmann zufolge müsse der Mensch als Subjekt sich die sozialen Gesetze selbst geben „und die Werte suchen, unter deren Regie sein individuelles wie soziales Leben sinnvoll, beständig, existenz- und überlebensfähig ist" (S. 45), wobei hier hinzugefügt werden muss: Insofern der Mensch sich auch seiner *geistigen* Natur bewusst wird, sucht er unbedingt, »dem Licht des Schöpfergeistes«, dessen Funke er in sich selbst trägt, Ausdruck in den sozialethischen Gesetzen, aber auch in der Kunst und der Spiritualität zu geben. Er sucht immer mehr die *Verkörperung des Geistes* zu realisieren. Böckmann erahnt den Sinn der Evolution in der Form eines vollentwickelten Menschentums, dessen Charakteristiken ihm zufolge: Drang zu immer »neuen Ufern«, Schöpfertum und Gestaltungskraft, Lebens- und Überlebenswille, Sozialität als Voraussetzung für die individuelle wie soziale Existenz- und Leistungsfähigkeit, Selbsterkenntnis (als Erkennen des eigenen Selbst im anderen) und die eigene Sinn-Erfüllung mit anderen und für andere sind (vgl. S. 45). –

Das alles trifft sicherlich zu, sage ich, wobei erneut voraus-gesetzt werden muss, dass Schöpfertum [im Sinne des *„spiritus creator"*] und wahre Gestaltungskraft nicht „Produkte einer Evolution", sondern der Evolution vorausgehende und sie ermöglichende *ursprüngliche Geisteskräfte* sind. Die »Priorität der Evolution« kann – meiner Ansicht nach – nur im Lichte eines »Primates des Geistes« sinnvollerweise behauptet werden. Noch einige Sätze gehören hierher, ohne sie vertiefen zu wollen: Das Wort »Schöpfung« besagt im Kern, dass die Fülle der Ursachen schaffenden Kräfte des »Ur-Seins« immer, ohne Unterbrechung, pausenlos *sind* und *wirken* und aus dem »Ur-Sein« ewig hervorfließen in den unendlichen Raum hinein, und stufenweise all das bewirken, was wir – nach abendländischer Tradition – eben »Schöpfung« nennen. Soll das Wort »Gott« für den Menschen reale Bedeutung haben, so muss man damit die Fülle aller Kräfte, das Ewige, das Ur-Sein, das Ur-Licht in Verbindung bringen und ein Stück weit mitfühlen. Dann aber erkennt man auch, dass diese Fülle aller Kräfte im vollen Sinn eben Sein-gebend, Sein-mitteilend ist – und eben dies heißt: *erschaffen.* Das so gemeinte »Erschaffen« als Sein geben, Sein mitteilen, um neues, individuelles und autonom bestehendes *Seiendes* – damit auch den Menschen als schöpferisch Gestaltenkönnender – zu ermöglichen, ist ewiges Geschehen, ewige Dynamik in »Ruhe und Tat«, und dieses transzendente Geschehen geht jeder sogenannten physisch-kosmischen Evolution ontologisch *voraus.* Ohne diese unhintergehbare Voraus-Setzung ist jede Rede vom „Schöpfermenschen" nur ein „flatus vocis". – Zurück nun zu Walter Böckmanns Reflexionen.

Sinn ist immer auch der Sinn der anderen

„Unter der Auflage der Selbstverantwortung des Schöpfermenschen ist Humanität zu einer Art freiwilliger Selbstkontrolle geworden, um die Lebensbedingungen der Menschheit nicht über Gebühr zu gefährden und das Experiment Mensch nicht durch Über-Mut scheitern zu lassen, wodurch die Evolution um Jahrmillionen zurückgeworfen würde. (...)
Nur wir alle zusammen sind »der ganze Mensch«, der Erfolg hat oder Misserfolg erleidet. [Denn]: Sinn ist immer auch der Sinn der anderen. Aller anderen" (S. 46f.).

„Lebenserfolg heißt Sinn-Werwirklichung »mit System«. (...) »Sinn-Verwirklichung ist Werte-Verwirklichung« (Frankl), und die Werte, um die es geht, sind die elementaren Lebensmerkmale, auf die der Mensch – das erfolgreichste Produkt der Evolution – hin angelegt ist: Kreativität, soziales Handeln im Du und Wir und die »Berge versetzende« Kraft der Ideen" (S. 49).

„Die Logotherapie hat es zunächst nicht leicht gehabt, weil der Begriff *Sinn* von außerordentlicher Komplexität ist und zudem noch jeglicher, zum Teil modischer Ausstrahlung entbehrt" (S. 50).

„Es ist das Verdienst Frankls gewesen,den Nebel um den Begriff Sinn gelichtet und den Begriff selbst handhabbar gemacht zu haben. Seit die Logotherapie ihn benutzt, lassen sich individuelle wie gesellschaftliche Probleme sinn-voll analysieren, in konkrete Fragestellungen umsetzen und damit einer Lösung zuführen. Damit bekommt auch der Begriff »Erfolg«, der heute geradezu neurotisch diskutiert wird, wieder einen angemessenen Stellenwert. In seiner Eigenschaft als Folge sinnvollen Handelns erfährt er dabei eine nicht geringe »Entmythologisierung«. (...) Erfolg als Folge sinnerfüllten Lebens kann jeder haben. (...) Wenn uns Sinn sicher sein *kann,* dann kann uns auch der Erfolg sicher sein" (S. 51).

„Die Arbeitsbedingungen stellen in erster Linie die Voraussetzungen dar, unter denen Sinn-Verwirklichung in der Arbeit stattfindet" (S. 52).

„Die Gesellschaftspolitik ist ein Muster-Spielplatz für Erfolgshungrige, denen es mehr um Schlagzeilen als um sinnvolles Handeln geht. (...)
Uns sollten unsere scheinbaren Erfolge nachdenklich stimmen, weil sie uns nicht selten den Sinn für »das Eigentliche«, »das Wahre«, das wirklich Sinnvolle, verdunkeln" (S. 53).

„Sinn ist ein Begriff, den man weniger beschreiben, als umschreiben kann, und zwar in der Art, wie Kinder etwas umschreiben, das sie aus Erfahrung kennen und mit dem sie umgehen. Ein Kind wird nicht sagen: Liebe ist ein Gefühl, das ... sondern es wird sagen: Liebe ist, wenn ich meine Mutter umarme und drücke und immer bei ihr bleiben will ...
Sinn ist auch, »wenn man ...«
Sinn ist, wenn man (...) bei der Einstellung zu einem Menschen oder einer Sache das Gefühl hat, sich wirklich – also mit Fortwirkung – für das einzig Wahre oder den einzig Wahren entschieden und eingesetzt zu haben; bei der Bestätigung in einer Gruppe wirklich am richtigen Platz zu sein; bei der Übernahme einer Aufgabe zu wissen, dass man wirklich etwas von Bedeutung tut. Aber selbst dann, wenn es sich um etwas handelt, das einen ganz allein angeht – vielleicht das Lesen eines bestimmten Buches, ein Gebet, eine Meditation, die Versenkung in ein musikalisches oder ein anderes Kunstwerk –, auch dann wird uns *unser Gefühl* – und nicht die Zustimmung der anderen – »eingeben«, ob es für uns wirklich wichtig, ergiebig, sinnvoll ist: ob es in uns oder anderen fortwirkt.

Nicht der Verstand entscheidet über Sinn, sondern die Ganzheit unseres Bewusstseins: Verstand, Gefühl *und* Verantwortung" (S. 54f.).

[Böckmann reflektiert dann die Komplexität des Begriffes „Sinn" und formuliert weitere Gedanken dazu, die – ja – diskussionswürdig sind. Er schreibt]:

„Sinn als Strukturelement ist keinesfalls etwas von vornherein »Ethisches« im üblichen Sinne. Sinn ist deshalb aber auch nicht wert-frei. Nur sagt Sinnverwirklichung als Werteverwirklichung nichts darüber aus, *welche* Werte verwirklicht werden und was unter ihnen verstanden wird.

Sinn gilt ebenso für die Maffia wie für die freiwilligen Helfer des Roten Kreuzes. Sinn ist kein Religionsersatz.

Wenn sich in einer Gesellschaft eine Gegenmacht etabliert und zur Gewalt greift, zerstört sie den Sinn-Zusammenhang, der diese Gesellschaft bis dahin bestimmt hat" (S. 56).

Exkurs: SINN LIEGT DEM WOLLEN VORAUS

Die Formulierungen Böckmanns sind hier, nach meiner Einschätzung, missverständlich und deshalb schlage ich eine Verbesserung vor. Ob Sinn ebenso für die Maffia wie für die humanitäre Hilfe einer caritativen Organisation – in der identischen Bedeutung des Wortes – Geltung beanspruchen kann, ist mehr als fragwürdig. Was Böckmann mit Sinn in bezug auf die Maffia schreibt, entspricht vielmehr – nach meinem Sprachempfinden – dem *Zweck* und ist somit dem psychophysischen Dimension des Menschen zuzuordnen und nicht, wie der Sinn, seiner geistigen Dimension. Sinn und Maffia so ohne weiteres zusammenzubringen, bedeutet für mich, die *ontologische* Verfasstheit des Logos mit dem *ontischen* Charakter des Zwecks zu verwechseln. Außerdem: Auch Hitler und seine Schergen haben eine Gesellschaft etabliert, in der – vor allem in kleineren Gruppierungen derselben nationalsozialistischen Gesellschaft – mancherlei Sinn-Zusammenhänge bestanden haben. Doch bei lebendiger Seelenempfindung wage ich es zu bezweifeln, ob die nationalsozialistische Gesellschaft in Nazideutschland insgesamt so etwas wie einen *wahren* Sinn-Zusammenhang darstellte. (Dass auch *Pseudo*-Sinnzusammenhänge bestehen, braucht man hier nicht ausführlich zu erörtern). Diktatur gegen das eigene Volk, Terror und Rassenwahn sowie die – von Vielen auch damals als haarsträubend und primitiv empfundene – *ideologische* Indoktrination, kann und darf nicht mit dem Wort Sinn-Zusammenhang beschrieben werden. Nicht einmal in der Bedeutung des Sinnbegriffes als „Richtung" und „Reise" kann der Naziwahn charakterisiert werden, denn jene „Richtung", die Hitler und Co eingeschlagen haben, stellte sich eben als der sichere Weg in den Abgrund dar.

Wenn Sinn von vornherein keinesfalls etwas „Ethisches", deshalb aber auch nicht wert-frei sei, wie Böckmann formuliert, dann gilt es – Komplexität her oder hin – differenzierter und präziser zu sagen, was man nun mit diesem „weder – noch" Sinn eigentlich meint. Frankl jedenfalls hat keinen Sinnbegriff „kreiert", der völlig lösgelöst vom eigentlich Ethischen gedacht, geschweige denn empfunden werden könnte. Zugleich hat er differenzierend dargelegt, dass es, beispielsweise, im Konzentrationslager das Stehlen eines Medikamentes durchaus dem »Sinn der Situation« entsprach, um ein Leben zu retten, obwohl es ein allgemeiner Wert ist, das Eigentum des anderen zu respektieren, also nicht zu stehlen. In der Logotherapie bedeutet das Wort **Sinn** jedenfalls *nicht* Zweck, *nicht* Zweckdienlichkeit, *nicht* Funktionalität, *nicht* das vital Vorteilhafte und *nicht* das pragmatisch Nützliche. Auch *nicht* ein bloßes „Sinngefühl", das irgendwie künstlich – z.B. durch Drogen oder Pillen oder Ideologien – erzeugt und herbeigeführt werden kann, obwohl es in uns Menschen auch eine ursprüngliche, seelisch zu erlebende und geistig zu fassende *»Wertfühligkeit«* (Max Scheler) vorhanden ist.

Bei aller Bezogenheit des konkreten Sinns *„ad personam et ad situationem"*, sagt Frankl in vielen Varianten:

Sinn ist eine objektive Größe, die einer Situation innewohnt, den handelnden Menschen in Anspruch nimmt, anruft, anspricht und herausfordert, und deshalb außerhalb der Willkür des Subjekts liegt, also *trans-*

subjektiv ist. Hier ist nun der passende Ort, dem Begriff „objektiv" eine intensivere Aufmerksamkeit zu widmen.[44]

Der Begriff **„objektiv"** heißt: Etwas ist da, etwas ist gegeben, etwas existiert, etwas ist immer schon im (Da-)Sein, – und sei es nur als Möglichkeit, z.b. Häuser von Zivilisten anzuzünden oder nicht anzuzünden, wie Böckmann selbst über solch eine Situation berichtet, – etwas tritt mir, dem erkennenden Subjekt, entgegen, spornt mich zum Nachsinnen an, leistet mir Widerstand, auch wenn ich in meiner subjektiven Befangenheit oder Ignoranz oder Dummheit, oder aufgrund einer neurotischen Störung, oder eben aus einem gelehrten Nihilismus oder aufgrund einer Indoktrination [wie im Nationalsozialismus oder Kommunismus] heraus dieses „etwas" leugne, ignoriere, übersehe oder unterdrücke.

Wie schreibt Böckmann selbst in seinen nicht für die Öffentlichkeit bestimmten Kriegsmemoiren? Er habe den Befehl bekommen, die Häuser der Russen auf dem Rückzug „in einem Geländeabschnitt von zwanzig Kilometer Länge und fünf Kilometer Tiefe niederzubrennen", und dann: „Ich weiß zwar, was ich auftragsgemäß tun *muss,* aber nicht, was ich tun *soll.* Der Unterschied ist erheblich" (Walter Böckmann, Freiwilligkeit ist der Preis der Freiheit 1996, S. 375.). Und genau um diesen feinen, erheblichen, oft nur in einer konkreten Situation wahrnehmbaren und in der Seele erspürbaren Unterschied geht es, wenn Sinn wirklich *als* **Sinn,** als eine dem Wollen vorausliegende, transsubjektive „Größe" wahrgenommen und erkannt wird. Das nur als Zweck, als Funktion, als das vital Vorteilhafte Wahrgenommene ist meiner Ansicht nach nicht der „Logos" der Logotherapie. Der angedeutete Unterschied aber lässt aufleuchten, dass Sinn und Wert sehr nahe „beieinander" angesiedelt sind.

---

44 Hier scheiden sich meines Erachtens auch die Wege von Frankl und Längle. Während Alfried Längle diesen transsubjektiven bzw. objektiven Charakter des Sinns leugnete, beharrte Frankl darauf, den Sinn nicht der subjektiven Willkür, dem subjektivistischen Geschmack zu unterstellen, sondern seine „Unabhängigkeit" – eben seinen objektiven Charakter – zu bewahren. Dieser Unterschied mag auf den ersten Blick „klein" sein, aber er ist, in der Tat, entscheidend: Er scheidet die „personale Existenzanalyse nach Längle" von der Logotherapie und Existenzanalyse nach Viktor Frankl. Eine längere Ausführung dieses Problems ist hier nicht möglich.

In anderen Worten, bildhaft und doch konkret gesprochen: Der Sonnenschein ist auch dann ein *objektives* Naturphänomen, – und nicht bloß ein Produkt meines Bewusstseinszustandes, – wenn ich blind oder besoffen bin, und aus meiner Blindheit oder aus meinem besoffenen Zustand heraus nicht sehe und deshalb leugne, *dass* die Sonne scheint und leuchtet. Freilich ist der konkrete Sinn einer konkreten Situation nicht immer so offensichtlich wie der Sonnenschein. Gewiss erleben Menschen öfters den Fall, dass der Sinn, den sie verzweifelt oder hoffnungsvoll suchen, latent, verborgen, dunkel und rätselhaft bleibt. – In nicht wenigen Scheidungskrisen sind die noch oder nicht mehr Ehepaare so sehr mit den eigenen Verletzungen und Enttäuschungen beschäftigt, dass sie den „Sinn des Wir" gar nicht mehr erkennen. Der Naheost-Konflikt zwischen Israel und manchen arabischen Staaten, verblendet die einzelnen Parteien so sehr, (wobei diese Verblendung von manchen Kreisen, Personen bewusst und boshaft generiert und hochpotenziert wird), dass sie unvermögend sind, den »Sinn des Wir« zu sehen. Solche Beispiele findet man auch innerhalb der oder zwischen den Religionen, aber auch in der sogenannten wissenschaftlichen Forschung. ... In allen und weiteren Beispielen, die hier nicht mehr genannt werden, zeigt es sich, dass verdunkelte Erkenntnis irre Wege geht, wenn Sinn mit Zweck verwechselt wird. Ob die Verdunkelung nun selbst- oder fremdverschuldet ist, ist eine weitere, eigene Frage. Fazit: Der Begriff **„objektiv"** bedeutet, dass es Wirklichkeitsgebiete und Bezirke gibt, die ich nicht nach meinem persönlichen Geschmack machen, erzeugen, setzen, erfinden, inszenieren, postulieren oder generieren vermag. Philosophisch gesprochen:„Der Begriff des Sinnes involviert *Objektivität* jenseits allen Machens; als gemachter ist er bereits Fiktion, verdoppelt das Subjekt und betrügt um das, was er zu gewähren scheint".[45] Fazit: „Sinn ist etwas wesentlich Objektives, dem Wollen Vorausliegendes, oder gar nichts" (Gerd Haeffner) – und dieser Satz gilt unbedingt, ohne Wenn und Aber. Noch eine weitere Differenzierung zum Kernbegriff „Sinn" sei hier dargelegt.

---

45 Theodor Wiesengrund Adorno: Negative Dialektik, Frankfurt am Main: Suhrkamp Taschenbuch 1994, S. 369.

V. Frankl bezeichnet den Sinn öfters als *„Schrittmacher des Seins"*. Und seine große Schülerin Elisabeth Lukas schreibt dazu: „Ein wunderliches Wort, doch machen wir uns klar: Sämtliche Sinngehalte, persönlichen Ziele, Aufgaben, Werke, die ganze Hingabe an eine Sache oder an eine Person sind überhaupt nur zu verwirklichen, indem sie in kleinste Schritte unterteilt werden, in Augenblicke, in Einzelsituationen, von denen jede *einmalig* ist, nie mehr wiederkehrt, und ihre unwiederholbare Sinnaufforderung in sich trägt. Warum *Aufforderung?* Nun, man kann nicht einen beliebigen Sinn aus dem Nichts herausgreifen [oder schaffen], um dann hinzugehen und ihn zu erfüllen! Was würde dies bedeuten? Für den einen wäre es (in der Beliebigkeit) sinnvoll, ein Haus abzubrennen, einem anderen schiene es (in der Beliebigkeit) sinnvoll, ein Flugzeug in die Luft zu jagen, [und einem dritten schiene es – aus einer spontanen Laune heraus – sinnvoll, den Ehemann oder die Ehefrau mit den zwei Kindern allein zu lassen und nach Australien auszuwandern.] Der Mensch aber ist nicht derjenige, der Sinn zu definieren [oder zu erfinden] hat, wie er nicht derjenige ist, der mathematische Gesetze erzeugen kann. Dass die Wurzel von 169 die Zahl 13 ist, können wir nicht erfinden [oder per Dekret machen], wir können es nur *herausfinden* [entdecken]. Analog muss der jeweilige Sinn des Augenblicks – trotz und wegen subjektiver Ziel- und Wertvorstellungen – in jeder Einzelsituation neu entschlüsselt [erfühlt, abgetastet] werden; ein Sinn, der *nicht weniger objektiv* vorgegeben ist als die Gesetzmäßigkeit mathematischer Operationen".[46]

Was aber die echten Werte anbelangt, es gibt nämlich auch *Pseudo*werte, ist auf die Wertphilosophie von *Max Scheler* (1874 – 1928) hinzuweisen, der für Frankl der wichtigste philosophische Lehrer war. Die Aufgabe der Ethik sei nicht, eine Theorie der jeweilig „geltenden Sittlichkeit" zu geben, oder verständlich zu machen, was als gut und böse in „sozialer Geltung" stehe, sagt Scheler, sondern die eigentliche

---

46 E. Lukas, Rendezvous mit dem Leben. Ermutigungen für die Zukunft, München: Kösel Verlag 2000, S. 18f. Siehe auch das Stichwort **Sinnmerkmale** in: Karlheinz Biller/Maria de Lourdes Stiegeler, Wörterbuch der Logotherapie und Existenzanalyse von Viktor E. Frankl, Wien: Böhlau Verlag 2008, S. 445 – 450.

Aufgabe der Ethik bestehe darin, offenbar zu machen, „was gut und böse *ist. Nicht* um die *sozialen Werturteile* hinsichtlich des Guten und Bösen, sondern um die Wert*materie* ‚gut' und ‚böse' selbst handelt es sich bei ihr; nicht um die Urteile, sondern um das, *was* sie meinen und worauf sie abzielen."[47]

Scheler ist zutiefst überzeugt: Es gibt ethische Wesenserkenntnis und der ethische Grundsatz schlechthin – *das Gute soll sein* – ist unabhängig von den momentan gerade geltenden sozialen Werturteilen, [die in der Nazizeit, ah, so verbreitet waren], denn: „Auch wenn niemals *geurteilt* worden wäre, dass der Mord böse ist, bliebe er doch böse. Auch wenn das Gute nie als ‚gut' ‚*gegolten* 'hätte, wäre es doch gut."[48]

Das hier ist *Objektivität* oder auch der *transsubjektive* Charakter dessen, was in der Logotherapie mit »Sinn« bezeichnet und gemeint ist. Insofern Böckmann diese Aspekte nicht in einer restlosen Klarheit formulierte, zumindest nicht an dieser Stelle, war seine Reflexion zu differenzieren und zu verbessern, was in Form dieses Exkurses geschah. –

Zurück zu Böckmann, der dann wiederum klar formuliert, wenn er schreibt: „Sinn setzt Konsens voraus. Jede Gesellschaft verfügt nur über so viel Gemein-Sinn, wie sie Konsens aufweist. Diktatur ist verordneter Gemeinsinn, Demokratie geordneter Gemeinsinn. Polarisierungen führen zum Konsensverlust und damit zur Sinnentlehrung in einer Gesellschaft.

Das soziale Bezugssystem, in dem jemand lebt, wird immer durch die Reichweite seines Sinn-Zusammenhangs gekennzeichnet. Bei manchem ist dies noch die Nation oder der Staat, bei anderen seine Partei, seine Kirchengemeinde, sein Sportklub

---

47 Max Scheler, Der Formalismus in der Ethik und die materiale Wertethik. Neuer Versuch der Grundlegung eines ethischen Personalismus, Bern und München: Franke Verlag 1980, S. 65.

48 Ebd., S. 66.

oder seine Familie. Jeder dieser Sinnbereiche verwirklicht eigene Werte.

Auch die zuvor erwähnten, zum Teil kriminellen Kleingruppen verfügen über eindeutige Sinn-Strukturen ihres spezifischen Werte-Verständnisses. Herrschaft des Sinns ist überall dort, wo Menschen sich nicht selbst verlieren wollen – ganz gleich, an wen oder was sie sich dann »verlieren«.

Wie wir zuvor gezeigt haben, ist Sinn das, was sich einmal aus unserem Instinkt entwickelt hat, und vielleicht könnte man Sinn deshalb auch als unseren »emanzipierten Instinkt« nennen.

Frankl hat die Werte (...) aus der jahrzehntelangen Erfahrung des Therapeuten konkretisiert, und es ist erstaunlich, dass mit den drei von ihm genannten Kategorien tatsächlich die Rahmenbedingungen sinnvollen Handelns und Erlebens umschrieben werden können. Im Sonderfall, so wie ich dies bei der Sinn-Problematik der Arbeit dargelegt habe, ergeben sich Anpassungen im Detail von selbst.

Die [von Frankl sogenannten] »schöpferischen Werte«, die Werteverwirklichung aus unmittelbarem Werkschaffen, sind am leichtesten zu beschreiben. Es handelt sich dabei um alles, was mit dem Hervorbringen von Dingen und Ideen zu tun hat. Wichtig ist hier, dass kein Qualitätsanspruch mit im Spiel ist. Ganz gleich, ob ein Kind im Sandkasten eine Burg baut oder der Pfarrer eine Sonntagspredigt schreibt, ob jemand seinen Hühnerstall anstreicht oder ein Künstler ein Bild malt – es kommt nicht auf das *Was* und das *Wie* oder auf den Beifall der Umwelt an, es geht allein um das Wozu: Ob der Betreffende das Gefühl hat, von sich aus etwas »investiert«, etwas geleistet zu haben, ob er durch Einfälle kreativ oder durch Einsatz produktiv war – die *Bedeutung* für ihn selbst entscheidet: der Sinn" (S. 57f.).

„Eine Werteverwirklichung kann sich dabei in einem sozialen Zusammenhang oder isoliert vollziehen. Man kann bei anderen als Organisator, als Entwickler von Ideen und Programmen oder als Hersteller von Dingen in Erscheinung treten. Alles kann sich dabei auf einem ganz bescheidenen Niveau abspielen, zum Beispiel in der Organisation einer Geburtstagsfeier, (...), es kann aber auch von außerordentlicher Bedeutung sein wie der Konzipierung einer wirklich fortschrittlichen Politik oder der Errichtung eines Jahrhunderte überdauernden Bauwerks.

»Der eine bedacht's, der andere betrachtet's, der dritte verlacht's, was macht's!« schrieb im 16. Jahrhundert ein Baumeister an ein Rathaus, das heute wegen seiner originellen und eindrucksvollen Gestaltung in allen Bildkalendern zu finden ist.

Der Meister Hilleborch, der diese Einsicht am Rathaus zu Wernigerode am Harz verewigte, wird seine Erfahrungen mit seinen Zeitgenossen gemacht haben. Auch wir müssen, jeder für sich, lernen, »darüber zu stehen«, über den Dingen und über den Urteilen anderer, und Dinge um ihrer selbst willen zu tun. Die Entscheidungsinstanz, was gut, richtig und für uns »das einzig Wahre« ist, das wir auch verantworten können, kann nur in uns selbst liegen und nicht im Ermessen der Umwelt. (...)

Die Verwirklichung solcher Werte [durch Kreativität und Produktivität] zusammen mit anderen Menschen hebt die frag-würdige Bedeutung des Begriffs Erfolg besonders hervor:

Jemand hat einen kreativen oder produktiven Beitrag geleistet – er hat von sich aus und aus sich heraus etwas beigetragen, denn Leistung beruht psychologisch darauf, dass sie erbracht und nicht durch Ausbeutung erzwungen, erpresst wird, ja nicht einmal abgehandelt, abgekauft wird. Und nun bleibt der Beifall aus. Vielleicht ist er auch nur »höflich«. Ändert das etwas am Erlebnis des Schöpferischen, Produktiven? *Dieses* Erlebnis ist dem Urheber immer sicher" (S. 58f.).

„Die [von Viktor Frankl sogenannten] »Erlebniswerte« stehen auch als *»sozialgebundene* Erlebniswerte« im Mittelpunkt unse-

res Werte-Katalogs. Von zentraler Bedeutung sind dabei oft diejenigen Beziehungen, die ein Mensch bereits in seiner frühesten Kindheit hergestellt hat. (...)
Alle Menschen haben das Bedürfnis nach einem »besten Freund«. (...) Das Charakteristikum einer solchen »Beste-Freund-Beziehung« ist nicht das permanente oder regelmäßige Zusammensein, sondern die ständig lebhafte innere Bindung, die auch nach jahrelanger Trennung keine erneuten Anläufe und Angewöhnungszeiten braucht" (S. 61f.)

„Die Verwirklichung sozialer Erlebniswerte als Sinn-Erfüllung setzt soziale Ein-Ordnung voraus. Der Platz in dieser Ordnung wird durch die Aufgabe bestimmt, die man bereit ist, in dieser Ordnung zu *übernehmen.* Diese Übernahme muss innerlich bejaht werden. Nur Aufgaben, an die man bereit und fähig ist, sich *hinzugeben,* haben den motivationalen sinn-erfüllenden Charakter, der das einzelne Leben wie das Zusammenleben stabilisiert und unter Selbst-Kontrolle hält.
Der Begriff »Pflicht« gehört ebenfalls hierher. Pflichten können nur »übernommen« werden. (...) [Oft hilft nur] die Freiwilligkeit der Übernahme und die Bedeutung der Pflichterfüllung für die anderen" (S. 62).

„Sinnerfüllung im sozialen Kontakt ist so vielfältig, wie es die Ausprägungen des sozialen Daseins selbst sind. Es versteht sich, dass eine soziale Bindung, die auf Liebe beruht, die größte Sinn-Erfüllung bietet. Die Hingabe an den *einen* Menschen ist Erfüllung und Aufgabe zugleich. (...)
In der Erfahrung des praktischen Lebens und der Sinntherapie im Alltag stehen die sozialen Erlebniswerte an erster Stelle und *im Mittelpunkt* der meisten Lebensprobleme" (S. 64).

DIE WERTE-KATEGORIEN
»Sinn-Verwirklichung heißt Werte-Verwirklichung« (Frankl)

Schöpferische Werte	Sozialgebundene Erlebniswelt	Sozial-ungebundene Erlebniswelt	Einstellungswerte	Materielle und psychophysische Lebens-*bedingungen*
Verwirklichung in kreativen *Aufgaben* in einem sozialen Zusammenhang: entwickeln, organsieren, verbessern usw. Verwirklichung von Kreativität durch Werkschaffen im oder ohne sozialen Zusammenhang: entwickeln, gestalten, produzieren	Zusammensein und Zusammenarbeiten mit anderen Zugehörigkeit und Anerkennung durch Aufgabenübernahme Ansehen (Prestige) durch den Status der sozialen Rolle (durch den »Platz in der Ordnung«) oder durch kreative Leistung Hingabe an eine Person: Liebe Freundschaft	z.B. ästhetische Werte u. dgl.	Hingabe an eine Idee Religion Weltanschauung Politik u.a. Menschenwürde (auch im Leiden) (ggf. Übernahme einer entsprechenden Aufgabe, dadurch Vorbild für andere)	z.B. Einkommen, ökologische Verhältnisse als sekundäre Einflußgrößen

Elemente der Persönlichkeitsentwicklung

[Die von Frankl sogenannten] »Einstellungswerte« sind, „wie die Geschichte zeigt, stärker als die vielbesungene Liebe zur Heimat. Wenn es auch nicht in allen Glaubenskriegen tatsächlich um den Glauben, sondern öfter noch um wirtschaftliche und politische Macht gegangen ist – die Kreuzzüge sind dafür ein Musterbeispiel und die Reformationskriege nicht minder –, so sind doch zahllose Kriege aus religiösen und politischen Überzeugungen geführt worden. (...)
Nicht wir haben Einstellungen, sondern die Einstellungen haben uns, weil sie uns meist schon in unserem prägenden Alter vermittelt worden sind. Der Abbau oder die Veränderungen von Einstellungen sind ein mühseliges Geschäft. Hier kann nur die bessere, die stärkere, die überzeugendere [Haltung und Einstellung] Bisheriges ersetzen. Und auch dann wird vieles, was schon in jungen und jüngsten Jahren in das Fundament unserer Persönlichkeit eingegangen ist, offen oder versteckt in neuem Gewande wieder durchbrechen" (S. 66f.).
Darüber hinaus aber stellt Frankl „bei den Einstellungswerten vor allem den Wert des Leidens heraus" [siehe in seinem Buch Ärztliche Seelsorge] (S. 68).

„Wir können unsere Lebensprobleme und unseren Lebenserfolg *nur* unter sinnvoller Einordnung in eine Lebensgemeinschaft sowohl *verstehen* wie *lösen*. Das Muster, nach dem wir verstehen wie realisieren, ist jenes individuelle Werte-Muster, das jeder von uns in einer ganz persönlichen Weise im Laufe seiner Sozialisation in sich herausgebildet hat. Es ist ebenso Ausdruck seines Erbgutes wie seiner Erziehung, aber auch seiner ganz persönlichen Erfahrung. Dieses Muster kann er nicht mit anderen austauschen, sowie er auch keine seiner persönlichen Erfahrungen in die Biographie eines anderen einschmuggeln oder sich von anderen Erlebnisse ausborgen kann" (S. 69f.).

Lebenserfolg und Selbsterkenntnis

„Dieses Grundmuster ist *Ausdruck unserer selbst* und somit auch der Ausdruck unserer Verantwortung: Es ist das Spiegelbild unseres Selbst. (...)
Selbsterkenntnis ist, wie bereits der Volksmund sagt, der erste Weg zur Besserung" (S. 70).

„Nur aus der Deutung des eigenen Wesens, der Kenntnis des eigenen Selbst, wird jedes Verhalten, jede Bewertung, jede Schlussfolgerung, jede Entscheidung verständlich. (...)
Die Fähigkeit, sich selbst gegenübertreten und sich selbst objektiv sehen zu können, nennt man Selbstdistanzierung. So wie dies die Voraussetzung für die Beseitigung einer Vielzahl psychischer Störungen ist, so ist dies auch die Voraussetzung für eine sinnvolle Lebensplanung. Aber selbst vor Entscheidungen von nur begrenzter Reichweite sollte man die Begegnung mit dem eigenen Selbst suchen, sollte man mit sich selbst zu Rate gehen" (S. 72f.).

„Die Begegnung mit dem Selbst [heißt], sich über etwas klar werden, [und das] bedeutet vor allem, über das intuitive Wissen, das präverbale Denken hinauszugelangen und ausformuliert denken. Dazu kann ein Selbstgespräch gute Dienste leisten. Ein laut artikulierter Gedanke hört sich mitunter ganz anders an als in der bloßen Vorstellung" (S. 73).
„Wir wollen immer wieder nach dem Sinn unseres Tuns und Trachtens fragen und uns über den Auftrag klar werden, den wir mit unserem Dasein erfüllen. Was ist für uns eigentlich wirklich wichtig, (...), wer und was spielt in unserem Leben tatsächlich eine zentrale Rolle? Was treibt uns? Wo liegen unsere Ziele? Wenn wir darüber in einem meditativen Prozeß der Selbstbefragung Klarheit gewinnen – dann überkommt uns auch eine große

Ruhe, die innere Gewissheit, sozusagen wieder Kurs aufgenommen zu haben" (S. 75).

„Was wir bei der Selbsterkenntnis in erster Linie in Erfahrung bringen und in uns herausfordern müssen, ist die Antwort auf die Frage, wieweit wir bereit sind, Verantwortung zu tragen: für uns selbst, für unsere Handlungen und für andere. Das ist die entscheidende Frage in unserer [westlichen] Kultur, in der trotz aller Kollektivierung noch immer das Individuum an erster Stelle steht" (S. 77).

„Bei der Selbstprüfung spielen Hierarchien eine große Rolle: Man übernimmt leicht die Meinungen von Vorgesetzten oder überhaupt von Menschen, die einem etwas bedeuten, auch aus der Arbeitsgruppe [Partei] oder dem Bekanntenkreis" (S. 83).

[Für allerlei Meinungen] „steht der Goethesche Satz, dass nur das Ererbte zum Besitz wird, das auch erworben wurde. (...) Selbst-Ständigkeit gewinnt man nicht, wenn man mit dem Strom schwimmt. (...) Der Mensch auf der Suche nach sich selbst – oder wie Frankl sagt: auf der Suche nach Sinn – muss einen großen Teil des Weges gegen den Strom zurücklegen. Erst so erfährt er »das, was ihm zukommt«: seine Wahrheit" (S. 84).

„Erfolge sollte man nicht vom Eintreten ganz bestimmter Ereignisse abhängig machen, sondern von der Verwirklichung ganz bestimmter Werte. (...) Erfolge sind immer nur die Folge sinnvollen Handelns" (S. 85).
„Versuchen Sie laut mit sich [im Sinne eines Selbstgespräches] zu reden. Schrecken Sie vor keiner Frage zurück, die Ihnen wichtig erscheint. (...) Sie werden eine Antwort bekommen" (S. 86).

„Hören Sie sich einmal an, was Sie selbst [zu den folgenden Fragen] sagen:

Gibt es in meinem Leben Menschen, ohne die mir mein Leben weitgehend sinnlos erschiene? (...) Menschen können im Leben eines anderen eine vielfältige Bedeutung erlangen: der eine durch das Verständnis, das er für andere aufbringt; der andere durch die Aufgabe, die er für andere darstellt; der dritte durch die Liebe, der vierte durch das Vorbild ...

Gibt es in meinem Leben *Aufgaben,* die ich nicht missen möchte?

Bei manchen ist der Beruf mit einer solchen Aufgabe verbunden, mit »der Sache«, der man sich widmet und die dann zum Lebensinhalt werden kann. Man kann aber auch seinen Beruf nur als die materielle Voraussetzung für eine ganz andere Verpflichtung sehen, z.B. in der Familie oder gegenüber anderen Menschen oder für sonst eine Sache, in der man aufgeht. Auf dieses In-etwas-Aufgehen kommt es an. Gibt es so etwas bei Ihnen? (...)

Gibt es Dinge, die ich vor allem *um meiner selbst willen* tue, wo ich selbst im Mittelpunkt stehe? Was gehört dazu?" (S. 88).

„Mag ich es, manchmal einfach nur mitzumachen, eingeordnet zu sein wie andere auch, einfach Spaß daran zu haben, dabeizusein? Oder macht es mir nur dann Spaß, wenn ich dabei auch eine gewisse Rolle spiele. Bringe ich es fertig, für andere etwas zu tun, ohne dass die Betreffenden wissen, *wer* etwas für sie getan hat?

Wem nutzt mein Leben? Vorwiegend mir selbst? Vorwiegend anderen? Wenn ja: Habe ich selbst gar nichts davon? Komme ich dabei vielleicht zu kurz? Und wenn ja: Was fehlt mir dabei: Anerkennung? Entgelt? Ein größeres Betätigungsfeld? Geht es mir gut? Gut genug?

Habe ich aus meinem Leben etwas gemacht? Hier geht es um dreierlei. Erstens: Habe ich aus meinem Leben etwas gemacht – ich selbst –, oder ist mein Leben vorwiegend das Ergebnis der Einwirkungen anderer. (...) Zweitens: Habe ich aus meinem *Leben* insgesamt etwas gemacht, obwohl vielleicht noch niemals etwas geerbt habe und vielleicht auch keine überragenden Fähigkeiten besitze, die schon in meiner frühesten Jugend die ganze Verwandtschaft in Entzücken versetzt haben. Aus seinem Leben etwas zu machen ist schwieriger, als bloße Chancen wahrzunehmen oder Begabungen zu entwickeln. Ein sinnvolles Leben ist auch ohne besondere Chancen und Begabungen möglich. Drittens: Und wie steht es mit dem Erfolg? Habe ich im Leben Erfolg gehabt? Vielleicht bin ich sogar außerordentlich erfolgreich – aber – um wieder auf das Eigentliche zu kommen: Ist mein Leben in sich »ein Erfolg«?" (S. 89).

[Zwischen dem Sinnvollen und dem Erfolgsträchtigen besteht ein feiner Unterschied]. „Was sagt Ihr Gefühl, wenn Sie sich fragen:
Habe ich in meinem Leben Erfolg oder nur »Erfolge« gehabt? Wie sinnvoll war das alles? (...) Was *bleibt,* wenn Erfolge ausbleiben? Und wenn nun auf keine sogenannten Erfolge zurückblicken kann, wenn einiges eben gut, anderes aber auch weniger gut gelaufen ist: Würde ich dennoch mein Leben als *sinnvoll* bezeichnen? Wenn nein – woran hat es gefehlt? Wenn ja – aufgrund welcher Inhalte?

Gibt es in meinem Leben bestimmte *Ideen,* religiöse, weltanschauliche oder politische Überzeugungen, für die ich mich eingesetzt, vielleicht sogar schon etwas *riskiert* habe? (...) Meist kommt man dabei zu der Einsicht, dass bestimmte Überzeugungen eine sehr viel größere Rolle spielen, als man im allgemeinen glaubt, und dass sie eine sehr viel größere Bedeutung haben. (...)

Aber sind es nun die Überzeugungen der anderen, von denen wir selbst profitieren: von ihrer Ehrlichkeit, ihrer Solidarität, ihrer Rücksicht und Gerechtigkeit, die (bei allen Einschränkungen) unser Gemeinschaftsleben aufrechterhalten? Oder machen wir diese Tugenden ganz bewusst auch zu einem Ausdruck unserer selbst?" (S. 90f.).

„Wofür habe ich schon – und zwar *ohne* Urabstimmung und organisiertes Verhalten – »gestreikt«, nein gesagt und das Nein auch durchgehalten? Allein! Wo es nur mich selbst etwas gekostet hat?

Worauf stützt sich meine Selbstachtung? (...) Es lohnte sich (...) einmal eine Bilanz derjenigen Werte zu machen *für* die wir leben.

Anhand dieser Einsichten zeigt sich, wie reich wir tatsächlich sind – wie reich an Sinn-Möglichkeiten, und welche Rolle dabei die hoffentlich auch zahlreich vertretenen großen und kleinen Erfolge spielen" (S. 91).

„Ein Rückblick (...) besagt noch wenig, höchstens etwas über unsere Versäumnisse oder bisher wahrgenommenen Möglichkeiten. Das Leben liegt jedoch, wann wir auch darüber nachdenken, mit all seinen Sinn-Möglichkeiten immer wieder auch noch *vor* uns" (S. 93).

Erfolg und Leistung

„Vor den Erfolg haben die Götter die Leistung gesetzt. Leistung ist das, was wir *erbringen,* wenn wir etwas Sinnvolles vor Augen haben.

Arbeit kann man erzwingen, abschmeicheln, abkaufen – Leistung kann man nur mit Sinn aufwiegen: Wer Leistung fordert, muss Sinn bieten!

118

Leistung – im Sport, in der Kunst wie in der Arbeit – hat nur einen Rivalen: das eigene Ich. Leistung ist immer der Kampf gegen sich selbst [gegen die eigene Trägheit].

Das gesellschaftliche Konzept der »Leistungstüchtigkeit« und der sogenannten »Erfolgstüchtigkeit« entlarvt eine Vielzahl von »Erfolgen« als unabhängig von Leistung und als Folge von Irreführung und Manipulation.

Leistungstüchtigkeit ist Ausdruck psychischer Gesundheit. *Erfolgstüchtigkeit* dagegen ist Ausdruck des Misstrauens gegen sich selbst; ihr Trauma: Misserfolgsangst" (S. 95).

„Jeder kann das für ihn geeignete Feld finden, in dem er »Selbststabilisierung, Selbstverwirklichung und Selbstbekräftigung artikulieren und dokumentieren kann«, schreibt der Sozialphilosoph und Olympiasieger im Rudern (Rom 1960) Hans Lenk.

So dient Leistung vor allem der Entwicklung der Persönlichkeit, ja *Leistung ist Ausdruck der Persönlichkeit* schlechthin. Deshalb kommt es auch nicht darauf an, auf welchem Gebiet jemand etwas leistet. Viel wichtiger ist, dass er sich selbst an dem misst, was *er* erbringt, hervorbringt, aus sich macht" (S. 99).

Böckmann ist strikt dagegen, ein „Feindbild" z.B. im Bereich des Sports aufzubauen, was kurzsichtige Trainer immer wieder tun, um dadurch die eigenen Leute zur Leistung zu motivieren, denn:

„Feindbild und Hassprojektionen, für die in der militärischen Motivationspsychologie die Namen *Ilja Ehrenburg* auf der roten und *Joseph Goebbels* auf der braunen Seite stehen und die man im Sport eigentlich nur aus dem semikriminellen Boxgeschäft oder den Urwaldmythen von Rugbymannschaften kennt – sind ein untaugliches Mittel zur Leistungsherausforderung. (...) Es ist zwar nicht schädlich, an den Sieg zu glauben, aber es ist gefährlich, nur um des Sieges willen zu kämpfen bzw. um den anderen fertigzumachen: den Feind, den Konkurrenten –

im politischen, im wirtschaftlichen und im sportlichen Kampf" (S. 101f.).

„Nur dann, wenn man »ablauforientiert«, nicht aber »ergebnisorientiert« ist, wenn man »aufgabenbezogen« und nicht »wettbewerbsbezogen« handelt – entsprechend einer selbst gesetzten, nicht fremdbestimmten Aufgabe und Zielsetzung –, wenn man »eigenmotiviert« und nicht »fremdmotiviert« ist, kann man alle Kräfte in sich mobilisieren. Motivieren heißt ja nichts anderes als [von innen heraus] »in Bewegung setzen«." (S. 102f.).

„Das Geheimnis des Erfolges liegt in der Selbstdistanzierung, [nach dem Motto]: Jetzt bin ich neugierig, wer stärker ist: ich oder ich" (S. 103).
[Genaugenommen sind wir] „keine Leistungsgesellschaft, sondern eine Erfolgsgesellschaft in der vordergründigen Bedeutung des Wortes. Und wir sind [gegen Ende des 20. Jahrhunderts] eine Wettbewerbsgesellschaft mit allen Nachteilen der Fremdmotiviertheit, des Neides und des »Präsentierens«. (...) So wie das mitunter phantastische Einkommen solcher Superstars [Manager in den Chefsesseln] nicht im Geringsten etwas mit der persönlichen Leistung zu tun hat, so geht auch manche Unfähigkeit in dem ständig inszenierten Erfolgsfeuerwerk unter. Und manche bedeutende Leistung wird beim Ausbleiben des äußeren Erfolgs nicht erkannt" (S. 105).

„Professor *Horst-Eberhard Richter* fragt: »Müssen wir nicht erst einen neuen Sinn jenseits des unkritischen Fortschrittsglaubens finden, um nicht nur zu wissen, was wir abwenden wollen, sondern *wohin* wir positiv wollen?« (...) Unserer industriellen Zivilisation geht es ähnlich. Wir wissen zwar nicht, wohin die ganze Reise gehen soll, aber umso stärker drehen wir auf. In diesem Eifer sind sich alle einig: Parteien, Gewerkschaften, Verbände, Kirchen" (S. 106).

[Wir müssen erkennen lernen], „dass der Mensch dasjenige Wesen ist, das auch leiden und sterben kann" (Richter). [Es wirkt
wie Größenwahn, wenn nach einer amerikanischen Untersu-
chung] „die Mehrzahl unserer Zeitgenossen in nahezu jeder Beziehung sich als »etwas besser als der Durchschnitt« betrachtet"
(S. 107).

„Das »Erkenne-dich-selbst«-Spiel beginnt mit der *Enttarnung
der Selbsttäuschung*" (S. 108). [Sich auf Helmut Lamprecht
beziehend, heißt es weiter]: „Der Ideologie des Erfolgs liegt
wesentlich die Faszination des Quantitativen zugrunde – oder
mit dem Schlagwort der bekannten Sparkassenwerbung ausgedrückt: Haste was, biste was!" (S. 109).

„Sozial wertvolles Verhalten ist nicht mit sozialem Erfolg und
sozialwidriges Verhalten nicht mit sozialem Misserfolg verknüpft: »Zweckrationalität« und »Werterationalität« (Max Weber) entsprechen sich nicht" (S. 111).

„Die Menge jubelt schnell irgendjemanden hoch – einen Politiker, einen wirtschaftlich Erfolgreichen, den Star irgendeiner
Show. Aber sie ist bereits vom ersten Augenblick an damit beschäftigt, an dem selbstgemauerten Denkmal Risse zu entdecken, die es wieder zu Fall bringen können. Nichts nimmt sich
eine Menge [von Menschen] so übel wie ihren eigenen Beifall,
man denke heute an die Anbeter Hitlers. Die Enttäuschung, die
in solchen Abbauprozessen erkennbar wird, bedeutet im Grunde
ein Auffliegen der *Selbsttäuschung,* der man sich anfangs unkritisch hingegeben hat" (S. 111).[49]

„Massen wählen »Erfolgstüchtige«, ganz gleich, ob diese auch
»leistungstüchtig« sind oder nicht. (...) Wenn ein Politiker das
von ihm für notwendig Erachtete schließlich doch unterlässt,

---

49 Dass in diesem Satz Böckmann eigene Erfahrungen aus den Jahren 1940 – 1945
zur Sprache bringt, ist nicht zu übersehen.

weil ihm sonst ein wichtiger Teil seiner Wähler nicht mehr folgen würde, verabschiedet er sich prinzipiell von seiner »Leistungstüchtigkeit«, so überzeugend seine Wiederwahl auch verlaufen mag. Die Ausrede, wenigstens einen Teil des Programms damit gerettet zu haben, ist nichts anderes als die üblichen Rationalisierungen, der wir schon so oft begegnet sind. Wieviel wichtiger wäre es gerade für die Massen, anhand eines konsequenten Neins zu erfahren, wo nach der Überzeugung des *nur seiner eigenen Überzeugung* verpflichteten Abgeordneten, Kanzlers, Präsidenten usw. für diesen *die Grenzen der Vernunft* liegen. Nichts korrumpiert so sehr wie der Erfolg, und nichts macht so abhängig wie Erfolg" (S. 112f.).

„Um der größeren Klarheit willen, wollen wir von jetzt ab »Erfolg« immer als Inhalt von »Erfolgstüchtigkeit« und Leistung immer als den Inhalt von »Leistungstüchtigkeit« verstehen. Unsere frühere Formulierung *»Erfolg ist die Folge sinnvollen Handelns«* ist nunmehr zu ersetzen durch: *Leistung ist Ausdruck sinnvollen Handelns"* (S. 114).

„Die Abwertung materieller Gesichtspunkte [beim Thema Lohn und Geld] ist absurd. Für die Gesellschaft wie den einzelnen schädlich ist allein die Überbewertung oder alleinige Bewertung materieller Entlohnung" (S. 116).

Lebenserfolg und Persönlichkeitsentwicklung

„Die Frage nach dem Sinn ist nicht die Frage nach dem *Warum,* sondern die Frage nach dem *Wozu.* Diese Frage ist die erste, die sich die Menschheit in ihrer kulturellen Entwicklung gestellt hat, und sie wird auch die letzte sein, die sie sich stellen muss, wenn diese Entwicklung fortgesetzt werden soll" (S. 117).

„Meistens ist nur von Freiheit *wovon,* nicht aber von Freiheit *wozu* die Rede" (S. 124).

Auf Stärken und Schwächen des Selbstverwirklichungskonzeptes, nach *Maslow* und *Rogers,* Bezug nehmend, schreibt Böckmann nicht ohne bissige Ironie:

„Akademiker stellen in der Mehrzahl mit angehenden Akademikern akademische Untersuchungen an, die ihren Niederschlag in Veröffentlichungen für die akademische Schublade finden. *Veröffentliche oder gehe unter* bedeutet ja nicht unbedingt, sich einer allgemeinen Öffentlichkeit mit allgemein relevanten oder gar verwertbaren Thesen oder Ergebnissen zu stellen, sondern lediglich sozusagen die Duftmarken seines Geistes [seines Intellektes] in den umfriedeten Reservaten des Wissenschaftsbetriebs abzusondern" (S. 124).[50]

„Maslow hat einige Jahre vor seinem Tod *Frankl* bescheinigt, dass er den von Frankl dem Menschen unterstellten *Willen zum Sinn* als »die primäre Motivation«, also als das grundlegende menschliche Bedürfnis, anerkenne. Nicht Selbstverwirklichung (...) müsse man als das höchste menschliche Bedürfnis ansehen, sondern die von Frankl aus lebenslangen medizinischen und psychotherapeutischen Erfahrungen gewonnene Erkenntnis, dass der Mensch vor allem anderen danach strebe, sein Leben sinnvoll zu leben" (S. 125).

---

50 An dieser Stelle finde ich persönlich das Wort „Intellekt" passender, denn „Duftmarken seines Geistes" bedeutet für mich etwas ganz anderes: Bleibende Werke eines schöpferisch und inspiriert wirkenden Geistes, wie: Bach, Goethe, Mozart usw.

„Sinn-Erfüllung erfordert den Mut zum Risiko. Sinn-Erfüllung im Beruf ist sicher nicht nur eine Forderung, die jeder an sich selbst stellen muss, sondern die auch einer entsprechenden Arbeitsumstrukturierung bedarf. (...)

Sinn und damit Lebenserfolg – können wir uns nicht eines schönen Tages ausbezahlen lassen wie eine seit Jahrzehnten geklebte Rente. Um Sinn muss sich jeder einzelne in jeder Situation seines Lebens auf seine Weise bemühen. Einer der Wegbereiter kann die Kreativität sein" (S. 126).

„Kreativität ist ein Hinabtauchen auf den Grund der eigenen Persönlichkeit und ein Schaffen, ein Schöpfen von diesem Grund auf" (S. 127).

„Kreativität kann sich mit einer Botschaft an andere wenden und damit zweckbestimmt sein. Sie kann aber auch, zweckfrei oder zweckbestimmt, sich nur auf den Handelnden selbst beziehen. Dann hat sie Sinn und Bedeutung auch nur für ihn. In beiden Fällen ist kreatives Handeln als ursprüngliches (aus den individuellen Ursprüngen entbundenes) Handeln für den Kreativen immer sinnvoll. Im ersten Fall hat es Bedeutung auch für andere, im zweiten nicht. (...) Einer Aufgabe kann man sich *um seiner selbst willen* widmen, weil ihr Ergebnis für einen wichtig ist (ergebnisorientiertes Handeln), man kann sie aber auch *durchführen*, weil ihr Ablauf, ihre Gestaltung, einem etwas bedeuten (ablauforientiertes Handeln). Drittens kann man sie *um anderer willen* angehen (soziales Handeln).

Im ersten Fall wie im letzten kann sie völlig unkreativ sein. Im zweiten ist sie – bei kreativen Personen – meist ausgesprochen schöpferisch und wird auch nur um dieser Möglichkeiten willen unternommen. Im letzten Fall liegt ihre Sinn-Erfüllung in der Verwirklichung sozialer Werte. Kreativität ist also eine wichtige Komponente des Sinn-Systems" (S. 128).

„In einer konformistischen Gesellschaft [wie auch in totalitären Systemen] ist Kreativität unerwünscht, wenn nicht gar schlicht verboten. Zur Kreativität und damit zur Sinn-Erfüllung gehört also in erster Linie *Freizügigkeit"* (S. 129).

„Die gesellschaftlichen Strukturen, die Kreativität hemmen, sind auch dieselben, die Sinn-Erfüllung verhindern:
Den Abweichler als Außenseiter verdammen; denjenigen, der nicht mitspielen will, einen Spielverderber heißen; Ängstlichkeit, die nicht aufzufallen wagt, loben und den Auffallenden, den Herausragenden als unbescheiden tadeln; Unabhängigkeit beargwöhnen und das allseitige Sicherheitsdenken ausnutzen, um die Selbstverantwortung abzubauen und kollektive Gängelei an ihre Stelle zu setzen. Rollen- und Statuszwänge schaffen, weil sich dann menschliches Verhalten als vorhersehbarer, kalkulierbar erweist!" (S. 132).

„Kreativität heißt bekanntlich *neue* Probleme auf *neuen* Wegen zu lösen. (...) Neue Kräfte erwachsen nur an neuen Aufgaben. Eine neue Sicht entwickelt sich nur an neuen Problemen" (S. 133).

Gegenüber der nichtkreativen Persönlichkeit ist **der Kreative:**
– Innerlich freier, unabhängiger im Urteil, vorurteilsloser,
– selbstbewusster, gelassener, anspruchsloser,
– entspannter, spielerischer, spontaner,
– großzügiger, toleranter, uneitler, offener,
– zupackender, aktiver,
– mutiger, risikofreudiger, abenteuerlustiger,
– gestaltungsfreudiger, kritischer,
– enthusiastischer, leidenschaftlicher,
– phantasiereicher, gedankenvoller,
– neugieriger, lernfreudiger, experimentierfreudiger,
– ordentlicher, systematischer,

- vergangenheitsbewusster, gegenwartsbezogener, zukunfts-orientierter,
- vielseitiger, »tiefer«, grenzenloser,
- flexibler, anpassungsfähiger, ...
- sinn-bewusster" (S. 134).

„Ein gegenwartsbezogenes Leben bedeutet, zum Beispiel, dass ich zwar mit allen meinen Sinnen in dieser Gegenwart lebe und mich ihr verpflichtet weiß, dass mir aber gerade diese Verpflichtungen auch aus den Erfahrungen der Vergangenheit deutlich geworden sind (Vergangenheitsbewusstsein) und ohne Zukunftsorientierung weder ihr Maß noch ihr Ziel fänden. Eine ähnliche wechselseitige Beziehung liegt zwischen kritischem Vermögen und Toleranz vor (wenn ich zuvor nicht kritisch wäre, hätte ich hinterher nichts zu tolerieren) usw." (S. 135).

„Sinn lässt sich nicht nur rational ermitteln, Sinn muss man vielmehr sorgfältig auf die Waage der *Gefühle* legen. Sinn wird erst durch Emotionen – und unser Gewissen – *bestätigt.* (...) *Jede* Situation hat für jedes *einzelne* Individuum ihren spezifischen Sinn. Wir sprechen daher auch nicht vom »Sinn des Lebens«, (...) sondern vom Sinn *im* Leben" (S. 141f.).

„Zur Selbsterkenntnis gehört ebenso Klarheit über das, was man gern tut und kann, wie über das, wie über das, was man besser unterlässt. Man muss sich auch offen eingestehen, von wem man gemocht wird und vom wem nicht. Und vielleicht auch warum ..." (S. 150).
„Leistung wird durch Ent-Anonymisierung erst schön. (...) Überall dort, wo die unmittelbare, nicht gemanagte Leistung klar identifizierbar ist, sollte ihr Urheber auch bekannt sein, so dass die Leistung des einen nicht zur »Erfolgstüchtigkeit« des anderen beitragen kann" (S. 159).

„Das **Sinn-System** liefert uns klare Fragestellungen:
Drängt es uns vor allem nach einer schöpferischen Tätigkeit?
(...) Geht es uns mehr um »Sachen« oder um »Aktionen«? Das
wäre die Frage nach den »schöpferischen Werten«.

Und nun zu den »sozialgebundenen Erlebniswerten«:
Liegt uns daran, uns für bestimmte Personen einzusetzen? Für
welche? In welchem beruflichen oder privaten Zusammenhang?
Bestehen unter Umständen Widersprüche zwischen dem einen
und dem anderen?
Arbeiten wir lieber mit anderen zusammen oder allein? Fühlen
wir uns anderen gegenüber verpflichtet und warum? Hindern
oder motivieren uns diese Verpflichtungen?

»Sozial-ungebundene Erlebniswerte«:
Kommen durch unsere Arbeitsbedingungen anderweitige Erlebniswerte derart zu kurz, dass wir ihren Mangel als spürbare
Beeinträchtigung unserer Lebensqualität empfinden und sich
dadurch Defizite in unserer Lebensbilanz ergeben?
Wenn wir unter sozial-ungebundenen Erlebniswerten vor allem
(die auch schon von Maslow genannten) ästhetischen Bedürfnisse verstehen, also den Umgang mit bildender Kunst, mit Musik
und Literatur oder einfach Reiselust, die vor allem der inneren
Bereicherung dienen, dann befinden wir uns hier in unmittelbarer
Nähe jener Elemente zur »Persönlichkeitsentwicklung«, auf die
wir schon bei der Analyse des Leistungskonzeptes gestoßen sind.
Es gibt nicht wenige Menschen, die nach und nach geradezu
verzweifeln, wenn sie wieder einmal ein Jahr in der beruflichen
Tretmühle zugebracht haben, ohne dass eine innere Bereicherung und Entwicklung erfolgte. Diese Jahre werden dann nicht
selten zu Recht als »verlorene Jahre« bezeichnet. Mitunter gehören gerade diejenigen Menschen zu diesem Kreis, die das meiste
Geld verdient haben.

Auch wenn man bereit ist, in diesem Zusammenhang die meisten Kompromisse zu machen – meist aus »Verantwortung« gegenüber dem Unternehmen, für das man arbeitet, oder der Familie – man sollte schon vorher wissen, dass der Tag kommen kann, wo man den Betroffenen dann dieses Opfer vorwirft. Es hat also nicht viel Zweck, erst den Märtyrer zu spielen, wenn daraus eines Tages doch nur der Ankläger wird. (...) Man sollte misstrauisch gegenüber seiner eigenen Argumentation [bezüglich »Verantwortung«] werden und erst einmal Rationalisierungen unterstellen: Machst du dir hier nicht etwas vor? Hand aufs Herz! Und unsere Gefühle werden uns dann die Wahrheit über uns selbst sagen" (S. 178 – 180).

»Einstellungswerte« am Arbeitsplatz:
In der Praxis reduziert sich dieser Komplex auf drei Bereiche: weltanschaulich-religiöse Einstellungswerte, (...) gesellschaftspolitische Einstellungswerte (Demokratieverständnis), (...) und allgemeine ethische Werte, deren betriebliche Relevanz vor allem im Prinzip der Gerechtigkeit und der Legalität auf den verschiedensten Gebieten zu suchen ist. (...)
Mangelnde Gerechtigkeit macht einer Vielzahl von Unternehmensangehörigen nahezu überall in der Wirtschaft zu schaffen. Dabei entstehen ganz erhebliche Sinn-Frustrationen.
Demgegenüber werden Enttäuschungen im wirtschaftlichen Umgang mit vielerlei Rechtsbestimmungen resignativ und als offenbar unabänderlich hingenommen" (S. 180).

„Die subjektiven Empfindungen [entlang der folgenden Fragen] sind wichtig:
Was ge- oder missfällt mir? Wie sehr fühle ich mich davon persönlich betroffen – motiviert oder demotiviert? Gibt es negative Praktiken im Betrieb, die mich die Vorzüge meines eigenen Arbeitsplatzes vergessen lassen, z.B. Ungerechtigkeiten, Vettern-

wirtschaft, politische Kungeleien oder ganz konkrete Schiebungen? Gibt es andererseits positive Aspekte, die mich die sonstigen großen Nachteile meiner eigenen Arbeit vergessen lassen? (...) All das geht, ob wir es uns täglich bewusst machen oder nicht, in unsere Sinn-Bilanz ein und beeinflusst unsere Einstellung zur Arbeit, zum Arbeitsplatz und womöglich zur Gesellschaft allgemein.

Sinn, Leistung und Erfolg hängen also ebenso zusammen wie Denken, Fühlen und Handeln, ohne dass damit die einzelnen Komponenten dieser Syndrome zueinander in unmittelbare Beziehung gesetzt werden sollen.

Negativ-Einstellungen und Fehlanpassungen kann man nur ändern, wenn man den veränderten Erkenntnissen auch veränderte Verhaltensweisen folgen lässt. (...)

Der Mensch ist das, was er *will*" (S. 181f.).

Erfolg – Sinn – Moral

„Erfolg ist von Moral gewiss nicht unabhängig" (S. 203). „Erfolg ist durchaus an Moral gebunden, aber an die Moral der jeweiligen Gruppe, die Erfolg als Folge sinnvollen Handelns anstrebt" (S. 204).

„Der Handelnde braucht zur Verwirklichung seiner Ziele ein Höchstmaß an Übereinstimmung mit der Moral derer, auf die es ihm ankommt" (S. 206). Auch der Maffioso muss die Moral seiner »Familien« im Auge behalten, sonst ist er geliefert. Statussymbole, Verhaltensweisen, Wert-Begriffe sind gesellschaftsabhängig. (...) Nur ein Blinder könnte der Meinung sein, wir lebten alle in *einer* Gesellschaft.

Selbst ein scheinbar noch so einheitlicher Komplex wie die Bundesrepublik Deutschland ist ein Konglomerat von Interes-

sengruppen ineinandergeschalteter Subkulturen, die alle ihre eigene Moral haben.
Wer immer auch etwas anstrebt: Er wird es nicht ohne die Berücksichtigung der Wertbegriffe – zumindest seiner unmittelbaren Bezugsgruppe(n) – erreichen" (S. 206f.).

[In der modernen Industriegesellschaft mit ihren Interessengruppen] „kann nur partnerschaftliches Verständnis ein sinnvolles Zusammenleben und Zusammenwirken ermöglichen. (...)
Es besteht kein Zweifel, dass diejenigen, denen Sinnverwirklichung nur im Rahmen eines ethischen Gesellschaftsverständnisses möglich ist, für die Aufrechterhaltung ihrer Werte kämpfen müssen, denn Gesellschaftsabläufe können auch ohne Ethik zwangsläufig aufrechterhalten werden, etwa durch nackte Gewalt" (S. 213f.).[51]
„Menschen, die in ihrer moralischen Orientierung immer unsicherer werden, fliehen in gusseiserne Ideologien. (...)
Die Psychotherapie des »Erfolgsstrebens« und der »Misserfolgsangst« richtet sich auf Wieder-Besinnung, auf Rückgewinnung des Sinn-Bewusstseins und der Fähigkeit, sinnvoll zu handeln" (S. 214).

„Logotherapie kann man am kürzesten als Psychotherapie der Selbst-Besinnung bezeichnen.
Im beruflichen Zusammenhang bedeutet dies: Wieder-Besinnung auf die im Beruf mögliche Werte-Verwirklichung.
Ganz gleich, um welche der Werte es sich dabei handelt: Ohne Rücksicht auf den Sinn der anderen ist Sinn-Verwirklichung auch im Beruf nicht möglich.

---

51 Wie beispielsweise, sage ich, im Nationalsozialismus, Stalinismus und im Kommunismus. Dass Böckmann hier auch seine eigenen Erfahrungen mit dem Hitlerismus mitmeint, kann man nicht übersehen.

Ob der Beruf zum Erfolgsstreben bei ständiger Misserfolgsangst wird, hängt davon ab, ob es gelingt, Sinn über Erfolg zu stellen. Nur sinnvolle Aufgaben ermöglichen Leistung. Nur Leistung vermag zwischen sinnvollen wie sinnlosen Erfolgen bzw. Misserfolgen zu unterscheiden. Sinnvolle Aufgaben führen deshalb auch zum Abbau der Misserfolgsangst" (S. 223).

„Zwar kennt auch die Logotherapie eine Analyse, aber nicht der »Analytiker« analysiert, sondern der Klient: sich selbst. Der Logotherapeut bietet ihm dazu im »sokratischen Gespräch« – im Gespräch der Fragestellungen – verschiedene Wege an: Den richtigen finden und gehen muss der Klient selbst. Diese Existenzanalyse hat den Zweck, dem verlorenen Sinn im Leben wieder auf die Spur zu kommen, und dieser Sinn ist wesentlich eine ganz persönliche Aufgabe oder die Hingabe an einer Sache oder Person" (S. 224).

„Das Hinführen zu einem neuen oder das Wiederfinden eines »alten« Sinns, bedeutet doch eine meist umfassende »existenzielle Umstellung« des Klienten. (...) Um von der bisherigen Inhaltslosigkeit seines Daseins wegzukommen, muss der Klient zu einem neuen Inhalt hinfinden, oder, wie Frankl es ausdrückt: »Um an etwas vorbeizuagieren, muss ich auf etwas anderes hinagieren.« Und hierbei bedarf es einer oft recht konkreten eingreifenden Hilfestellung, die über eine rein verbale weit hinausgeht" (S. 225).

„Jedem einzelnen ist eingegeben und aufgegeben zu wachsen, sich zu entwickeln, von der Fremdsteuerung zur Selbststeuerung und Selbstverantwortung und schließlich zu Sinn-Erfüllung vorzustoßen. (...) Die Saurier leben noch (in uns) ... Das führt oft zu bestürzenden Einsichten. Anderseits machen diese aber auch deutlich, wo und wie wir uns zur Gegenwart befreien können, wenn wir die Botschaft der Urzeit richtig verstehen" (S. 246).

Böckmann ist überzeugt, – und ich teile seine Überzeugung, – dass die in jedem Menschen einprogrammierte *Möglichkeit* zur Sinn-Erfüllung als Werte-Verwirklichung in unserer Gegenwart *gelebt* werden muss, und zwar von jedem Einzelnen, wollen wir vermeiden, immer wieder auf die Ebene der Saurier – der Erdentiere – zurückzufallen. So gesehen, lässt sich die „Botschaft der Urzeit", – ein Buch von Böckmann, auf das er sich hier bezieht, – auch in dieser Form formulieren:

MENSCHWERDUNG

Tierverbunden mußt du sein,
Um den *Menschen* zu erleben. –
Geh' nur zu dir selber ein
Und bleib' nicht im Denken kleben!
Auch nicht „Rückkehr zur Natur"
Bringt dir die ersehnte Klarheit!
Und du bist nicht auf der Spur,
Suchst du „forschend" nach der Wahrheit! –

Tiernatur und ihre Kräfte
Blut und alle Lebenssäfte
Dienen *ewigen* Gewalten,
Um in dir sich zu gestalten.
In das tiergebannte Leben
Ruft den Geist *dein eigen Streben...*
Nicht bedarf es hehrer *Handlung!* –
Nur der *Wille* wirkt die Wandlung![52]

---

52 Bô Yin Râ (Joseph Anton Schneiderfranken), Über dem Alltag, Bern: Kober Verlag 1979, S. 71.

PSYCHOLOGIE DES HEILENS
Arbeit – Konflikt – Kranksein in der Industriegesellschaft
Freiburg: Herder Verlag 1982

Vorbemerkung: Die wörtlichen Zitate aus den Werken von Walter Böckmann erscheinen auch hier größer gedruckt (Times 12), während der erklärende Text von mir kleiner erscheint (Times 11). Die in eckigen Klammern zu lesenden Texte [...] sind überall Einfügungen von mir – Otto Zsok.

Heil – Heilen – Sinn

In diesem Buch thematisiert Böckmann den großen Zusammenhang: »Arbeit – Konflikt – Kranksein in der Industriegesellschaft«. Die durchaus als scharfe und zeitweise als „prophetisch" klingende Reflexionen des Autors, Anfang der 1980er Jahre ausformuliert, haben ihre Aktualität nicht eingebüßt. Böckmanns „Stimme" fordert zum Hinhören heraus.

In diesem Buch unterscheidet Böckmann zwischen zwei „Typen" von Medizinern und schreibt dazu:

„Der eine ist wissenschaftlich vorgebildeter *Künstler*, der andere ist ein ‚künstlich' – nämlich an dem Konstrukt ‚Krankheit' – vorgebildeter Wissenschaftler. (...)
Während der Nur-Mediziner mit aller naturwissenschaftlichen Erfahrung und technischen Raffinesse und einem täglich immer umfangreicher werdenden Sortiment an Instrumenten gegen den Feind »Krankheit« ankämpft, widmet sich der Arzt zuallererst der Arbeit an und mit der Person des Menschen, dessen gestörten Lebenszusammenhang es wieder heilzumachen gilt" (S. 7).

Für Böckmann bilden die Begriffe: das Heile, das Heilige, das Heil und das Heilen einen Sinnzusammenhang. Die zentrale Frage nach dem Sinn fühlend zu bedenken sowie die konkrete Sinn-Suche erleben, heißt, erkennen und anerkennen, dass es eine „Ordnung" gibt. Das Heilen aber als „Wieder-in-Ordnung-Bringen", als Wiederfinden der Ordnung stellt sich dar als Wiederfinden des Sinns und als „Selbst-Besinnung" und dies ist ohne einen tiefen Anstoß der Persönlichkeit, ohne Erschütterung nicht möglich.

Der Arzt als nur medizinischer Wissenschaftler, oder der Psychotherapeut als nur „Psychotechniker", oder der Soziologe als nur „Sozialingenieur" praktizieren eine andere Weise des Heilens als derjenige Arzt, in dessen Persönlichkeit „der wissenschaftlich vorgebildete Künstler" in Erscheinung tritt. Denn:

„Heilen ist (...) vor allem Inspiration, Übertragung eines neuen Geistes. Das ist (...) psychologisch und pädagogisch gemeint, denn Heilen ist in jedem Fall auch ein Aspekt der Menschen-Bildung und Erziehung. Nicht ohne Grund hat einer der bedeutendsten Ärzte und Psychotherapeuten, *Alfred Adler*, eines seiner Bücher ‚Heilen und Bilden' genannt" (S. 8).

Böckmann ist überzeugt: Von einem Arzt wie von jedem Psychotherapeuten gehen entweder Inspiration aus – und dann wird Heilung angestoßen, oder es werden Geräte betätigt und mechanistische Formeln [„die inhaltsleeren Formeln modischer Psychotechniken"] verwendet – dann aber kommt kein Heilungsprozess in Gang.

Zu den oben genannten vier Begriffen – das Heile, das Heilige, das Heil und das Heilen – schreibt Böckmann:

„Das Heile ist das in Ordnung Befindliche. Wir können diese Ordnung eine göttliche, natürliche, kosmische oder eine biologisch-geistige nennen, wie auch immer. (...) Wichtig ist, dass wir die Dimension des Geistigen nicht unterschlagen. (...)

Das Heil ist die Kraft, die von dem Heilen und damit von der Ordnung ausgeht. Frühere Generationen scheinen für diese

Kraft eine geradezu körperliche Empfindung gehabt zu haben (...): »Komm heil'ger Geist, kehr bei uns ein und laß uns deine Wohnstatt sein« ..." (S. 10).

Böckmann ist überzeugt, dass, wenn das historisch belastete Wort „Führer" überhaupt noch eine tiefere Bedeutung hat, dann dies: *der Heilsbringer.* Und so, in diesem Sinne führt er weiter aus:

„Er muss etwas an sich haben, über das andere nicht verfügen: *Charisma.* (...) Wollten wir *Charisma* einmal mit Ausstrahlung übersetzen, hätten wir einen ‚energetischen' Ausdruck, und damit wären wir dann unmittelbar beim Geist, der sich übertragen lässt, denn die Begeisterung, die ein Charismatiker auslöst, ist Übertragung seines Geistes auf andere" (S. 10f.)

Böckmann kennt aber auch den *Pseudogeist* und die Scharlatane, die einen „falschen Geist" ausbreiten, doch *das Echte* in der Heilung setzt sich – früher oder später – durch.

„Bedeutet das Heile etymologisch zugleich auch das *Unversehrte* (das somit Ganze, Ganzheitliche) und damit das Gesunde, so eignet ihm gleichzeitig der Charakter des ‚*unter günstigen Vorzeichen Stehende',* des ‚*auf die Zukunft Gerichteten'.*
Heil-Sein bedeutet deshalb auch immer das *im Werden Befindliche* und sich somit auch *im Werden Verändernde,* denn diese Fähigkeit ist eines der wichtigsten Charakteristiken des Lebendigen.
Die Ordnung, die das Heil kennzeichnet, ist keine von Menschen gemachte, wohl aber von Menschen erfahrbare Ordnung. (...)
Ein-Ordnen kann sich der Mensch immer nur in die gegebene, immer wieder neu zu erfahrende Ordnung, von dem er selbst nur ein Teil – oder genauer: ein Ausdruck – sein kann. Dieses Einordnen in der Heilsuche (und damit auch in der Heilungssuche)

ist deshalb immer zugleich ein Akt der Demut, mag uns dies in unserer selbstbewussten Zeit nun passen oder nicht" (S. 11f.). „Das Heilige [aber] ist die Eigenschaft des Heils, nämlich heil, in (der) Ordnung zu sein. Nur derjenige, der am Heil Anteil hat und über Heil [als Kraft der Ordnung] verfügt, kann heilen. (...) Auch der Heiler auf Erden, sei er Priester, Arzt, Psychotherapeut, muss über ganz bestimmte Kräfte verfügen, die ihm vom Glauben derer, die Heil und Heilung von ihm erwarten, „abgenommen" werden. Glaube bedeutet eine Anteil-Nahme an der Heilspotenz, über die der Heilende verfügt, und ist Bereitschaft und Willentlichkeit, das Heil – und damit auch die Prinzipien seiner Ordnung – zu übernehmen" (S. 12).

„Auch bei *Thomas von Aquin* (1224 – 1274) ist Gesundheit sichtbar gewordene Ordnung und Kranksein Un-Ordnung, aber nicht wie ‚ein Stein im Wege, sondern wie ein Loch im Wege'. Krank*sein* ist also nicht zu einem Etwas geronnene Gegenständlichkeit – die als Krank*heit* einen Kranken ‚befallen' kann, – sondern ist Nicht-Ordnung, ist Mangel. Dies entspricht durchaus auch unseren biochemischen Be-Funden: Nicht der Gallenstein ist die Krankheit, sondern die Unfähigkeit, Gallensteine zu vermeiden, ein Aus-den-Schienen-Laufen des Organismus, der mit dem Cholesterin und dem Kalk nicht auf ‚ordentliche' Weise fertig wird. Der Mangel als ‚Krankheit' hat kein eigenes Da-Sein, sondern ein So-Sein. Ein Da-Sein haben nur die Symptome. Die Verwechselung der Symptome mit dem Vorgang und dem Erlebnis des Krankseins ist daher eines der tiefstgehenden Missverständnisse des Heilsgeschehens, und hier liegt auch der Kern der Vorwürfe gegen alle mechanistischen Therapieversuche" (S. 13).

Böckmann bejaht mit *Jean Piaget,* dass wir während der langen Zeit unserer Evolution eine „Logik der Organe" entwickelt haben, die wir *Instinkte* nennen können. Wir müssen aber wahrnehmen, „was uns der

Instinkt an Erfahrung zur Verfügung stellt", welche innere Ordnung der Instinkt „offenbart". Wenn heute eine Vielzahl von Menschen, „keine Ohren mehr hat, zu hören", was der Instinkt offenbaren will, so hat dies mit einer Art „Sucht" zu tun. Gemeint ist damit, so Böckmann, „jegliche Fixierung auf ein ganz bestimmtes Surrogat, das alles andere leugnet oder hintanstellt" (S. 14), wobei die *Ideologiesucht* eine äußerst gefährliche Form von Sucht sei, weil sie die innere Leere [bestimmter Leute] und die Unfähigkeit zu eigenen Problemlösungen durch die Einverleibung irgendeines bestimmten gusseisernen Systems zu kompensieren hilft (vgl. S. 15). Entscheidend ist, das Folgende zu erkennen:

„Da [die Menschen] keine [reine] Instinktwesen mehr sind, die sich allein auf die Logik ihrer Körperlichkeit verlassen können, brauchen sie etwas anderes: nämlich die Logik eines *bewussten Lebens.*
Wenn ‚die Logik der Organe' nach Piaget der Instinkt ist, dann ist ‚die Logik des Bewusstseins' der *Sinn.*
Der Mensch ist ständig *auf der Suche nach Sinn,* wie Viktor Frankl es formuliert hat, und Sinn-Suche ist auch von einem der wichtigsten Vertreter der humanistischen Motivationspsychologie, Abraham Maslow, als ‚primäre Motivation' anerkannt worden" (S. 14).

Sinn – die Logik des Bewusstseins

In sehr anschaulichen Bildern nähert sich Böckmann dem Grundwort Sinn an, indem er die Relation Sinn und System erhellt, da für ihn der Mensch an sich schon sowohl Individuum als auch „System" ist, denn:

„Wir können jedes Individuum als ein System begreifen, das nur dann existenzfähig ist, wenn sich seine Elemente an bestimmte Regeln der Arbeitsteilung halten, wenn sie die Grenzen nach außen respektieren und wenn im Gesamtablauf der Sinn des Systems beachtet wird.

Eine Niere kann nicht plötzlich Speiseröhre spielen, militärische Sicherungsorgane sollten sich nicht von heute auf morgen die Gesamtleitung des Staates anmaßen, wie der Schwertfisch auch nicht mit dem Schwert ‚denken' kann oder der Löwe mit der Klaue" (S. 16).

Aus Sicht der Evolution, so Böckmann, gab es eine klare Ausrichtung *„von der instinktiven Selbststeuerung zur bewussten Selbstverantwortung"* (S. 16).
Das Wachstum im eigentlichen Sinne bedeutet „Erweiterung des Bewusstseins für Freiheit und Selbstverantwortung im Leben", aber auch „emotional-geistige Entwicklung, Herrschaft über sich selbst [im Sinne von Selbstüberwindung], bewusste Verfolgung von Zielen, Offenheit gegenüber dem Mitmenschen" (S. 16f.), und, so lässt sich hier ergänzen: Das klar durchfühlte Wissen darüber, dass man den Mitmenschen nicht einfach so, zum Beispiel aus rassistischen Gründen, töten oder gar ausrotten *darf*.
Ein paar Generationen von Psychologen und Psychiatern haben Böckmann zufolge das Humanum des Menschen übersehen, um die Geltung als „Naturwissenschaftler", als „Medico-Techniker" nicht zu verlieren, doch diese Entwicklung führt in die Sackgasse, und nur wenn alle Technik dem Sinn des „Systems Mensch" dient, kann sie sich produktiv auswirken. Dann erst kann Technik Sinn-Verwirklichung als Werte-Verwirklichung (wie Viktor Frankl es nennt) ermöglichen und sich der Sphäre des Destruktiven entwinden. Für Böckmann gilt:

„Der durchgängige Sinn, den das Leben als kosmisches Ereignis kennzeichnet, ist [ein] immer weiteres Fortschreiten von der verantwortungslosen Fremdsteuerung durch die Instinkte bis zur *verantwortungsbewussten Selbststeuerung* durch das Bewusstsein" (S. 18).

Ein jeglicher Heiler, der nicht nur seine Technik, sondern auch seine *Kunst* einsetzt, wird diesem allgemeinen Zusammenhang zustimmen und langsam begreifen lernen müssen, dass „Krankheit oft auch ein Sinn-Problem" ist, so Böckmann.

„ Sinn ist nämlich etymologisch ‚Reise, Weg, Erfahrung'. Nicht beliebiger Weg, sondern der Weg zu neuen Erkenntnissen: ‚hinter etwas kommen' wollen. Im Begriff der Reise liegt das Element der Bewegung, das Ausdruck alles Lebendigen und Ausdruck alles Gesunden ist. Bewegung vom Möglichen zum Wirklichen (Thomas von Aquin) oder, wie Frankl es ausdrückt, (Sinn als) Entdeckung des Möglichen vor dem Hintergrund des Wirklichen" (S. 19).

Freilich sind Erfahrungen, die mit Sinn zu tun haben, so Böckmann, immer *„individuell* und *situativ"*. Es ist der Einzelne, der den Sinn des Lebens immer in konkreten Situationen neu herausspüren kann und soll, denn:

„Der Sinn liegt in der Situation, wer ihn heraus kann holen, der hat ihn", könnte man in Abwandlung eines Dürer-Wortes zur Kunst sagen. Dabei sind die Sinn-Muster durch Veranlagung, Erziehung, Sozialisation etc. individuell entwickelt. Ein jeder kann nur nach *seinem* Muster reagieren, wobei er lernen muss, die Muster anderer zu respektieren.
Überall dort, wo Eingriffe, ganz gleich welcher Art, als das Hinwegräumen von Regenerationshindernissen verstanden werden, wird ein oft entscheidender Beitrag zum Heilungsvorgang geleistet, und die Fortschritte auf diesem Gebiet sind bewunderungswürdig. Überall dort, wo man glaubt, damit aber alles getan zu haben, wo die ‚Natur' jedoch mehr braucht als Eingriffe in die Physis, wo das Humanum Hilfe nötig hat, das auf der Intensivstation oder in der Fließbandpraxis eben zu kurz kommt, wird man die Sinn-Situation ansprechen müssen" (S. 20).

Böckmann bezeichnet es als „un-sinnig", bestimmte psychische Symptome gleich in eine klassische psychoanalytische „Kategorie" einzuordnen, denn die Nichtaustauschbarkeit des Einzelnen, das Individuum-Sein schließt ein, dass ein jeder Mensch *seinen* Sinn zu suchen und seine Sinn-Bilanz zu ziehen hat. Und derjenige, der Heilung beim anderen anregen will, „müsste eigentlich das ‚Bild' kennen, das der andere in sich trägt und das ihm ‚Sinn-Bild', ‚Leit-Bild' ist (S. 21). Der Therapeut „müsste" also das Sinn-Bild des anderen kennen, aber das sei nicht möglich und auch nicht nötig. Was als Mindestforderung genügt, ist, so Böckmann,

„dem anderen bei seiner Sinn-Suche zu helfen: durch Gespräch, durch Zuwendung, durch Akzeptierung, durch das vielfältige Bauen von Brücken, auf denen der andere zu seinem Sinn kommt – als ‚Reise', innere Bewegtheit, als ‚Weg', als aktives Suchen und Dahinterkommenwollen, als ‚Erfahrung', die man immer nur selbst machen und niemand anderem überlassen kann. An dieser prinzipiellen Einsicht scheiden sich auch alle Geister. Man könnte Therapien geradezu in sinn-suchende und rezeptpflichtige unterteilen" (S. 21).

Heilung bedeutet für Böckmann „heile Bilder" projizieren oder erwecken helfen, denn das, was ich vor Augen habe, auch und vor allem vor dem inneren Auge, das formt mich – „wir werden das, was wir schauen" (Spaemann), – zitiert hier Böckman den Philosophen *Robert Spaemann*.
Dabei ist bei allem Individuum-Sein die Beziehung zum „Wir" von hoher Bedeutung, also die Einmündung des Individuums in einen von ihm mitverantworteten sozialen Zusammenhang, der konkrete Lebensgemeinschaft ist.
Therapie (griechisch wörtlich: Dienst) ist nicht Dienst an irgendeiner Institution, nicht an der Wirtschaft, sondern muss immer „Dienst am Menschen" bleiben, damit das im Menschen erwacht, was auf eine besondere Weise „göttlich" ist, nämlich das Bewusstsein, das bewusste Sein – und darin kann das WOZU der Therapie erkannt werden. Des

Bewusstseins herausragende Funktion aber besteht darin, so Böckmann, „unter innerer Vorwegnahme der Folgen unseres Tuns verantwortliche Entscheidungen zu treffen" (S. 25). Und dann heißt es:

„Heilsuche – Gottsuche – Sinnsuche können in religiöser Beziehung durchaus unterschiedlichen Dimensionen angehören, sie können monotheistisch, pantheistisch oder atheistisch sein – die Wirkung des Heils und damit auch die Wirksamkeit des Heilens hängen stets von der Kraft des Glaubens ab, mit der ein Sinn in diesem Leben [von Geburt bis zum Tod] gelebt wird" (S. 26).

Man wird hier hellhörig, – oder zumindest geht es mir so, – wenn von der „Kraft des Glaubens" die Rede ist, denn Glaube hat keineswegs die primäre Bedeutung von „Fürwahrhalten" [z.B. von „Dogmen" oder von „religiösen Lehren"], sondern es kann, ohne Böckmann falsch zu verstehen, gesagt werden: *Glaube* ist höchste *seelische Selbst- und Lebensbejahungskraft,* oder in anderen Worten, die Bejahung des Menschen, *dass* er vom Ewigen bejaht ist: »Ich bejahe, dass ich vom Ewigen bejaht bin und stelle mich meinem Leben in Selbst-Verantwortung«. Genau das ist das von Viktor Frankl so genannte »Trotzdem-ja-zum-Leben-Sagen!«

Es sei nun versucht, die Essenz dessen zusammenzufassen, was Böckmann zum Grundwort **„Geist"** schreibt.

Während Psyche die Steuerung des Organismus darstelle, sei der Geist „die Instanz für Verantwortung." Im Element der Verantwortung erblickt Böckmann den substanziellen Unterschied zwischen Tier und Mensch. Und dann nur ist ein Mensch „ganz" (oder „heil" und „gesund"), wenn seine Verantwortungsinstanz *Geist* lebendig funktioniert bzw. sich lebendig auswirkt. Damit sei der Geist zugleich auch eine Art Sinn-„Organ", sagt Böckmann in Anlehnung an Frankl, und fügt dann hinzu:

„Der Geist des Menschen entscheidet über Bedeutungen des Sinnvollen, Sinn-losen, Un-Sinnigen, und mit seinem Bekenntnis zum Sinn entscheidet er sich auch für die Verantwortung" (S. 27).

„Wahrheit heißt etymologisch ‚das, was mir zukommt'. Wahrheit ist somit etwas an die Persönlichkeit eines Menschen Gebundenes, und jeder Mensch hat ‚seine Wahrheit'. Wenn Sinn und Werte immer schon zusammengehört haben, dann auch Sinn und Wahrheit" (S. 30).

„Bei jeglichem therapeutischen Akt ist es dieselbe Kraft, die mobilisiert werden muss, von der aller Glaube an Ordnung – Lebensordnung, Ordnung des Organismischen – ausgeht. (...) Wo dieser Glaube nicht existiert, und zwar auf Seiten des zu Heilenden wie des Heilers (wobei der Glaube des Heilungsuchenden wichtiger ist), da darf man getrost alle Hoffnungen fahren lassen. Wer diesen Glauben [als höchste seelische Selbstbejahungskraft] aufgegeben hat, der hat damit auch sich selbst aufgegeben. (...)
Das Sinnvolle, das dem Heilerfolg vorausgehen muss, ist die Wiedereinordnung des Menschen in den Heilszusammenhang, und dies setzt Glauben voraus" (S. 36f.).

„Als Begegnung mit der Gottheit ist das antike Theater auch immer unmittelbare Auseinandersetzung mit dem Lebens-Sinn und damit heilende, heilige Handlung, die Selbstkontrolle, Nachjustierung des eigenen Verhaltens und ein Wieder-in-Ordnung-Bringen erlaubt. (...)
Die großen Medizin-Denker aller Zeiten von Hippokrates über Aristoteles und Thomas von Aquin bis in unsere Zeit haben Heilen immer als ein Wieder-in-Bewegung-Bringen und Gesundheit als geordnetes Fließen [der Lebenskraft] betrachtet. So muss also auch eine Störung, eine Stockung durch Erschütterung und Anstoß überwunden werden" (S. 41).

Walter Böckmann ist überzeugt: Entscheidend für die Heilung seien die Ausnahmesituation und der Entschluß, „sich einem drängenden

Lebensproblem aus eigenem Antrieb zu stellen", denn es sei naiv anzunehmen, „dass die vollsozialisierte ärztliche Versorgung mit dem vierteljährlichen ‚TÜV-Besuch' auf Kassenkosten schon irgend etwas mit aktiver Gesundheitsvorsorge zu tun habe" (S. 43). Böckmann zufolge handelt es sich hier vielmehr um eine routinierte Konsumhaltung, und der Arzt tritt hier dann als Tabletten-Dealer und als Sozialingenieur in Erscheinung.

Die im Gesundheitswesen vielfach vorhandene Not wirklich wendende Gesundheits-Vorsorge, so Böckmann, muss sich [endlich!] Gedanken machen „um die *geistigen* Voraussetzungen ihres Bemühens, und *Geist* ist bekanntlich die Instanz für *Verantwortung* (vgl. S. 44). Wohltaten eines [damals 1980] „totalen Versorgungsstaates" seien Sackgassen, denn eine intakte Gesellschaft brauche ein „erhebliches Maß an Selbstverantwortung jedes einzelnen Bürgers" (S. 45). Es sollte gelingen, so Böckmann, „den Menschen aus der ich[bzw. ego-]besessenen Konsumhaltung wieder zu einer selbstverantwortlichen Wir-Haltung zu bringen." Dies sei „eine der wesentlichsten Aufgaben der humanistischen Psychotherapien, die damit zu einem Stabilisierungsfaktor individueller wie gesellschaftlicher Art und einem wichtigen Helfer des wirklichen Arztes werden" (S. 46).

Therapie versteht Böckmann „als Führung zur Umerziehung" und er führt dazu Folgendes aus:

„Psychotherapie verändert über das Wort, sagt man. (...) Nicht das Wort verändert, sondern der Sinn eines ganz bestimmten Wortes in einem ganz bestimmten Sinn-Zusammenhang. (...) In dem Augenblick, wo in einem konkreten Therapiezusammenhang nur ein ganz bestimmter Inhalt Veränderung bewirkt, ist es das *Spezifikum* dieses Inhalts, was wirkt, sein Sinn. (...) Ist es also ein bestimmter Wortsinn, eine Wortbedeutung, dann verändert dieser Sinn, ganz gleich, ob ich ihn als Wort ausspreche, aufschreibe, in Taubstummensprache übersetze oder nonverbal szenisch in einem Bild- oder Erlebniszusammenhang unterbringe. Habe ich es aber erst einmal mit einem – wie auch immer zum Ausdruck gebrachten – Sinn-Bezug zu tun, dann ist das

Konstrukt ‚Reiz-Reaktions-Mechanismus' obsolet: denn Sinn ist Ur-Sache und nicht Symptom" (S. 47).

In Anlehnung an *Sigmund Freud,* der den Satz, *„Wo Es war, soll Ich werden",* geprägt hatte, steuert Walter Böckmann auf eine Umzentrierung dieses Satzes zu und sagt: *„Wo Ich ist, soll Wir sein",* bzw. werden. Gemeint ist damit:

„Das Herausrücken des Ich aus dem neurotischen Zentrum des Erlebniszusammenhangs und Konzentration auf etwas anderes: eine Aufgabe, eine Sache, eine Idee – oder einen anderen Menschen oder andere Menschen überhaupt, für die man da ist und die den Neurotiker sein Ich vergessen lassen, dessen permanente Streichung ihm zum Bedürfnis geworden ist.

Nur eine konsequente Abwendung von der Subjektiviertheit [von der Ego-Zentriertheit] des Erlebens, bei dem alles und jedes auf das eigene [kleine] Ich bezogen wird, zu einer Objekt-Orientierung, bei der das Subjekt Mit-Spieler und Mit-Erleber – aber nicht Drehbuchautor, Schauspieler und Regisseur zugleich ist – weist den Weg zu der Neuordnung einer verfahrenen Lebenssituation (S. 48).

„Dabei ist es nicht die Erkenntnis des Zusammenhangs, das bloße Bewusstsein z.B. eines frühkindlichen Traumas, das etwas bewirkte, sondern allein das neue sinnvolle Handeln, das aktive Erreichen eines neuen Ufers und nicht die Rückschau auf das alte. Einsicht ist der erste Schritt *zur* Besserung, mehr nicht. Die „Besserung" selbst besteht dann aus sehr vielen Schritten und ist nicht selten ein sehr langer Weg, bei dem nur ein neues Ziel (Adler), ein wiedergefundener Sinn (Frankl), die Überwindung der Ichzentriertheit (Perls), Aussicht auf Erfolg bieten. Nicht die Registrierung des Traumas von gestern.

Irgendwann muss jede Therapie auf das Aha-Erlebnis zusteuern, das jedoch der zu Heilende haben muss. (...) Denn nur darauf kommt es an: Das bisherige Problem einmal mit anderen Augen sehen, das Ich aus dem Zentrum zu verweisen; die Situation, in der man sich befindet, einmal als Feld mit vielen Mit- und Zusammen-Spielern zu begreifen und mit den Augen der anderen zu sehen, sich selbst und seine Wünsche und Vorstellungen neu zu bewerten. Das heißt WIR-Akzeptanz. Sinn-Verwirklichung als Werte-Verwirklichung ist nie ohne die Beachtung des Sinn-Zusammenhangs mit anderen möglich. Sinn ist immer auch der Sinn der anderen" (S. 49). – Oder, wie man noch sagen könnte: ein »Sinn des Wir« (Otto Zsok).

Über den Konflikt, den die naturwissenschaftlich orientierte Medizin, – die letztlich niemals *nur* eine Naturwissenschaft sein kann, – in sich selbst trägt, schreibt Böckmann hochaktuelle und scharf formulierte Sätze. Sie sprechen, ob im Gesundheitswesen oder in der Politik, diejenigen an, die vom Menschen als *ein wesentlich geistiges Wesen* fühlend wissen. Böckmann schreibt:

„Für eine echte Geist-Wissenschaft (im logotherapeutischen Sinne), wie es die Psychotherapie aller Spielarten nur sein kann, wird es nie die Exaktheitsnachweise – und damit auch keinen Exaktheitsanspruch – wie in den Naturwissenschaften geben können, und auch bei letzteren reduziert sich der eigentliche Grad der ‚Exaktheit' auf ein vorher verabredeten Maß. So sind im Grunde genommen alle statistischen Methoden in den psychotherapeutischen Untersuchungen *absurd,* sagen sie doch – hier weniger als in irgendeinem anderen Bereich – nur etwas über den Homunculus Durchschnittstyp aus, den es *in natura* nicht gibt. Aber in welchem konkreten Fall will man mit nicht-adäquaten Erkenntnissen helfen? Hier ist es der mathematische Lustgewinn, der wieder einmal umgekehrt proportional zur Relevanz der Inhalte ist, wie so oft in der Psychologie. Die Flucht in die Mathematik und der Wissenschaftsaufweis Computer ‚gestützter' Aussagen ist in manchen (sicher nicht in allen) Fällen mit ein Zeichen für die selbstverordnete Schizophrenie in dieser Branche" (S. 59).

Exkurs: GRENZE DER STATISTIK

Dabei, so kann ergänzt werden, hat schon der namhafte amerikanische Psychologe, *Gordon W. Allport* (1897 – 1967) auf die Fragwürdigkeit der Statistik in der Psychologie hingewiesen, als er schrieb:
Man müsse sich in der Psychologie klar machen „dass die persönlichen Gestalten der Individualität *einzigartig* sind. Die Psychologie der Persönlichkeit würde gut daran tun, dies als ihr erstes Gesetz anzuerkennen." Methoden der „statistischen Signifikanz haben es mit einer großen Population von Menschen zu tun, nicht mit dem Einzelfall.
Gesetzt, eine Gruppe von hundert Deliquenten in einem Gefängnis hört den Aufseher die folgenden Worte sagen: ‚Ihr Leben im Gefängnis ist eine Vorbereitung für ihre Rückkehr in die Gesellschaft.' Gesetzt weiter, wie es wahrscheinlich ist, neunundneunzig der Gefangenen lachen still über die ‚Beruhigungspille' und vergessen prompt die Worte. Statistische Psychologen würden vielleicht sagen, dass es ein Gesetz ist, dass fromme Ermahnungen keine Wirkung haben. Und in einem gewissen Sinne haben sie Recht.
Aber gesetzt, dass die Worte auf *einen* Mann Eindruck machen und ihn auf den Weg echter Umkehr bringen. Was wird der Statistiker sagen? Dass dies ‚durch Zufall' kommt, und dass dies Ereignis nicht ‚statistisch signifikant' ist? Eine solche Antwort wäre absurd. Tatsache ist, dass in diesem Fall eine wichtige Kausalbeziehung existiert. Es mag ein seltenes (vielleicht ein einziges) Ereignis sein, aber es ist vollständig gesetzmäßig – ein unvermeidliches Ereignis, wenn man die psychische Gestalt der *Person* betrachtet, auf welche die Worte Eindruck machen.
Und so schließen wir, dass wir uns nicht durch engherzige Definitionen von Wissenschaft einschüchtern lassen dürfen. Es ist die Pflicht der Wissenschaft, das zu erhellen, was *ist,* nicht nur das, was konventionell oder traditionell ist. Lange bevor die Methode der Naturwissen-

schaft ihre beherrschende Stellung in der Psychologie erreichte, gab es einen alten Sinn von *Scientia*. Er schrieb keine Methode vor und setzte keine Grenzen; er bedeutete einfach Wissen."[53] –

Bedenkt man das hier Gesagte, versteht man auf Anhieb, wenn Böckmann der *Empathie* und der *Introspektion* in der Psychologie und Psychotherapie eine zentrale Rolle zuschreibt. Nur durch die Anerkennung und Anwendung dieser zwei besonderen Methoden könne und dürfe sich Psychologie als *empirisch* und zugleich als human oder *humanistisch* bezeichnen, konkludiert Böckmann. Er schreibt wörtlich:

„Das Du der Psychotherapie [auch der Logotherapie und Existenzanalyse] ist das ganz konkrete [einmalige und einzigartige] mitmenschliche Du, um das wir uns zu kümmern haben, und wenn wir damit zugleich eine christliche Pflicht erfüllen (‚Was ihr dem geringsten meiner Brüder getan habt, das habt ihr mir getan!'), dann umso besser (S. 61).

Unter den psychotherapeutischen Ansätzen scheint mir der Logotherapie deshalb eine besondere Bedeutung zuzukommen, weil die Sinn-Problematik offensichtlich in der überwiegenden Anzahl aller Krankheitszustände *eine* Rolle spielt, ganz gleich wie man versucht, dem jeweiligen Spezifikum psycho- oder physiotherapeutisch gerecht zu werden. Möglicherweise ist Sinn-Frustration überhaupt das Charakteristikum *jedweden* Mangels im Lebenskonzept, und den Mangel hatten wir ja mit *Thomas von Aquin* als die pathogene Situation schlechthin kennen gelernt.

Mit der von *Viktor E. Frankl* entwickelten existenziellen Durchforschung der Lebenssituation des Patienten wird die persönlichkeitsstrukturelle, soziale und soziokulturelle Bedingtheit des

---

53 Gordon W. Allport, Gestalt und Wachstum in der Persönlichkeit, Meisenheim am Glan: Anton Hain Verlag 1970, S. 10f.

Patienten im Hinblick auf eine neue Sinn-Findung durchschaubar gemacht, und zwar im Sinne einer Selbst-Besinnung und Wieder-Besinnung, die nicht der Therapeut indoktriniert, sondern der Patient für sich [mit Hilfe des Therapeuten] entdeckt, aufdeckt" (S. 63).

„Mit jedem therapeutischen Bemühen gilt es, soweit erforderlich, jenen energetischen Prozess einzuleiten oder zu fördern, der in jedem Menschen angelegt ist, sofern dieser sich noch nicht selbst aufgegeben hat" (S. 65).

Sich auf den italienischen Pädiater *Guido Franconi* beziehend, ist Böckmann überzeugt, dass der Therapeut ganzheitlich oder „multikonditional" denken und handeln muss, will er dem *homo patiens* wirksam helfen. Der biochemische Einzelbefund ebenso wie die kulturelle Lage, in der der Patient lebt und wirkt, – aber auch seine geistige Orientierung, – alles muss „in unsere Beurteilung des krankhaften Zustandes des Patienten einbezogen werden" (S. 65). Böckmann fährt dann so fort:

„Nach einer fünfzigjährigen medizinischen und medizinisch-publizistischen Tätigkeit schrieb Franconi gegen Ende seines achten Jahrzehnts:
‚Immer mehr ist mir bewusst geworden, wie wichtig es ist, dass der Patient an sich selbst und an seine physische wie psychische Gesundheit *glaubt*. Der moderne Arzt läuft Gefahr, die magische Seite seiner Tätigkeit angesichts des gewaltigen Fortschritts der somatischen Medizin zu vernachlässigen'" (S. 65). –

Gesagt ist hier, dass der Glaube aus sich die magische Kraft erzeugt, welche – öfters als man annimmt – Heilung bewirken kann. Im Menschen sind – in Latenz – magische Kräfte verborgen, die *der Glaube als höchste Selbstbejahungskraft der Seele* zur Auslösung bringen kann. Nicht anders lässt sich auch die Wirkung des religiösen Ritus – der sogenannten „Kultmagie" – erklären. Dieser existenzielle Aspekt bei der Heilung wird von einer rein technischen und naturwissenschaftlichen Medizin vernachlässigt oder wohlwollend belächelt. Genau darauf verweist Guido Franconi, den Böckmann oben zitiert hat.

„Die Persönlichkeit des Arztes stellt mit ihrer Zuwendung und ihrer Erfahrung einen wesentlichen Faktor des Heilens dar. (…) Die *totale* Entsorgung durch den Staat mit ihrer Eliminierung der Selbstverantwortung ist *einer* der Axtschläge an die Wurzel einer gesunden Gesellschaft, wie sie die psychologischen Voraussetzungen der Heilung im weitesten Sinne untergräbt. „Gesundseinwollen und in einer gesunden Gesellschaft leben sind seit eh und je mit Opfern [mit Verzicht] verbunden gewesen, ganz gleich, ob man diese Opfer den Göttern oder seinem eigenen Geldbeutel und durch eine verantwortungsbewusste Lebensweise sich selbst und der Gemeinschaft erbringt, durch die man lebt" (S. 67).

„Der Wille zur Gesundheit kann nur Sache des einzelnen selbst sein" (S. 68).

Arbeit – Konflikt – Krankheit

„Hinter menschlicher Arbeit steht immer der ganze Mensch, (…), vor allem auch seine Bereitschaft und Fähigkeit zur Verantwortung. Menschliche Arbeit ist *Leben in der Verantwortung.* (...) Damit aber haben wir bereits ein wesentliches Sinn-Element berührt, und so erhebt sich die Frage, was denn *Sinn* der Arbeit sei, wenn wir ihren *Zweck* einmal ganz einfach als Überlebensvorsorge bezeichnen" (S. 71).

[Beim Menschen kommt es auch bei der Arbeit darauf an], „Werte – und damit Sinn – zu verwirklichen. (...) Der geistig Gesunde *sieht* ebenso wenig sich selbst wie der körperlich Gesunde sich selbst *spürt*. (...) Sache der Psychotherapie ist in vielen Fällen erst einmal zu der Fähigkeit zu verhelfen, Aufgaben überhaupt wieder übernehmen zu können und kontaktfähig zu werden" (S. 73).

„Sinn-Erfüllung in der Arbeit beginnt dort, wo die Arbeit Aufgabencharakter bekommt. (...) Arbeit ist nicht trübselige Plackerei, (...) sondern etwas hinter sich bringen, etwas schaffen, etwas erreichen, sich mit etwas durchsetzen, sich abmühen (nicht nur körperlich, sondern auch mit einem ,Problem'), über Widerstände triumphieren" (S. 74).

„Mit Fug und Recht sprechen wir davon, dass Arbeit geleistet werde, denn Arbeit als kulturanthropologisches Problem ist auch immer wieder ein sich selbst Überwinden, ein über sich selbst Hinauswachsen. Und eben das nennen wir *Leistung*. (...) Leistung beruht stets auf Freiwilligkeit und kann nur aus eigenem Antrieb *erbracht,* aber nicht gezwungen werden" (S. 75).

„Leistung ist abhängig von der Erkenntnis des Sinnvollen, denn: *Wer Leistung in der Arbeit fordert, muss Sinn in der Arbeit bieten.* Eine Arbeit, die unter qualvollen Bedingungen geleistet werden muss, ist genauso wenig sinnvoll wie eine unbezahlte oder eine Arbeit, die den Menschen auf ein mechanisch reagierendes Maschinenwesen reduziert" (S. 78).

„Kann man Rentabilität nur unter unerträglichen Bedingungen erreichen, so sollte man das Wirtschaften *lassen.* (...) Verteilungskampf darf niemals nur Verteilung von Geldwert bedeuten, sondern auch von Lebensqualität, und zu dieser rechnet der *Sinn der Arbeit* in allererster Linie, denn Arbeit ist für den Menschen mehr als nur Ausdruck eines bloßen Überlebenstriebes. In sinnvoller Arbeit erfüllt der Mensch sein Leben, denn, wie die Bibel sagt, *wenn es köstlich gewesen, dann ist es Mühe und Arbeit gewesen"* (S. 79f.).

„Nennen wir das ‚subjektive Erleben' [des höher entwickelten Tieres und des Menschen] *Psyche,* dann ist das zwar immer noch bezüglich seiner stofflichen Grundlage etwas Körperliches, aber doch von einer eigenen Dimension. Eine weitere – *andersartige* – Dimension ist das, was wir nach Frankl als *Geist,* als *Instanz für Verantwortung,* bezeichnen. (...) Bewusstsein, Selbstbewusstsein und Selbstverantwortung stellen eine neue, eigene Dimension dar" (S. 89).

Hier kann man mit Frankl vom Geistigen als eigenständiger ontologischer Dimension sprechen und damit von einer *Dynamis,* von einer Kraft. Die Grundbestimmung des Geistes nämlich, so schreibt Max Scheler an einer Stelle, sei *„seine existentielle Entbundenheit vom Organischen,* seine Freiheit, seine Ablösbarkeit von dem Bann, von dem Druck, von der Abhängigkeit vom *Organischen,* und auch von seiner eigenen triebhaften Intelligenz."[54] Und deshalb vermag der Geist, sich vom Psychophysikum zu distanzieren. Frankl zufolge sind Selbstdistanzierung und Selbsttranszendenz die spezifischen, eigentlich humanen Fähigkeiten, welche bei der Überwindung von Krankheiten eine nicht geringe Rolle spielen. – Damit zurück zu Böckmann.

„Persönlichkeitsmerkmale sind auch mitentscheidend dafür, wie ein Konflikt überhaupt bewältigt wird. (...) [Untersuchungen zeigen], „dass Ärger als körperliche Affektion gravierender zu sein scheint als Angst, sofern letztere nicht zur [Dauer-]Panik ausufert" (S. 92f.).

---

54 Max Scheler, Die Stellung des Menschen im Kosmos, Bonn 1991, S. 38.

„Nehmen wir einmal an, ein ganz bestimmter Vorgesetzter, der einen Arbeitnehmer unausgesetzt schikaniert, taucht auf. Entsprechend der Dreidimensionalität [des Menschen] als Körper-Psyche-Geist Wesen signalisiert die Psyche als Bereich der Wahrnehmung und Reizverarbeitung: Gefahr!

Das bereits sehr komplexe Signal ‚Gefahr' ist an ganz bestimmte Erscheinungsformen gebunden, von denen ein Teil durchaus einmal auch unter der Schwelle unserer bewussten Wahrnehmung liegen kann. Dann haben wir eben nur ein ‚ungutes Gefühl'.

In der nächsten [dritten] Dimension, der Bewusstwerdung durch den Geist, erfolgt die Feststellung: Sinnlosigkeit (als Beispiel). Gegen diesen Vorgesetzten ist nicht anzukommen. Es gibt keine Beschwerdeinstanz im Betrieb. Es gibt aber auch keinen anderen Arbeitsplatz, auf den man ausweichen könnte. Die Verantwortung gegenüber der Familie gebietet, so lange wie möglich auszuharren und die Schikanen hinzunehmen" (S. 91f.).

[Die Reaktionen der einzelnen Menschen in den zahllosen Situationen des Lebens] „sind unterschiedlich: Beim Misslingen einer Arbeit, bei einem ablehnenden wichtigen Bescheid, im persönlichen Wettbewerb mit einem Konkurrenten, beim Auftreten eines Krankheitssymptoms – an allem kann man wachsen, aufgehen oder untergehen.

So emotional das Erleben auch ausfallen mag, zu einem sollte man sich in jedem Fall durchringen: zu einer objektiven Bewertung. Objektiv heißt in diesem Fall die nüchterne Beschreibung der Umstände, die schlimmstenfalls eintreten könnten, ganz gleich, welche Gedanken man sich auch immer macht. *Was kann schlimmstenfalls passieren* – diese Formel ist oft geradezu eine Zauberformel, weil sie die Beurteilung mancher Situationen entscheidend verändern kann" (S. 95).

„Psychosomatosen sind ein Ausdruck der Flucht in die Krankheit. Tritt man diese Flucht halbwegs im Bewusstsein dessen an, was wirklich dahintersteckt, dann ist so eine ‚Krankheit' ganz heilsam.[55] Während nämlich die Infektion heilt, heilt meist auch der auslösende Konflikt: Man bekommt Abstand von der irritierenden Belastung, geht in sich und hat sich vielleicht nach dem Sinn des Ganzen gefragt, und damit steht man dann wieder über den Dingen" (S. 98).

„Heilen ist vielfach konkretes Helfen: Klären, Vermitteln, Besorgen, Vertreten, Verteidigen, zur Seite Stehen, zur Stelle Sein. Nur der gelöste Konflikt bedeutet Heilung, Wiederherstellung der Ganzheit der bis dahin unheilen Situation; die Heilung auf dem Nebenkriegsschauplatz ‚Organismus' ist nichts anderes als eine ‚flankierende Maßnahme'. Dabei kann durchaus im Einzelfall die Heilung der letzteren der ersteren vorausgehen, aber sie würde nicht von langer Dauer sein, wenn das eigentliche Problem ungelöst bliebe.

Eine große Rolle für den Effekt der Heilung spielt die Bewertung der physischen Ausprägung des Konfliktes, eben das Erlebnis des Krankseins selbst, durch den Kranken.

Im Vordergrund steht dabei *der Wille,* gesund werden oder krank sein zu wollen. Will jemand gesund werden, so ist selbst ein körperlicher Zusammenbruch als Folge eines Konfliktes nicht sonderlich problematisch, sofern es nicht gleich um Leben oder Tod geht. Auch zum Teil schwere Unfälle oder lebensbedrohende Krankheitserscheinungen werden dann nur als ‚Zwischenfall' bewertet, und der Wille zur Gesundheit triumphiert auch über

---

55 Psychosomatosen sind psychisch bedingte, aber körperlich ausgeprägte Reaktionen, bei denen Organbeschwerden im Vordergrund stehen. Der Kranke fühlt sich psychisch unangefochten, vermag aber (häufig) die Ursachen des Konfliktes nicht zu erkennen, schreibt dazu Böckmann (S. 94).

den Verlust von Gliedern und ein Leben im Rollstuhl. Denn Amputierte, ja selbst Gelähmte, sind ja keine Kranken, sondern Versehrte" (S. 100).

Sinn der Krankheit – Sinn des Leidens und der Arzt

Böckmann erörtert eine Situation, in der dem Arzt auffällt, dass seine naturwissenschaftlichen Kenntnisse nicht ausreichen, um zu helfen und „dann bewährt sich einzig und allein seine personenhafte Fähigkeit zur Menschenführung" (S. 115). Das bedeutet, so Böckmann weiter, dass Heilung eine neue Dimension bekommt.

„Heilen kann dann ganz einfach heißen, dass dem Menschen geholfen wird, zu einer neuen Lebensweise zu finden, und die Freiheit des Menschen wiederherzustellen, Entscheidungen zu treffen, und das trotz eines vielleicht weiterbestehenden beeinträchtigten Zustands. Zu diesem Zustand muss der Patient dann eine Einstellung finden, und gerade *in dieser neuen Einstellung* kann für ihn ein ganz konkreter *Sinn* enthalten sein" (S. 115).

„Die Sinn-Findung im Kranksein und im Leiden kann möglicherweise von Handlung in *Haltung* übergehen, dann nämlich, wenn es nichts mehr zu tragen, sondern nur noch zu *ertragen* gilt und es weniger um das Was als um *das Wie des Leidens* geht. Von dem Therapeuten verlangt dies Achtung vor dem Kranken, Mitempfinden, aber nicht Mitleid; vom Leidenden Dulden ohne Verzweiflung, Trotzen ohne Auflehnung" (S. 124).
„Es geht um Sinn-*Findung,* nicht um Sinn-Indoktrination. (...) Die subtile Aufgabe besteht darin, den Patienten für diese (in seinem Leben mitunter letzten) Werte zu sensibilisieren und die Verantwortungsbereitschaft dafür herauszufordern und vorzubereiten.

Dazu bedarf es gar nicht immer einer besonderen ‚Sternstunde'
im Gespräch mit dem Patienten, mitunter genügt eine ‚*Sternmi-
nute*' oder gar nur ein ‚einziges' Wort" (S. 125).

Böckmann hebt hervor, dass ein solches Wort nur derjenige sprechen kann, der „echt" ist, und, dass dies für alle gilt, die „*führen,
lehren, erziehen und heilen.* (…) Die Patienten erwarten vom Arzt,
dass er auch ein echter Menschenführer ist und nicht nur ein naturwissenschaftlich agierender ‚Mediziner'" (S. 125), sagt Böckmann
und fügt hinzu: Das Echte sei das, was niemals untergeht, das eine
ewige Ordnung habe, denn nur das Geordnete habe auch Bestand.
Er betont ebenso, dass auch die *Ehe* als „ewige" Ordnung bestehen
müsse. Böckmann bringt hier seltene, aber sehr wichtige Begriffe ins
Spiel, wie: Äonen, Ewigkeit/Echtheit und unauflösliche Ordnung,
die aber nicht Starrheit bedeuten, „sondern Gang und Wandel. Der
Echte bleibt zwar der, der er *ist,* aber dieses Sein bedeutet ein Weiter-
wachsen und ein sich Wandeln in seinem Leben und an seinem Leben" (S. 126). Und dann, so Böckmann weiter, können wir uns über
die Weisheit der Sprache „wieder einen Zusammenhang erschließen,
der in wenigen Begriffen weiterführt, als manche umfangreiche Ab-
handlung:

- Gesundheit als *Ordnung*
- Echtheit des Heilers als Teil der *ewigen* Ordnung
- Das Ewige als ewig sich *wandelnde* Ordnung
- Heilen als *Wieder-in-die-Ordnung-Bringen*
- Sinn-Suche als Suche nach einer *neuen Ordnung* und Sinn-
  findung als Wiedereinordnung
- Sinn als *Reise, Weg, Erfahrung,* als Suche nach der *Wahrheit,*
  nach dem, *was einem* in der Werte-Ordnung *zukommt*
- Sinn als Verwirklichung der für den einzelnen *verbindlichen
  Werte,* wobei diese Werte ihn mit der Ordnung *verbinden"* (S.
  126).

[Bei entsprechender Ausbildung des Arztes, des Psychotherapeuten und des Pflegepersonals erfolgt ein sorgfältig aufeinander abgestimmtes Verhalten gegenüber dem Kranken], und dann aber „muss jedes Wort und jede Geste *ärztliche* Hilfeleistung und nicht nur medizinische Maßnahme sein" (S. 127).

Das Gespräch »Arzt – Patient« hat Böckmann zufolge nicht nur psychologische Bedingungen, – Empathie, Wertschätzung, Echtheit, – sondern es muss auch inhaltlich stimmen.
Den Menschen, wie er wirklich ist, habe die Medizin noch nicht in den Blick bekommen, und wird ihn auch nicht ganzheitlich betrachten können, solange für den Arzt nur Physik und Chemie als Grundlagenwissenschaften gelten. Man müsse begreifen, so Böckmann weiter, dass die individuelle Bedeutung, die Gegenstände, andere Menschen und Ereignisse im Leben eines jeden etwas Zentrales ausmachen und sie seien nicht bloß subjektiver Schein, sondern die eigentliche Realität, der sich die Wissenschaft des ärztlichen Handelns stellen müsse, betont Böckmann mit Verweis auf einen Artikel von *Jürgen-Peter Stössel* im „Bild der Wissenschaft" (vgl. S. 128).

Fazit: Eine rehumanisierte Medizin anerkennt die Notwendigkeit, „bei *jedem* Patienten das Kranksein in seinen Wechselwirkungen zwischen somatischen Erscheinungen, psychischem Erleben und sozialem Geschehen zu berücksichtigen. Dabei lassen sich subjektive Äußerungen der Betroffenen aus der wissenschaftlichen Betrachtungsweise nicht nur nicht ausklammern, sondern sie rücken im Gespräch Arzt – Patient sogar in den Mittelpunkt. (…) Der Arzt muss zeigen können, dass er mit der einmaligen und nicht austauschbaren Persönlichkeit seines Patienten und deren Subjektivität etwas anfangen kann. (…) Empathie ist nicht bloßes Einfühlungsvermögen, sondern ein inneres Sichöffnen und ein Akzeptieren des anderen, und das Inbeziehungsetzen der verschiedenen Entstehungs- und Ablaufbedingungen des Krankseins ist keine Frage der [bloßen] Intuition, sondern des erhellenden Gesprächs" (S. 128f.).

„Ein erfülltes Leben ist ein Leben mit immer neuen Antworten auf immer neue Herausforderungen und Chancen. Der körperliche Zustand dabei ist nur ein Aspekt, und nicht einmal der entscheidende. Man muss etwas tun *wollen* und etwas werden *mögen* – man muss also anfangen mit seinem Sosein. Worin man dann sein Heil sieht, das bleibt jedem überlassen, aber dass man irgend etwas sucht und findet, anstrebt und verwirklicht, das entscheidet darüber, ob ein Leben einen Sinn hat. Dieser Sinn ist nicht anhängig von dem, was wir landläufig Gesundheit nennen, wohl aber ist Gesundheit sehr oft vom Sinn abhängig. (...) Ein jeder kann in eine Situation geraten, in der nur Besinnung hilft, Sinnsuche. ,Der Sinn liegt *in* der Natur, *im* Leben, wer ihn heraus kann reißen, der hat ihn', könnte man sagen in Abwandlung eines Dürer-Wortes über Kunst. Heilen heißt deshalb Hinführen zum Sinn, Hilfe bei der Sinnsuche, und Heilsein bedeutet, eingebettet sein in den Sinnzusammenhang, der unser Leben mit dem der anderen verbindet. (...) Heilen durch den Sinn heißt Herstellung einer neuen Ordnung im Leben, und dies geht Kranke ebenso an wie Gesunde, den einzelnen genauso wie die Gesellschaft.
So wie diese Gesellschaft sich wieder als eine *Gemeinschaft* begreifen muss, wenn sie wieder heil werden will. So muss sich auch der einzelne als Glied einer Gemeinschaft erleben können, wenn er seinen Sinn finden will" (S. 154f.).

„Sinn-Erfüllung ist ohne die anderen nicht möglich. (...) Heilung durch den Sinn ist auch Erfahrung des anderen, in der unmittelbaren symbiotischen Beziehung, wie sie zwischen Mutter und Kind herrscht oder in einer unauflöslichen Lebenspartnerschaft.

Aber auch in jeder anderen Verbindung zwischen Menschen, die auf innerem Engagement beruht, wird etwas von diesem Sinn spürbar, der da heilt. (...)

Heilung durch den Sinn ist auch Absage an manchen modischen oder ideologischen Firlefanz von der Überindividualisierung und Aussteigerei bis zur permanenten Konfrontation. (...) Heilung durch den Sinn schließt immer die nüchterne Einschätzung der Realität ein – illusionslose, wenn auch nicht glaubens- oder hoffnungslose Erfassung der tatsächlichen Gegebenheiten, aber auch des dem Menschen Möglichen, denn auch dies – und gerade dies – gehört zu seiner Wirklichkeit.

Heilen war schon immer eine Kunst. Und so ist auch Heilen durch den Sinn letztlich die Kunst des Möglichen vor dem Hintergrund des Wirklichen, wie Frankl Sinnsuche und Sinnfindung umschrieben hat" (155f.).

WER LEISTUNG FORDERT, MUSS SINN BIETEN
Moderne Menschenführung in Wirtschaft und Gesellschaft
Düsseldorf: Econ 1984

Vorbemerkungen. Diese nicht ganz zutreffende Kurzformel lautet in der längeren Formulierung von Böckmann so:
„Wer Leistung in der Arbeit oder auf welchem Gebiet auch immer fordert, muss Sinn-Verwirklichungsmöglichkeiten bieten." Sachkundig, sensibel und verständlich entfaltet hier Böckmann seine Gedanken.
Im Folgenden werden Texte – wiederum in Auswahl – aus dem oben genannten Buch zitiert. Hier merkt man erneut, dass Böckmann durch die Begegnung mit Viktor E. Frankl und seiner Logotherapie und Existenzanalyse zutiefst befruchtet wurde. Seine logotherapeutische Schulung hinterlässt die Spuren in diesem Buch, ohne dass sein eigenes Profil deshalb verschwindet. Die Zitate werden aus der Taschenbuchausgabe (1990) entnommen.

Führung – Leistung – Motivation (S. 9 – 92)

„Die bloße Steuerung von Sachabläufen ist Leitung (S. 9).
Wir [Deutschen] stehen aus jüngerer Vergangenheit dem Begriff »Führer« misstrauisch gegenüber. (...)
[Doch] in der Praxis hat sich [inzwischen] eine rein hierarchische Unterscheidung von Leitung und Führung eingebürgert. Dabei steht Führung über Leitung; die Geschäfts*führung* trägt die Verantwortung für das Unternehmen insgesamt" (S. 10).

„Führung richtet sich auf eine anders beschaffene Aufgabe als Leitung, *Führung ist etwas prinzipiell anderes als Leitung* (S. 11). Führen heißt – Vertrauen schaffen" (S. 13).

„Leitung ist die Steuerung von Sachabläufen. Führung ist die Steuerung von sozialem Handeln" (S. 15).

„Je höher die Position in der Unternehmenshierarchie ist, um so geringer darf die Beherrschung – wenn auch nicht das Verständnis – der zur Anwendung gelangenden Techniken sein, und um so größer muss die Fähigkeit sein, andere zu führen und zu motivieren" (S. 17).

„Dem Begriff Leitung sind technisch-sachliche Abläufe zugeordnet. Dem Begriff Führung ist die Zusammenarbeit mit Menschen zugeordnet. Führung beruht immer auf unmittelbaren zwischenmenschlichen Beziehungen. Führung muss gerade in einer computergeleiteten Zeit um- so intensiver werden, je umfassender sich die Anonymität der elektronischen Medien ausbreitet. *Führung ist deshalb in verstärktem Maße Zukunftsaufgabe"* (S. 19).

„Leiten/Leitung fragt zweck-bezogen: Welcher allgemeine Nutzen wird erwartet?

Führen/Führung fragt sinn-orientiert: Welche individuelle Bedeutung hat das Handeln für den einzelnen Beteiligten?

Leitung begründet Ko-Ordination. Kriterium: Kosten/Nutzen-Analyse. Die Akzeptanz der Zielsetzung des Handelns kann erzwungen werden.

Führung begründet Ko-Operation. Kriterium: Sinn-(Bedeutungs-) Analyse. Die Akzeptanz der Zielsetzung der Führung wie der Person des Führenden muss freiwillig erfolgen.

Leitung heißt: objektive Kosten/Nutzen-Bedingungen schaffen. Leiten wie: klären anordnen, systematisieren, vorzeichnen, vormachen, vorberechnen.

Leiten ist: Handeln unter Kosten/Nutzen-Bedingungen, und das heißt, handeln unter objektiv messbaren Ablauf- und Ergebniskriterien.

Führen heißt: individuelle Motivationsbedingungen schaffen.

Führen wie: erklären, begeistern, überzeugen, helfen, ermöglichen, vorleben, vorbedenken.

Führen heißt motiviertes Handeln, nämlich handeln unter individuellen Leistungsbedingungen" (S. 20 – 21).

„Ein wichtiges Kriterium von Führung ist: Klarheit und Akzeptanz des Zieles. Als Adolf Hitler 1933 die Macht übernahm und ihm die Mehrheit der Parteien des Deutschen Reichstags durch das Ermächtigungsgesetz einen Blankoscheck auf die Zukunft ausstellte, tat sie das unter anderem aufgrund des erklärten Friedenswillens dieses ‚Führers'. Er hatte damals noch nicht erkennen lassen, dass er eines Tages Millionen von Juden – Männer, Frauen, Kinder – ins Gas schicken würde, ob nun hinter dem Rücken des Volkes oder angesichts wer-weiß-wieviel tausend Mittäter und Mitwisser. So konnte *Helmut Gollwitzer* nach dem Kriege sein Buch erscheinen lassen mit dem Titel:»Und führen wohin du nicht willst«.

Es ist die Akzeptanz der Ziele, die darüber entscheidet, ob man es mit Führung oder Verführung zu tun hat. (...)

Führung unterliegt immer der Gefahr, in Verführung oder Diktatur umzuschlagen, und zwar immer dann, wenn die Ziele der Führenden und der Geführten nicht mehr übereinstimmen. Das betrifft alle Organisationen, die zwar einen Eintritt, aber keinen Austritt ermöglichen, seien sie ideologischer, religiöser oder wirtschaftlicher Art" (S. 24 – 25).

„Wir grenzen Motivation und Motivieren ganz scharf gegen verführendes Manipulieren ab.

Den manipulierten Leistungsbegriff wollen wir von seinen Verzerrungen befreien und ihn wieder zum Schlüsselbegriff in der Dreiheit *Leistung – Sinn – Werte* aufgehen lassen" (S. 26).

Leitung fragt

nach dem Objekt (was soll geschehen)

nach dem methodisch-technischen Aspekt
(wie wird der Ablauf strukturiert)

>   Leitungstechniken

>   z.B. die verschiedenen »Managements by . . .« und andere
>   fälschlicherweise »Führungsmodelle« genannten Techni-
>   ken (z.B. »Harzburg«)

nach dem Zweck
(welcher allgemeine Nutzen wird erwartet)

Leitung begründet Ko-Ordination

Kriterium:

>   Kosten/Nutzen-Analyse
>   Die Akzeptanz der Zielsetzung des Handelns kann er-
>   zwungen werden

Leitung heißt
objektive Kosten/Nutzen-Bedingungen schaffen

Leiten wie

>   klären
>   anordnen
>   systematisieren
>   vorzeichnen
>   vormachen
>   vorberechnen

Handeln unter Kosten/Nutzen-Bedingungen heißt handeln unter
objektiv meßbaren Ablauf- und Ergebniskriterien

Führung fragt

nach dem Subjekt (wer soll handeln)

nach dem psychologisch-motivationalen Aspekt
(wie wird die Motivation mobilisiert)

Führungsstile

soweit sie mitarbeiter-orientiert und auf Motivation gerichtet sind (z.B. bei dem kooperativen Führungsstil) und nicht bloße Verhaltensmuster sind (zum Beispiel der autoritäre Führungsstil)

nach dem Sinn
(welche individuelle Bedeutung hat das Handeln für den einzelnen Beteiligten)

Führung begründet Ko-Operation

Kriterium:

Sinn-(Bedeutungs-)Analyse
Die Akzeptanz der Zielsetzung der Führung wie der Person des Führenden muß freiwillig erfolgen

Führen heißt
individuelle Motivationsbedingungen schaffen

Führen wie:

erklären
begeistern, überzeugen
helfen
ermöglichen
vorleben
vorbedenken

Motiviertes Handeln
heißt handeln unter individuellen Leistungsbedingungen

„Die Motive eines Menschen kann man nicht beobachten – beobachtbar ist nur sein Verhalten" (S. 29).

„Zuhören überzeugt in der Politik wie im Wirtschaftsunternehmen oft *mehr als predigen.* Überdeutlich wird dies im therapeutischen Bereich. Nicht der Arzt allein soll reden, sondern vor allem der Patient, und in Kliniken sollen die Ärzte am Krankenbett *nicht über* den Patienten sprechen, sondern *mit ihm.* Vor allem aber sollen sie ihn reden und sich aussprechen lassen." (S. 31).

„Verhalten ist abhängig von Motivationen. Letztere kann man nicht beobachten, man kann nur durch das Verhalten auf sie schließen. (...)
Motivationen sind immer ein Bündel von Motiven und situativen Herausforderungen. (...) Motive sind über längere Zeiträume verfestigte Einstellungen, die im allgemeinen auch nur wieder über längere Zeiträume zu verändern sind. (...)
Die Motive des Anzusprechenden sollte man kennen und anerkennen. Sie in den Führungsprozeß bei vereinbarten Zielen miteinzubeziehen ist die *Kunst* der Führung" (S. 32).

„Über allen *Zweck* hinaus muss es ja für den Geführten auch noch einen *Sinn* geben. (...) Sinn und Zweck sind keinesfalls so identisch wie unser üblicher Sprachgebrauch (...) vermuten ließe. Es muss eine psychologische Komponente geben, die unabhängig vom Zweck und ganz konzentriert auf *Sinn* hin motiviert, und dies ist »Leistung«" (S. 33).

„Über sich selbst und das Gewohnte und Übliche hinauswachsen, spielerisch erproben, wann und wie man an die Grenzen seiner Möglichkeiten gelangt, freiwillig Anstrengungen um seiner selbst willen übernehmen – das ist Leistung. Die Erprobung des

164

Möglichen vor dem Hintergrund des Wirklichen, nennt es Frankl. *Das ist konkrete Sinn-Suche in der Arbeit,* kurz: *Leistung.*
Aber nicht nur Leistung »macht Sinn«. Mitunter kann auch das Gegenteil der Fall sein: Mit einem Wuppertaler Werkmeister besuchte ich eines Tages einen seiner italienischen Kollegen im Mailänder Zweigwerk eines deutschen Unternehmens. Die beiden Fachleute kamen sehr schnell miteinander ins Gespräch. Thema: Wechsel der Arbeitsinhalte am Band. Während der deutsche Werkmeister davon berichtete, dass er spätestens alle 6 Wochen Umbesetzungen vornehmen müsste, weil sonst seine deutschen Arbeiterinnen vor Monotonie ausflippten, rang der Italiener entsetzt die Hände. Entsetzt sagte er: »Um Himmels willen, wenn ich das täte, kratzten mir meine Frauen die Augen aus. Die tun ihre Arbeit längst so mechanisch, dass sie alle Aufmerksamkeit ihren vielfältigen Gesprächen widmen können. Die kommen ja nicht, um zu arbeiten, sondern um zu reden«!
In der Tat herrschte in Mailand ein reges Getratsche und Gekicher, während man in Wuppertal mit emsiger Aufmerksamkeit hantierte und kaum jemand mal ein Wort sprach. [Der feine Unterschied zwischen der italienischen und der deutschen Mentalität?]
Der *Sinn der Arbeit* bei den italienischen Frauen war der *soziale Kontakt* in der Arbeit, der Zweck war Geldverdienen. Hätte man ihnen diesen Sinn genommen, wäre ihnen das Geldverdienen zur Qual geworden.
Ich habe dieses Gegenbeispiel hier deshalb erwähnt, um zu zeigen, dass *Sinn nicht immer Leistung erfordert,* wohl aber *setzt Leistung immer Sinn voraus.*
Dabei müssen wir gerade im Bereich der Arbeit Sinn immer streng von *Zweck* trennen [streng unterscheiden]. Etwas völlig Zweckloses kann nichtsdestoweniger höchst sinnvoll sein und umgekehrt" (S. 35).

[Zwischenbemerkung. Ein katholischer Pfarrer, der am Süddeutschen Institut für Logotherapie in Fürstenfeldbruck Logotherapie studierte, sagte: „Ein Gottesdienst im Gefängnis mit den Gefangenen ist völlig zwecklos, aber höchst sinnvoll." – Mir leuchtet dieses Beispiel unmittelbar ein – Otto Zsok].

„Dem fanatisch auf Werkschaften eingestellten Künstler, [z.B. Arno Breker im Dritten Reich], dem Ingenieur, dem theoretischen wie angewandten Wissenschaftler geht es oft so sehr um seinen [sehr subjektiven] Sinn, dass er den moralischen Kontext völlig aus den Augen verliert. Sinn muss ja nicht unbedingt etwas Ethisches sein. Ökologisch völlig blinde Ingenieure, psychologisch stumpfe Architekten, ideologisch verrannte Politiker sind Musterbeispiele dafür. (...)
Niemand, der etwas Gefährliches tut, ob er Gifte fabriziert, Atomanlagen baut oder Waffen installiert, kann sich ja mit der Formel frei sprechen: »Das habe ich nicht gewollt!« – wenn einmal eine Katastrophe eingetreten ist. (...)
Die Interdependenz allen Tuns, heute vor allem die internationalen Verflechtungen in Wissenschaft, Technik, Wirtschaft und Politik, machen jeden an einer Sache Beteiligten zum Mitschuldigen, auch den nur untätigen Mitwisser.
In welchem Maße der einzelne bereit ist, solche und andere Schuld auf sich zu nehmen, aber auch Opfer zu bringen (...), darüber gibt allein sein ganz persönliches Sinn-Konzept Aufschluß. Wenn Sinnsuche, nach Frankl, die *primäre* Motivation ist, dann ist Sinnstreben kein einzelnes Motiv, sondern *die Grundlage jeglicher Motivation überhaupt* – im Guten wie im Bösen, immer individuell und abhängig von einer konkreten Situation. Dabei können noch so viele »Zwecke« keinen Sinn ersetzen" (S. 36f.).

„Gerade die Wirtschaft, in der Zweckmäßigkeit so groß geschrieben wird, muss sich deshalb immer wieder bewusst diesem Sinnstreben stellen – sonst produziert sie eben auf längere Sicht »am Kunden vorbei«. Die ökologische »Revolution« heute [1984] ist geradezu ein Musterbeispiel für eine Neubesinnung, für die Unterordnung des Zwecks unter die Forderungen des Sinns. Zum anderen kann aber auch das Arbeiten selbst in der Wirtschaft ein Arbeiten »am Sinn vorbei« sein. (...)

Wer Leistung in jeder Art von Arbeit fordert, ob in der Industrie, Verwaltung oder Politik, *muss Sinn bieten,* und hierzu ist *Führung* nötig, [und zwar] Führung als Steuerung von Zusammenarbeit. (...)

Leistung aber folgt selbstgesetzten Zielen, deshalb heißt »etwas leisten«, [nicht in Konkurrenz zu anderen zu handeln, sondern] im Wettbewerb mit sich selbst zu stehen.

»Leisten« steht [demnach] im Zentrum des sinn-zentrierten Denkens und Handelns. Die logotherapeutische Erfahrung lehrt, (...) dass der Mensch nur dann zur Sinn-Erfüllung kommen kann, wenn er fähig ist, sich *von sich selbst zu distanzieren und über sich selbst hinauszuwachsen.* (…)

„Übernimmt jemand eine Aufgabe, so gibt er sich selbst und seine eigensüchtigen Interessen damit auf – er geht, wie man anschaulich formuliert, in seiner Aufgabe auf" (S. 38f.).

„In solchen Situationen findet der Mensch Sinn im Leben, und deshalb beginnt im Grunde genommen auch jede therapeutische – wie führungsmäßige – Überlegung mit der Frage nach der geeigneten Aufgabe, die Hingabe und damit auch Leistung (die ggf. »Heilung«) ermöglicht. (...) Dieses Sich-Distanzieren von seinem Ego, ist die Voraussetzung dafür, dass ein Mensch in einem solchen ich-distanzierenden Aufgabenhandeln auch über sich selbst (über seinen Egoismus, über seine Lebensstörungen) hinauswachsen kann, körperlich wie geistig. Wobei »geistig« hier *keine* rationalen oder intellektuellen Fähigkeiten, sondern *Dimensionen der menschlichen Verantwortung* meint" (S. 39).

[Aber]: „Verantwortung ist nicht gleich Verantwortung. Verantwortung gegenüber Aufgaben, vor allem, wenn diese religiösen oder ideologischen Charakter haben, schließen sehr häufig äußerste Rücksichtslosigkeit gegen Mitstreiter, Mitläufer oder gar Widerstrebende und Widersacher ein. Wir werden immer wieder bei unseren Überlegungen zur Sinn-Orientiertheit darauf stoßen, dass die auftauchenden Inhalte zunächst durchaus wertfrei im Sinne von Ethik oder Moral genommen werden müssen. Ihre diesbezügliche Besetzung erfahren sie erst, wenn wir die Frage nach dem konkreten situativen und damit auch gesellschaftlichen und kulturellen Zusammenhang stellen: Erst dann verschaffen sich auch die jeweils überindividuellen ethischen Wertmaßstäbe Geltung" (S. 41).

„Charakteristikum [oder subjektive Merkmale] von **Leistung** ist, dass sie

– freiwillig erbracht wird,
– ein Hinauswachsen nicht über ein fremdes Soll, sondern über selbstgesetzte Ziele bedeutet,
– aufgrund der Freiwilligkeit ein Ringen mit sich selbst und mit der eigenen Schwäche darstellt (und keinen Konkurrenzkampf mit anderen),
– beim Träger – bei aller Anstrengung und Konzentration – Freude und [gesunden] Stolz erzeugt" (S. 42).

„Bei meinen Betriebskontakten in der Sowjetunion bin ich häufiger gefragt worden, auf welche Weise man die Leistungsbereitschaft der Arbeiter verstärken könnte, deren (nicht überall) verbreitete Uninteressiertheit ein ernstes Problem für Wirtschaft und Gesellschaft der Sowjetunion darstellt. (...)
Meine Antwort war immer eindeutig:

– Klare eindeutige Leitung,
– akzeptierte Führung.
– Führung im Sinn-System mit:
– Akzeptierten Zielen,

- akzeptierten Methoden,
- anerkannten Fachqualitäten,
- anerkannten Persönlichkeiten.
- Aufgabenhandeln und Sinn-Erfüllung nach individuellen –
  und nicht nach kollektiv vorgeschriebenen – Wertmaßstäben"
  (S. 43).

„Die Sinn-Frage kann sich jeder nur selbst beantworten. So lässt sich zwar auch Leistung mit Geld stimulieren, aber nur dann, wenn eine sinnvolle Verwertung dieses Geldes möglich ist: Geld als Mittel zum Sinn.

Sinn ist somit individuell und situativ. Man kann ihn nicht liefern oder verordnen, noch auf Rezept verschreiben, noch durch unternehmensinterne Stellenbeschreibungen und Führungsanweisungen vorschreiben. Er muss vielmehr vom Individuum selbst gesucht und nach eigenen Maßstäben verwirklicht werden" (S. 44).

„Objektive Bedingungen des Leistungshandelns:
Es muss die Möglichkeit des *Gelingens* oder *Misslingens* geben, das heißt:
Die Leistung muss auf einem *Schwierigkeitsmaßstab* als Gradmesser der *Anstrengung* beruhen, und diese muss einem *Gütemaßstab* entsprechen.
Dabei muss der *Urheber* erkennbar und das Ergebnis von diesem sowohl *beabsichtigt* wie auch *zustande gebracht* worden sein" (S. 45).
„Menschen setzen sich für kleinere Arbeitsgruppen stärker ein als für große Gruppen. (...) Je kleiner eine solche Gruppe ist, umso enger das Zusammengehörigkeitsgefühl. (...) Der Erfolg mancher Unternehmer hängt davon ab, in welchem Maße es gelingt, ein *Unternehmen als Organismus kleiner Gruppen zu strukturieren*" (S. 52).

[Es hat sich vielfach gezeigt], „dass eine Vielzahl der Arbeiter die Arbeitszufriedenheit aufgrund der *sozialen Bedingungen* der Arbeit empfand (es handelte sich dabei um ein Stahlwerk). Das Erlebnis von Kollegialität, von Solidarität, von Zusammengehörigkeit war es, das ein Gefühl von Sinn-Haftigkeit hervorrief (S. 55).

Ein Betrieb ist keinesfalls nur ein Produktionsaggregat auf Zeit, nämlich für die Dauer eines technischen Marktkonzeptes. (...) Ein Unternehmen ist nicht zuletzt eine Lebensgemeinschaft" (S. 55f.).

„Auch der Staat ist ein Organismus, und seine hauptsächlichsten Organe sind in einer Industriegesellschaft die Unternehmen. (...) Lebende Organismen kann man nicht beliebig einschrumpfen lassen, auflösen, wieder zusammenfügen wie einen Haufen von Amöben, die sich mal zu biologischen Vielzellern verbinden und mal wieder auseinanderlaufen, je nachdem, wie es um die Nährsuppe bestellt ist, in der sie herumschwimmen (S. 56).

Flexibilität im Ein- und Kaputtschrumpfen von Arbeits- und Lebensbeziehungen – ist sinnlos. Flexibilität schließt auch den sozialen Besitzstand ein; die Forderung nach prinzipieller Erhaltung des einmal Erreichten ist ebenso lebensfremd wie der rigorose Umgang mit gewachsenen sozialen Gemeinschaften" (S. 56).

„Mit Frankl sprechen wir immer wieder vom *Sinn im Leben,* und dieser erfahrbare Sinn ist, wie alle motivationalen Beziehungen, an das Individuum gebunden, an dessen ererbte wie erlernte Motive und an den Herausforderungscharakter der jeweiligen Situation. Die Summe aller im Leben als sinnvoll erlebten Situationen (wobei eine Situation nur ein paar Sekunden dauern kann oder jahrelang wie eine Ehe oder eine Arbeitsbeziehung), mag dann als »Ernte der ganzen Zeit«, als Sinn des jeweiligen individuellen Lebens, gewertet werden" (S. 57).

„Da man so gut wie nie die Motive, fast immer aber die Situation beeinflussen kann, erfolgt Motivierung durch Führung auf dem Wege der Situationsgestaltung. (...) Das Umsetzen in Handlungen, das Operationalisieren von Sinn, kommt nach Frankl als Verwirklichung von Werten zustande.

Sinn – z.B. in der Arbeit – entsteht dadurch, dass der Arbeitende
– ein Werk schafft bzw. eine übernommene Aufgabe erfüllt = *produktiv/kreative Werte*
– bei der Arbeit sinnvolle soziale Bindungen, also Kollegialität und Solidarität, erlebt = *soziale Erlebniswerte*
– und/oder darüber hinaus auch bestimmten ideellen Zielen nachstrebt, wie sie ihm seine politischen, religiösen oder sonstigen Überzeugungen oder ästhetischen Auffassungen nahe legen = *ideelle Werte.*

Gegebenenfalls arbeitet er, um Geld zu verdienen (Zweck), das es ihm ermöglicht, sich Sinn außerhalb seiner Arbeit »zu kaufen«"[56] (S. 60).

„Gruppenbedingungen verwirklichen im allgemeinen mindestens zwei der oben genannten Wertemöglichkeiten: Eine, die mit der Gruppenaufgabe als Arbeitsinhalt zusammenhängt, und eine weitere, die in dem Erlebnis von Kollegialität in der Gruppe begründet ist. (...) Der Rückkoppelungseffekt, wie er sich in der *Anerkennung durch die Gruppe* ergibt, führt zu einem verstärkten *Sinn-Erlebnis"* (S. 61).

„Frankl berichtet von einem Experiment mit amerikanischen Jugendlichen in Ferienlagern, die man mit einer falsch verstandenen Konkurrenzideologie völlig auseinandergebracht, ja gerade-

---

56 Missverständliche Formulierung von Böckmann, darum setzt er selbst den Ausdruck in Anführungsstrichen.

zu in verfeindete Gruppen zerlegt hatte. (...) Erst als eines Tages der Verpflegungsnachschub des Lagers stockte und im Sumpf und Morast steckenzubleiben drohte, (...), entwickelte sich unter dem Eindruck einer gemeinsamen Not und der sich daraus ergebenden gemeinsamen Aufgabe spontan ein neues Gefühl umfassender Solidarität, und die bis vor kurzem befeindeten Gruppen ziehen jetzt buchstäblich wieder »an einem Strang«, nämlich an demjenigen, mit dem sie nun ihren (Verpflegungs-)Karren wieder aus dem Dreck zogen (S. 63).

[Fazit]: Soziale Erlebniswerte waren es also, die sich als der letzte Kitt in einer solchen Situation erwiesen hatten" (S. 63).

„Leistungspsychologische Erkenntnisse, die zugleich Führungshinweise beinhalten:

1. Der persönliche Einsatz eines einzelnen nimmt zu, wenn die Ergebnisse auch erkennbar auf den Urheber zurückgeführt werden können und nicht in einem allgemeinen Ergebnis untergehen.

Alternative: Es sei denn, daß das Gruppenergebnis als gemeinschaftlicher Erfolg über das Eigeninteresse gestellt wird. Rückmeldungen sollten deshalb genau unterscheiden, ob eine Motivierung für einen individuellen Einsatz oder zur Steigerung von Gruppenanstrengungen und Gruppenstolz dienen soll.

2. Schwierigkeiten bewältigt man dadurch am besten, daß man sie in möglichst viele ‚Einzelprobleme' und Lösungsschritte unterteilt und diese in der Reihenfolge der Dringlichkeit angeht. Manches erledigt sich dadurch von selbst, anderes erscheint isoliert nicht halb so schwierig wie im Gesamtzusammenhang.

Das Aufzeigen von realistischen Lösungsschritten reduziert mögliche Angst und ist somit meist schon ‚die halbe Lösung'.

3. Die richtige Motivierung einzelner setzt eine gewisse Kenntnis der personentypischen Erfolgsorientierung voraus. Für den richtigen Umgang mit Hochleistungsmotivierten hier einige Spezialtips (das Herausfinden solcher typischen Persönlichkeitsmerkmale sollte man geübten Psychologen anvertrauen): Hochleistungsmotivierte sollte man möglichst unter sich lassen. Man erkennt jene unter anderem daran, daß sie in der Lage sind, auf größere Belohnungen (nicht unbedingt im materiellen, sondern im verhaltens-/lerntheoretischen Sinn) warten zu können und nicht, wie weniger Motivierte, auch kleinere Sofortzuwendungen zu bevorzugen. Mißerfolg-Meidende und Minder-Motivierte sollten dagegen in gemischten Gruppen arbeiten (Erinnerung: Gruppeneffekt, wie zuvor ausführlich dargestellt!).

4. Die Aussicht auf Erfolg setzt sich zusammen aus der jeweiligen Motivation (Motive x situative Voraussetzungen einschließlich eventueller besonderer Anreize) und der geschätzten Wahrscheinlichkeit des Gelingens.

5. Erfolgreiche Erfolgsorientierte müssen ab und zu einmal auf die Nase fallen, da bei ihnen von Mißerfolgen Leistungsanstöße ausgehen; weniger Erfolgsorientierte erklären sich Mißerfolge entweder abergläubisch als persönliches Schicksal (»mir geht ja immer alles schief«), oder sie schieben sie auf situative Gegebenheiten: »Unter diesen Umständen konnte daraus ja nichts werden.«

6. Freiwilligkeit stimuliert nicht nur das Erfolgsstreben, sondern unterstützt auch das Behalten bzw. Wieder-Zurückkommen auf unerledigte Aufgaben. Aufgenötigte Aufgaben pflegen leichter vergessen zu werden.

7. Der Grad der Leistungsmotiviertheit verändert sich mit der Erfolgswahrscheinlichkeit:
Hochmotivierte werden am stärksten bei einer Fifty/Fifty-Wahrscheinlichkeit angeregt; zu leichte Aufgaben stacheln sie nicht an, zu schwere erst recht nicht, denn dann ist die Aussicht gering, sich durch Erfolg bestätigt zu fühlen.
Mäßig Motivierte hingegen werden durch eine Aussicht 50:50 eher abgeschreckt, während sie sehr leichte Aufgaben nicht abhalten – schwere allerdings auch nicht: offenbar, weil dann die Entschuldigung bei Nichtgelingen auf der Hand liegt und die Schwere der Aufgaben für sie automatisch Entlastung vom Erfolgsdruck bedeutet.

8. Hochmotivierte schätzen ihre Fähigkeiten objektiver ein, da sie damit offenbar mehr Erfahrung haben. Sie setzen sich prinzipiell auch mehr Leistungssituationen aus als andere.
Weniger Motivierte irren dagegen in der Beurteilung ihrer Fähigkeiten öfter. Das liegt vor allem wohl daran, daß sie auch dazu neigen, bei Mißerfolgen die Ursache entweder in der zu schweren Aufgabenstellung oder in mangelnder spezieller Begabung oder in der Ungerechtigkeit der Umwelt zu suchen.

9. Bei weniger Motivierten ist der Einsatz nach einem Mißerfolg größer, ebenso die Ausdauer und die Bereitschaft zur erneuten Aufnahme dieser Aufgabe.
Die dritte Gruppe der niedrig Motivierten verzeichnet zwar nach einem Erfolg größere Anstrengungen, hingegen wird die Ausdauer eher nach einem Mißerfolg größer, während dieser jedoch die Bereitschaft zur Wiederaufnahme einer solchen Aufgabe verringert.

10. Im allgemeinen besteht die Auffassung, daß es an der Aufgabe liegt, wenn man sie so löst, wie andere auch.

Findet man hingegen eine eigene Lösung, so bezieht man dies auf seine eigenen Fähigkeiten.
Dabei ist das Selbstwertgefühl als affektive (Gefühls-)Größe zu berücksichtigen, das einen erheblichen Einfluß auf die Einschätzung der Erfolgsursachen hat.

11. Erfolgreiche sind demnach der Meinung, daß ihr Erfolg im wesentlichen auf eigenen Anstrengungen beruht – sie behaupten dies auch dann, wenn objektiv ganz andere Gründe vorliegen, Insbesondere herrscht diese Meinung, wenn sich (zum Beispiel Umsatz-)Entwicklungen in einer aufsteigenden Linie aufzeigen lassen.
Die Leistungsmotivation ist deshalb nicht selten eine Frage der Erklärung für Erfolg oder Mißerfolg.
(In diesem Zusammenhang ein bekanntes und immer wieder beklagtes Phänomen aus dem Schulbereich: Lehrer erklären Mißerfolg ihrer Schüler gern als mangelnde Anstrengung [der Schüler – nicht des Lehrers als mangelnde pädagogische Anstrengung oder unzureichendes didaktisches Geschick]. Es lohnt sich eben nicht, Dumme zu unterrichten, denn wenn man sich erst einmal mit der Tatsache unterschiedlicher Begabung abfände, dann wären Strafen meist ungerecht und unterschiedliche Bemühungen der Lehrer unterschiedlichen Schülern gegenüber notwendig. Dasselbe trifft in entsprechender Weise natürlich auch auf die Leitungs- wie Führungsbemühungen in der Wirtschaft zu.)

12. Bei Hochmotivierten steigert freie Wahl der Aufgaben deren Attraktivität und die Selbstverantwortung des Handelnden. Minder Motivierte bevorzugen dagegen Alternativangebote.
Diese lassen einmal eine gewisse Chance für einfachere oder schwierigere Aufgabenstellungen, schränken aber gleichzeitig die ‚volle‘ Verantwortung ein, die bei freier Aufgabenwahl besteht.

13. Suggerierte Reaktionen rechtfertigen Verhalten: Wird jemand angefahren (»Seien Sie nicht so aufgeregt!«), hat er das Recht, aufgeregt zu sein. Wird jemand für besonders sorgfältig gehalten (»Sie bei Ihrer bekannten Sorgfalt...«), verhält er sich u. U. auch sorgfältig(er).

14. Mancher schließt nicht nur von den Einschätzungen oder Suggestionen anderer auf sein Verhalten, sondern auch von diesem Verhalten selbst auf die *Rechtfertigung* seines Tuns: »Wenn ich mich schließlich auf diese Sache eingelassen habe, kann sie so schlecht ja nicht sein ...«

15. Krasse Differenzen zwischen Erwartung und schließlich eingetretenen Ereignissen können die Ursache nicht nur von Resignation, sondern auch von Aggression sein: Mitarbeiter, die man unter ihrer erworbenen Qualifikation (= Ausbildung) einsetzt, ausgebliebene Beförderungen oder Anerkennungen (Prämien, Lob) können zu solchen Reaktionen führen.

16. Insbesondere wird die Unlust nach Anstrengung dann besonders empfunden, wenn eine erwartete Anerkennung ausbleibt. Andererseits baut Lob die psychischen Nachwirkungen von Anstrengungen schnell ab.

17. Versucht man einem anderen eine bestimmte Meinung einzureden, dann bleibt er um so hartnäckiger bei seiner ursprünglichen Auffassung, je größer die Belohnung für die Meinungsänderung ist (»Ich lasse mir meine Meinung doch nicht abkaufen, wer bin ich denn!«).
Demgegenüber werden andere Meinungen um so eher übernommen, je weniger dafür eine Belohnung in Aussicht gestellt ist. Einmal scheint dann der Meinungswechsel so gravierend und abweichend doch nicht zu sein, und zum anderen schwächt sich

das Element ‚Verkauf der eigenen Meinung' erheblich ab. Und noch etwas: Wer dieselbe Meinung hat wie ein anderer, wird von diesem höher eingeschätzt als jemand mit einer abweichenden Meinung. Abweichende Meinungen begründen Nichtbeachtung bis zur Feindschaft.

18. Ebenso ist die Einschätzung des intrinsischen Wertes einer Aufgabe, ihre Attraktivität und die Bestätigung des eigenen Selbstwertes nach erfolgreicher Durchführung um so geringer, je größer die Belohnung dafür ist:
»Wenn jemand schon so viel dafür bezahlt, kann diese Aufgabe wohl von sich aus ja nicht sehr attraktiv sein...«

19. Nicht unwesentliche Einflüsse auf die Leistungsmotivation gehen von dem allgemeinen gesellschaftlichen Klima aus. Max Weber hat schon vor einigen Generationen vom Einfluß der protestantischen Ethik auf die Entwicklung des Kapitalismus gesprochen, McClelland, DeCharms und Möller haben Beziehungen zwischen einer in der Öffentlichkeit vertretenen Leistungsphilosophie und wirtschaftlich/technischen Entwicklungen aufgezeigt; unsere heutige Öffentlichkeit übt einen nicht minder spürbaren Einfluß aus, der im Positiven wie im Negativen zu berücksichtigen ist." (S. 68–72)

„Evolution hat viel mit »Sinn« zu tun, (...), es gibt ein Sinn-System, und Systeme dürfen und können als *Sinn-Zusammenhang* aufgefasst werden (vgl. S. 80).
[Es ist wichtig zu begreifen]: *Ein System ist nicht aus Eigenschaften seiner Bestandteile erklärbar, sondern durch seine Funktion und Struktur"* (S. 80). Und:
„Struktur meint *die Organisation der wirkenden Teile* wie die räumlich-zeitlichen Abläufe, den inneren Zustand (Gleichgewicht/Ungleichgewicht) wie die Umweltbeziehungen. *Funktion*

zielt auf das Zusammenwirken der Teile als Aufgabenerfüllung, und aus alledem ergibt sich der Sinn" (S. 83).

„Immer entspricht die Struktur der Funktion und (umgekehrt) die Funktion der Struktur. (...) Nach fünf-, zehn- oder gar zwanzigjähriger Ehe ist weder der einzelne Ehepartner noch diese Ehe der- bzw. dieselbe wie am Anfang. Veränderungen von Systemen werden von veränderten Bedeutungen und veränderten Rollen gekennzeichnet – sowohl des Systems als Ganzem als auch der einzelnen Teile. Am deutlichsten wird dies beim Vergleich gewandelter politischer Systeme: Ein absolutes monarchisches System hat die Einrichtungen, die es braucht, und den Typ Mensch, den es voraussetzt. (...)
Die krampfhafte und in ihrer Praxis brutale Abkapselung der Sowjetunion selbst innerhalb des Ostblocks und dessen Abkapselung gegenüber der sonstigen Umwelt sind Reaktionen der Systemstrukturen, die um ihren Fortbestand kämpfen. So wie sich bestimmte privilegierte Lebensformen nur im System »Nomenklatura« erhalten können, und »Nomenklatura« von einer ganz bestimmten Form zentralistischer Verwaltung und autoritärer Machtausübung abhängig ist, so ist letztere so lange existenzfähig, wie mit Gewalt ein bestimmter Verwirklichungsgrad von »geschlossener Gesellschaft«, und damit der Zustand eines »geschlossenen Systems«, aufrechterhalten werden kann. Das System Sowjetunion kann man nicht kaputtbomben, sondern nur durch Information, durch Außenkontakte »öffnen« und damit verändern" (S. 81f.).

„Systeme beruhen also primär auf einem Sinn, um dessentwillen sie da sind und der sich in der *Aufgabe,* die sie erfüllen, manifestiert" (S. 83).

„Jede Führungskonstellation ist für sich ein System, das von vier Bezugsgrößen gekennzeichnet wird:

Führer, Geführte, Aufgabe und Sinn, wobei hier Sinn im Mittelpunkt steht"

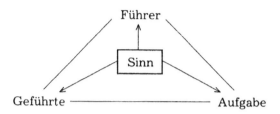

„Sinn ist [hier] nicht die Sache an sich, (...), sondern die *Bedeutung,* die beides für die Partner in diesem System hat, für den Führer genauso wie für die Geführten" (S. 87f).

„Der Sinngehalt ist umso größer – und die Motivation umso stärker, – je mehr sinnvolle Einzelaspekte zusammenkommen. Stimmen Aufgabe und Führung und ermöglicht die Situation sowohl die Verwirklichung sozialer wie kreativ-produktiver Werte und steht dahinter vielleicht noch der Dienst an einer kulturellen, politischen oder ästhetischen Idee, dann sind *alle Voraussetzungen* für Leistungsbedingungen erfüllt, und *die Aufgabe wird zur Hingabe"* (S. 88).

LEISTEN	SINN-VERWIRKLICHEN
Leisten heißt nicht *abverlangten* Ausstoß *abgegoltenen* Output *gefordertes* Soll *nachweisen* fremdmotiviert nach fremdgesetzten Normen	Sinnverwirklichung heißt nicht Selbstverwirklichung, sondern Überwindung der meist in Egoismus (Aussteigertum) und Narzißmus (Eitelkeit und Selbstüberschätzung) ausartenden Selbstverwirklichung!

gemessen am Durchschnitt der anderen rentabilitätsgerecht produktivitätsgerecht rationalisierungsgerecht (häufig) *in Konkurrenz mit anderen*	*Sinn-Erfüllung heißt vielmehr Werte-Verwirklichung* (Frankl): *kreativ/produktive Werte* *ideelle Erlebniswerte* (religiöse, weltanschauliche, humanitäre Werte) *soziale Erlebniswerte* (Kollegialität, Solidarität, Liebe)

Leisten heißt vielmehr

freiwillig
Ergebnisse *erbringen*

eigenmotiviert nach selbstgesetzten Normen

gemessen an der eigenen Bestleistung

im Wettstreit mit sich selbst

Handeln unter Leistungsbedingungen ist immer sinnvolles Handeln

Im Arbeitsleben sind darüber hinaus noch an Rahmenbedingungen zu berücksichtigen:

die materiellen Arbeitsbedingungen
(Löhne, Gehälter, Prämien, soziale Sicherheit)

die ökologisch/ergonomischen Arbeitsbedingungen
(psychophysische Sicherheit)

Sinnvolle Arbeitsbedingungen ermöglichen Leistung

(S. 89).

180

Die wichtigsten gesellschaftlichen Bereiche des Führens
(S. 95 – 141)

„In dem zuvor beschriebenen Zusammenhang lassen sich vier Bereiche unterscheiden, die in bezug auf ihre Führungsstile durch unterschiedliche Aufgaben gekennzeichnet werden: – Der politische Bereich – Justiz und Verwaltung – die Streitkräfte – die Wirtschaft" (S. 95).

„Alle Bereiche kennen den Unterschied von Führung und Leitung. Im politischen Bereich gilt vielleicht am ausgeprägtesten (...) das Prinzip der Führung:
Führen heißt optimale Motivationsbedingungen schaffen – Motivieren heißt optimale Leistungsbedingungen schaffen, und Leisten heißt Sinnerfüllung und damit Werteverwirklichung. Politische Führung ist deshalb in einem besonderen Maß auf Autorität, auf anerkannte Qualifikation und akzeptierte Persönlichkeiten angewiesen, weil das Ausüben politischer Führung immer durch die gleichzeitige Ausübung von politischer Macht in Frage gestellt wird. In allen anderen Bereichen ist Macht enger durch die jeweilige Aufgabe begrenzt, in der Politik kann sie weit darüber hinausgehen" (S. 99).

„Die Freiheitsgrade in einer Gesellschaft lassen sich eben auch an den Schwächen des Systems ablesen:
„Vetternwirtschaft und schlichtes Versagen sind unter anderem auch ein Zeichen dafür, welchen Spielraum ein Individuum in einer Gesellschaft genießt – und nennt man diesen Spielraum nicht »Freiheit«? *Der Preis dieser Freiheit ist ihre freiwillige Einschränkung,* die Abkehr von dem Grundsatz, was strafgesetzlich (noch) nicht verboten sei, gälte automatisch eben als »erlaubt«: Ehebruch, bestimmte Formen der Sexualität, die Einschränkung der Meinungsfreiheit und Willensbildung wie in

Tendenzunternehmen, dazu die Unzahl wirtschaftlicher Verhaltensweisen, denen zwar juristisch kaum beizukommen ist, die aber nichtsdestoweniger gesellschaftszerstörend sind, und vieles andere. Ein Staat würde im Chaos versinken, wenn jeder das täte, was nicht ausdrücklich verboten worden ist.

Hier wird die Bedeutung der persönlichen Führerschaft im Staat, in Parteien, Organisationen und Verbänden deutlich: Leitungsprinzipien können beliebig nachgelesen werden, *Führung muss man vorleben"* (S. 100).

„Das freie Spiel der Mächtigen mit den Ohnmächtigen" (*Prof. Walter Wallstein*) – das ist die Entartung der Freiheit im Staat, bemerkt Böckmann vortrefflich (S. 100) und davor sind wir in Europa und auch in Deutschland – auch heute noch im Jahre 2013 – keineswegs gefeit. Meiner Ansicht nach wird vielfach *das Gespenst der Freiheit,* eine Pseudofreiheit, mit der wirklichkeitsgezeugten echten Freiheit verwechselt, die immer in klaren Formen in Erscheinung tritt und ein Dienst am Willen zum Sinn ist.

„Staat und Staatsmacht verkörpern sich ja vor allem in der Exekutive, die der Bürger unmittelbar erlebt. Das demokratische Klima, dessen Aufrechterhaltung und Fortentwicklung zu den vornehmsten Aufgaben der Staatsführung gehören, wird nicht zuletzt durch das Verhalten von Justiz und Verwaltung geprägt" (S. 102).

„Prinzipiell tritt [in Justiz und Verwaltung] bei allem Handeln nach Vorschrift oder im Rahmen von Handlungsanweisungen mit vorgeschriebenem Ermessensspielraum der Aspekt *Führung* hinter Leitungsgesichtspunkten stark zurück. Beamtenrechtliche Vorschriften schränken Motivationsmöglichkeiten ein. (...) Opposition, Richtungskämpfe, Flügel, Fraktionen (...) schließen sich durch die Systembedingungen und spezielle Aufgabenorientiertheit aus, dagegen werden Selbstverwaltungsbereiche weitgehend so geführt wie in der Wirtschaft auch. (…) Die Sinnerfüllung orientiert sich an den (nicht überall) vorhandenen kreativen Möglichkeiten, am sozialen Erleben, (…) nicht selten an dem Sozialprestige, das mit der Position verbunden ist und ggf. an der Identifizierung mit den politisch-ideellen Zielen, denen die Institution als staatliche Einrichtung verpflichtet ist" (S. 103).

[In der Justiz und Verwaltung trifft es zu]: „Durchführen geht vor führen" (S. 104).

„Führung in der Bundeswehr muss *nicht nur Wertedemonstration, sondern auch Werteerziehung bedeuten*" (S. 108).
„Führung in den Streitkräften setzt *Erziehung zur Verantwortung voraus*" (S. 117).

„Auch Wirtschaft hat einen *Sinn,* der auf seine Einbettung in das übergeordnete System »Staat und Gesellschaft« verweist.
Sinn der Wirtschaft ist Dienstleistung: *Dienen und Leisten.* (...) Setzt man einmal die übergeordnete Absicht, das Wozu und somit den Sinn der Wirtschaft als Dienstleistung am Organismus »Staat und Gesellschaft« voraus, dann kommt es im Hinblick auf ein Führen als Motivieren in erheblichem Maße auch auf das Wie der wirtschaftlichen Abläufe an" (S. 119).

[Ein Mitarbeiter in der Wirtschaft wird primär daran gemessen], „was aus seiner Arbeit herausgekommen ist, [darum] bedeutet für ihn jede Einschränkung der von ihm für notwendig gehaltenen Spielräume eine Schikane" (S. 121).
„Ich habe einmal in Firmen, die Gleisketten herstellen, eine Umfrage bei den Arbeitern darüber durchgeführt, ob es ihnen etwas ausmachte, ob die Gleisketten für Baufahrzeuge, für Bulldozer und Raupenschlepper, verwandt würden oder für Panzer. Die Antwort war durchweg ein Schulterzucken: Wenn die Kohlen

stimmen, war es den Arbeitern egal. Dabei wurde auch gar nicht erst die Frage aufgeworfen, ob die Panzer, wenn man sie schon bei ausreichenden Tarif- und sonstigen Löhnen baute, auch nur für sogenannte Verteidigungskriege einzusetzen wären. (Ein Krieg ist umso weniger ein menschliches Problem, je weiter entfernt er es sich abspielt und je weniger man selbst darunter zu leiden hat ...). Im wirtschaftlichen Bereich, so scheint es, müssen wir weitgehend von ideellen Begründungen von Unternehmenszielen Abschied nehmen. Die Millionen von Beschäftigten haben bezüglich ihrer Sinn-Verwirklichung nur dann eine Chance, wenn sie diese im *Wie* sehen: Kreative Produktgestaltung, Herausforderung durch die Lösung technischer wie kaufmännischer Probleme, Stolz auf produktive Leistungen und Kollegialität und Solidarität in der Arbeit – in der Arbeit auch an Waffen, Chemikalien oder sonstigen Produkten mit zweifelhaften Anwendungsbereichen. Da die Gesellschaft [die Politik] der Wirtschaft keine verpflichtenden ideellen Rahmenbedingungen auferlegt hat, gilt als kleinster gemeinsamer Nenner eben immer noch als »übergeordnete Absicht« nicht der Sinn, das *Dienen,* sondern der Zweck: das *Verdienen.* Die herausragende Rolle des *Wie* führt dann naturgemäß zu einer mitunter völligen Verdrängung des *Wozu,* das manchmal nicht einmal mehr zweifelhaft, sondern ganz unbezweifelbar von jeglicher gesellschaftlichen Wertehaltung weit entfernt ist. Ebenso verwischt der eigene Einsatz auch in der Wirtschaft häufig das Gefühl für die gesellschaftsstabilisierenden Werte, und man wird (z.B. ökologisch) blind gegenüber Produkten und Dienstleistungen, die eine Gesellschaft eher gefährden als ihr dienen. Bei der Betrachtung eines Wirtschaftssystems kommt es nicht darauf an, wie sich der einzelne verhält, sondern was das System als solches erlaubt. (...)
Systeme sind umso langlebiger, je mehr Freiheitsgrade sie enthalten. Solche Freiheitsgrade sind Maßstäbe für Werte, aber nicht Werte an sich; denn auch Freiheit ist nur so lange ein Wert,

wie man sich nicht nur fragt, *Freiheit wovon,* sondern auch *Freiheit wozu"* (S. 122f.).

Exkurs: WIRKLICHKEITSGEZEUGTE FREIHEIT

Authentisch führende und reife Persönlichkeiten wissen es: Freiheit ohne Verantwortung artet in Willkür aus (Frankl), darum muss die echte, wirklichkeitsgezeugte Freiheit von einer Pseudofreiheit oder vom „Gespenst der Freiheit" sorgfältig unterschieden werden.

Echte, wirkliche Freiheit ist niemals schrankenlos, denn sie braucht Form, Begrenzung und Bindung. **Merkmale wirklicher Freiheit** sind diese:

- Sie tritt nur klar und bestimmt in Erscheinung, denn sie bedarf gefestigter Form!
- Die sogenannte „grenzenlose" Freiheit wäre identisch mit Selbstvernichtung des Freien.
- Nur Freiheit, die *erfühlt* werden kann, ist wertvoll für den Menschen!
- Erfühlen lässt sich aber nur Begrenztes; denn nur Grenze verleiht Form, und nur vor wohlbegrenzter Form bleibt Fühlen behütet vor dem Zerfließen.
- Form aber ist Ausgleich zwischen allem „Zuviel" und allem „Zuwenig".
- Wirkliche Freiheit ist niemals Selbstzweck, sondern sie empfängt allen Wert von den Zwecken, [von den Werten], denen sie dient!
- Wirkliche Freiheit ist die Frucht erfüllter Notwendigkeit und soll dazu dienen, Höheres als Freiheit zu erreichen!
- Das Höhere als die Freiheit ist aber der Dienst am Willen zum Sinn!
- Und diesen Sinn, der immer konkret und an Werte gebunden ist, – und immer auch ein Sinn des WIR ist, – muss man empfinden lernen. Geistige Notwendigkeit verlangt, die Fähigkeit, Form zu empfinden, zu bewahren, zu schulen und zu pflegen. Nicht nur in der

Kunst ist Formsinn und Formempfindung enorm wichtig, sondern auch in Politik und Wirtschaft! Und nur wo Form empfunden wird, ist [wirklichkeitsgerechte] Erkenntnis möglich.[57]„Erst wenn im Menschen das freie Wesen sich furchtlos und mutig mit dem Gedanken der **Notwendigkeit** verbindet und diesen [höheren] Druck aushält, ist der Weg zur Erlangung von [wahrer, geistgezeugter] Freiheit betreten",[58] die immer auch Verantwortlichkeit gegenüber einem konkreten Sinn – gegenüber Sinnmöglichkeiten und konkreten Werten – mit einschließt. Denn *bloße* „Freiheit" artet Viktor Frankl zufolge in Willkür und Perversion aus, wenn sie nicht von der *Verantwortung „für"* [unaufgebbare Werte] ausbalanciert wird, die in unhintergehbarer Notwendigkeit gründen. – Nach diesem dichten Exkurs zurück zu Böckmann.

„Freiwilligkeit in der Selbstbeschränkung ist auch hier [in der Wirtschaft] der Preis der Freiheit. (...) In der Wirtschaft, die ja ein ganzes Beziehungsgeflecht von Systemen ist – ein System von Systemen – treten die ideell-gesellschaftlichen Gesichtspunkte stark zurück" (S. 123).

„Wirksamer erweist sich vielmehr die *Motivierung der Subsysteme* [Abteilungen, Arbeitsgruppen, spezielle Teams], sowie die Möglichkeiten, die sich aus der unmittelbaren *Herausforderung durch eine bestimmte Aufgabe* selbst ergeben. (...)
In der Wirtschaft fällt der »Sinn von Wirtschaft« als unmittelbarer Motivationsfaktor praktisch aus und wird durch den Einfluß von Subsystemen ersetzt.
Dominierend dabei sind die situativen Bedingungen, auf die allein Führung einwirken kann. Motive lassen sich nicht verän-

---

57 Vgl. Bô Yin Râ, Das Gespenst der Freiheit, Bern: Kober Verlag 1990, S. 13 – 15.

58 Carl Albrecht Bernoulli, Rezension über Bô Yin Râ, Das Gespenst der Freiheit, Basel-Leipzig: Kober Verlag 1930, in: Blätter für Deutsche Philosophie (4) 1930, S. 413f.

dern, lediglich herausfordern. Solche Herausforderungen liegen zuerst im *Aufgabencharakter einer Arbeit.*
Eine übernommene Aufgabe kann ohne jede Verantwortung erledigt werden, während eine übertragene Aufgabe erhebliche Verantwortung bedeuten kann. Die Frage, ob und ggf. wie viel Verantwortung in einer Aufgabe enthalten ist, muss immer gesondert beurteilt werden" (S. 124).

„Da Menschen immer mehreren Systemen angehören, muss die Wirtschaft, so amoralisch sie sich mitunter selbstgefällig gebärdet, auf die Werteverwirklichung mancher ihrer Mitarbeiter Rücksicht nehmen" (S. 126).
„Ein Wirtschaftsunternehmen muss seine Unternehmensziele möglichst weit in das gesellschaftliche Wertesystem integrieren, und das bedeutet dann weitestgehenden Verzicht auf Ausnutzung auch der letzten, gesetzlich nur ungenügend beschriebenen Einschränkungen. (...) Führung bedeutet dann auch *Vorbild in der Verwirklichung ethischer Werte"* (S. 127).

„Erkenntnisleitend ist die Erfahrung, dass *das Streben nach Sinn-Erfüllung als Werteverwirklichung die primäre menschliche Motivation* ist. Demnach muss ein Führer zuerst mit dem individuellen Sinn-Konzept der zu Führenden vertraut sein, ehe er die situativen Bedingungen einer Aufgabensituation so gestalten kann, dass sie auf den Betreffenden leistungsherausfordernd wirken. (...) »In Gang« kommt erst dann etwas, wenn die *individuellen* Erwartungen der Mitarbeiter erfüllt werden, sonst wird zwar auch gearbeitet, aber nichts geleistet" (S. 128).

„Ein Vertriebsleiter, ein Produktionsleiter, ein Werbeleiter lodert ja nicht für die jeweiligen Produkte. Was er und seine Mitarbeiter in einer Konzeptionsplanung, an der sie beteiligt sind, akzeptieren, sind Abläufe, Termine und Qualitäten.

Deshalb gründet sich eine sinn-orientierte Unternehmensführung *nicht auf Ziel-Koordination, sondern auf Sinn-Realisation:* »Wer Leistung in der Arbeit fordert, muss Sinn in der Arbeit bieten«" (S. 129).

Die gesellschaftlichen Rahmenbedingungen und das veränderte Menschenbild der Führung
(S. 145 – 176)

„Die charakteristischen Merkmale, die das Führungsverhalten in einer bestimmten Zeit und in einer bestimmten Gesellschaft kennzeichnen, spiegeln zugleich die vorherrschenden Strukturen dieser Gesellschaftsepoche wider. Gesellschaftsordnung und Führungsordnung verhalten sich also analog. (...)
Die Spuren der Vergangenheit sind oft mehr als nur Spuren. In den Führungsprinzipien mit ihren manchmal jahrhundertealten Stammbäumen wird dies besonders deutlich. (...) Mit Veränderungen in der Gesellschaft, die sich vor allem als veränderte Macht- und damit Eigentumsverhältnisse darstellen, geht auch eine *Veränderung des Menschenbildes* einher, dessen mitunter fatale Auswirkungen auf das Führen unter humanen Bedingungen nicht unreflektiert bleiben dürfen" (S. 145).

Was »das Prinzip Befehl und Gehorsam« anbelangt, führt Böckmann aus, – und hier nimmt er wiederum Bezug auf eigene Erfahrungen, die er im Zweiten Weltkrieg gemacht hatte, – dass dieses Prinzip das fragwürdigste Relikt aus alter Feudalzeit sei. Da es „absolute Unterwerfung unter den Willen des Befehlenden" bedeute, sei damit „auch jegliche Verantwortung für das aufgehoben, was zur Ausführung befohlen ist" (S. 146). Was dann Böckmann ausformuliert, darf – nach meinem Gefühl – als späte Abrechnung mit dem Wahn des Hitlerismus verstanden werden. Böckmann schreibt wörtlich:

„In neuerer Zeit (…) wurde das Prinzip von »Befehl und Gehorsam« durch einen persönlichen Eid begründet. (…) So leistete die Deutsche Wehrmacht (…) dem »Führer und Reichskanzler Adolf Hitler« einen persönlichen Treueeid: Es wurde also nicht auf den Inhaber einer Institution geschworen, mit der man schließlich noch bestimmte gesellschaftlich verbindliche Werte verknüpfen konnte, sondern auf eine Person. So kam es dann, dass dieser Mann schließlich selbst diese Werte setzte und ein »Führerbefehl« Gesetz war und damit Ausdruck einer neuen Werteordnung.

Wer aus sittlichen Erwägungen nun glaubte, seinen Eid brechen zu müssen, verabschiedete sich damit nicht nur von der Person des Eidnehmers, sondern von der gesamten Lebensordnung, die jener verkörperte: das deutsche Volk, das Deutsche Reich … »Deutschland«. Das war sicher für manchen ein bisschen zuviel, und so kniff man dann öfter einmal beide Augen zu. Je weiter oben die Betreffenden saßen, umso mehr mussten sie kneifen, weil sie ja auch mehr zu sehen bekamen. Die weiter unten beriefen sich dann gern auf die Kneifer oben" (S. 147).

Es geht aber noch weiter:

„Der Vorteil eines unkritisch und im Überschwang der nationalen Begeisterung auf sich genommenen Aufopferungsprinzips [im Dritten Reich] war ja doch, dass man glaubte, sich auch dann aufopfern zu müssen, wenn das Ergebnis in keinem vernünftigen Verhältnis zum Effekt stand.

Wer das Glück hatte, [Böckmann meint hier sich selbst, und seine Stimme klingt in meinem Ohr bitter ironisch], das »Stahlbad« eines Krieges genossen zu haben, das früher jeder Generation zur Reifung zugestanden wurde, weiß, wie viel unsinnige, taktisch wie strategisch bedeutungslose, mit unzureichenden Mitteln geführte militärische Aktionen es gegeben hat, die Tausenden das Leben kostete. Eine beliebige Anzahl von Gefechtsberichten auf ihre Richtigkeit und die dahinter stehenden Gefechte auf ihre Wichtigkeit überprüft, würde dies mit erschreckender Deutlichkeit bestätigen" (S. 149).

[Bestimmte Fakten der deutschen Geschichte und Auswirkungen des Zweiten Weltkrieges] „sollten uns nicht davon abhalten, überholte Denkmodelle [z.b. »du bist nichts, dein Volk ist alles«] in der Versenkung verschwinden zu lassen, in die sie schon lange gehören. Seit dem Ende der absoluten Monarchie war mit dem Prinzip von »Befehl und Gehorsam« schon kein Staat mehr zu machen. (...)
Auch die Wirtschaft ist in ihren Grundstrukturen immer ein Spiegelbild der Gesellschaftsordnung gewesen" (S. 151).
„Die Wirtschaft ist aber nicht nur Spiegelbild der Gesellschaft, sie ist es auch, die diese Gesellschaft immer wieder verändert" (S. 152).

[Heute ist] „eine andere Führung erforderlich. Während die Leistungsmechanismen immer technischer, immer unpersönlicher werden, müssen die Führungspraktiken immer *persönlicher,* immer *menschlicher,* immer individueller werden" (S. 153).
„Das Bild, das sich der Mensch vom Menschen und dessen Rolle im Weltgeschehen macht, ist erkenntnisleitend gerade auch für die Art und Weise, in der Menschen meinen, dass Menschen geführt werden sollten" (S. 154).

Exkurs: »Wahr-Bild« des Menschseins

Gerade aus diesem Grunde ist es nicht gleichgültig und nicht gleichwertig, welches Bild sich der Mensch von sich selbst macht. Ob er sich ausschließlich als ein zufälliges Produkt der Evolution oder als »Wesen der Transzendenz« betrachtet und versteht, – das ist keineswegs gleichwertig. Die Erkenntnis des Menschen über sein eigenes Wesen

190

bleibt für das Dasein des Menschen nicht ohne Folgen. Über seine allgemeine *psychophysische Natur,* welche die Biologie, Genetik und Medizin weitgehend untersucht haben, erhebt sich im Menschen eine zweite Dimension, die nicht von der physischen Natur determiniert, „sondern seiner eigenen Schöpferkraft und Entscheidung anheimgestellt ist. (…) *Kultur* [soziale Ordnung, Kunst, Wissenschaft, Religion] muss der Mensch von sich aus frei gestalten. (…) An der Kultur gestaltend, gestaltet er aber an sich selbst."[59]

Und das heißt weiter, dass der Mensch nicht nur so lebt wie ein Tier, sondern er *führt* sein Leben und – immer wieder zwischen verschiedenen Alternativen wählend – er vollzieht seine irdische Existenz angesichts einer Sinn- und Wertewelt, indem er Sinn realisiert oder ihn verfehlt.

Man muss den inneren Zusammenhang erkennen lernen, „der zwischen den großen Selbstbildnissen, die die Menschheit jeweils von sich entwirft, und der gleichzeitigen Gestaltung des kulturellen und des personhaften Seins besteht. Die Deutung, die sie sich gibt, ihre Vorstellung von sich selbst, ihrem Wesen und ihrer Bestimmung, bleibt nicht ohne Einfluß darauf, was sie dann auch faktisch darstellt." (…) Es hat sich vielfach bestätigt, „dass beim Menschen das Bild seines Seins das Sein selbst nicht unberührt lässt. (…) Die Vorstellungen und Begriffe, mit denen er sein eigenes Dasein zu fassen sucht, üben eine bestimmende Kraft auf die Selbstverwirklichung des Daseins aus. Die jeweilige Idee vom Menschen wird zum Ideal, nach dem er sich richtet und das ihn prägt."[60]

So hatte auch der Nationalsozialismus in Deutschland Millionen von Menschen geprägt, wobei ich bei lebendiger Seelenempfindung bezweifle, ob das durch die Nazis propagierte „Bild des Menschen" dem innersten Wesen des »Homo humanus« [auch ein Bild, ein *anderes,* ein Wahr- Bild!] entsprochen hat.

---

59   Michael Landmann, Philosophische Anthropologie, Berlin 1964, S. 8.

60   Ebd., S. 9f.

[Im Gespräch mit Abraham Maslow] „hat Frankl darauf hingewiesen, der Mensch sei sehr wohl in der Lage, über seinen Bedürfnissen zu stehen. Frankl sagte, dass nicht einmal in den Ausnahmesituationen des Lebens, wie er sie in den nationalsozialistischen Konzentrationslagern erlebt hat, der Mensch grundsätzlich zum »Wolf unter Wölfen« geworden und »erst das Fressen und dann die Moral« gekommen sei. Vielmehr seien die einen zum Schwein, die anderen zu Heiligen geworden. (...) Das Sinn-System ist prinzipiell unabhängig von Alter und Geschlecht, wenngleich auch, wie alle sozialen Phänomene kulturabhängig, denn was sinn-voll und damit wertvoll ist, das sagt die (sich wandelnde) Kultur" (S. 158).

Bemerkung. Diese Aussage stimmt so nicht, denn die Kultur ermöglicht nur Zugänge zu bestimmten Werten, die in einer Zeit *soziale Geltung* haben, begründet aber nicht – jedenfalls *ontologisch* nicht – das, was der Begriff »Wert und Werte« eigentlich meint. Die Kultur des Nationalsozialismus – die eigentlich eine *Unkultur* war – hat manche Atrozitäten als „wertvoll" deklariert, – sie standen in „sozialer Geltung", – die dennoch *niemals* wertvoll waren und *niemals* wertvoll sein werden. Es macht einen Unterschied, Werte mit dem Konzept der „sozialen Geltung" zu begründen, [also mit dem, was innerhalb einer Kultur und Zeitepoche viele Menschen als „Wert" betrachten], oder Werte *ontologisch,* vom »geistigen Personsein des Menschen« her zu begründen, wie dies Max Scheler getan hat. Er legte dar, dass Güter vergänglich sind und vernichtet werden können, *Werte* [z.B. das Heilige, das Gute, das Wahre und das Schöne] hingegen nicht. Scheler zufolge gibt es „Selbstwerte", die er als unwandelbare objektive „Wesenheiten" bezeichnet, die ihren ontologischen Wertcharakter unabhängig von allen anderen [„konsekutiven" oder nachfolgenden] Werten [wie z.B. „Vaterlandsliebe" oder „Loyalität" usw.] bewahren und *jenseits* jeder soziokulturellen Anerkennung dauerhaft *gelten*. Sie lassen sich in attributiver Form als das Angenehme,

Gesunde, Nützliche, Schöne, Gerechte und Heilige in der aufsteigenden Wertehierarchie anordnen. Scheler vertrat die Auffassung, dass der Mensch diese Selbstwerte in Freiheit durch intentionales Fühlen – und aufgrund einer ihm inhärenten *Wertfühligkeit* – erfassen könne.[61] Diese Auffassung scheint mir differenzierter und tiefer fundiert. Außerdem hat Frankl immer wieder zwischen dem konkreten, situativen Sinn und dem Wert unterschieden, wobei natürlich der Sinnbegriff von Frankl von den echten Werten nicht getrennt werden kann.[62]

Der Sinn der Arbeit und die Organisation sinnvoller Arbeitsbedingungen (S. 179 – 226)

„Wenn Arbeit sinnvoll und nicht nur zweckgerichtet sein soll, dann muss sie Aufgabe sein. Der Aufgabencharakter hängt aber nicht von denen ab, die sie übertragen, sondern von denen, die sie übernehmen.

Werkschaffen – Aufgabenübernahme – Leistung kennzeichnen den Menschen von seiner Urzeit an. Sie machen den Sinn in seinem Leben aus, ja man könnte sogar sagen, sie sind in einem gewissen mit dem Begriff der Evolution verbundenen Sinn sogar der Sinn des menschlichen Lebens überhaupt. In meinem Buch »Das Sinn-System« habe ich versucht, dies näher zu begründen" (S. 181).

„Dadurch, dass sich menschliche Arbeit nicht auf den reinen Zweck der unmittelbaren Lebenssicherung durch Nahrungsmittelbeschaffung, Behausung und Abwehr bzw. Beraubung von Feinden bezieht, wie dies noch bei den Tieren der Fall ist, (...),

---

61 Vgl. Karlheinz Biller und Maria de Lourdes Stiegeler, Wörterbuch der Logotherapie und Existenzanalyse von Viktor E. Frankl. Sachbegriffe, Metapher, Fremdwörter, Wien: Böhlau Verlag 2008, S. 518.

62 Vgl. Otto Zsok, Sinn ist nicht machbar. Über den transsubjektiven Charakter des Logos in der Logotherapie, in: Existenz und Logos Heft 1/2000, S. 110 – 125.

sondern sich individuell wie kollektiv immer noch durch einen besonderen *Sinn* auszeichnet, wird Arbeit *menschlich"* (S. 183).

„Arbeit als Arbeitsteilung und Zusammenarbeit strukturiert die Gesellschaft, schafft Unterschiede und Ordnung, auch als Unter- und Überordnung" (S. 183).

„Unter dem Aspekt der Evolution lebt der Mensch in der Tat »um zu arbeiten«, um sich durch kreative und produktive Herausforderungen weiterzuentwickeln. Wir leben weiß Gott nicht, um an Maschinen zu malochen, sondern um auch an Maschinen und durch Maschinen freier zu werden. (...)
Auch derjenige ist unfrei, dem die Möglichkeit genommen ist, sich selbst Aufgaben zu suchen, nachdem er einmal von einer Arbeit »frei« gesetzt wurde" (S. 185).

„Bei sinn-entleerter Arbeit wird der Mensch zwar »gefordert«, aber nicht »herausgefordert«. (...) *Ziele,* die eine Arbeit hat, sind nicht gleichbedeutend mit *Sinn, den sie* vielleicht *nicht hat.*
Auch Erfolge können sinnlos sein und Misserfolge höchst sinnvoll, weil sie einen weiterbringen, vom falschen Weg abbringen, zu Erkenntnissen verhelfen, Neuorientierung bieten" (S. 189).
„Vorgesetztenprobleme (...) und ein gestörtes Kollegenverhältnis (...) deuten auf ein Sinn-Defizit bei »sozialen Erlebniswerten« hin, ganz gleich, was im einzelnen Ursache der Störung sein mag.
Gestörte oder ungenügende Sozialbeziehungen in der Arbeit drücken sich auch in anderen Kriterien aus: Isolation – innerhalb der Abteilung öfters versetzt – noch keine allzu lange Betriebs-, Abteilungs- und Arbeitsplatzzugehörigkeit – kein Kontakt zum Betriebsleiter" (S. 192).
„Der Vorgesetzte muss die Arbeit so auf den einzelnen Mitarbeiter abstimmen, dass sie für diesen auch Synonym für *Sinn* ist. Je

mehr in bestimmten Bereichen die Möglichkeiten schrumpfen, Kreativität und Verantwortung in die Arbeit einzubringen, (...) um so wichtiger wird das soziale Erlebnis in der Arbeit, Erlebnis der Kollegialität und Solidarität als Erlebnis des gemeinschaftlichen Handelns, des Miteinander und Füreinander" (S. 193).

„Jeder bringt nach Erziehung und Ausbildung andere Voraussetzungen für seine Arbeit mit und hegt unterschiedliche Erwartungen – auch dann, wenn scheinbar alle aus derselben Bevölkerungsschicht stammen und dieselbe Art von Schulen und beruflichen Ausbildungsgängen durchlaufen haben:
Der eine ist handwerklich geschickter und hat wenig Sinn für Theoretisches, der andere ist ein ausgesprochener Tüftler und Bastler, der dritte ist zufrieden, wenn die Anforderungen an ihn möglichst gering sind, der nächste möchte unbedingt vorwärts kommen. (...) Während der eine Angst hat vor der Verantwortung, fühlt sich der andere verkannt, wenn man ihm keine Verantwortung zubilligt.
Schließlich gibt es viele, die sich mit der stursten und monotonsten Arbeit abgefunden haben, weil sie ihr Heil – ihren Sinn – längst außerhalb der beruflichen Arbeit verwirklichen.
Über solche Zusammenhänge sollte jeder mit Führungsverantwortung Beauftragte bei jedem seiner Mitarbeiter im Bilde sein" (S. 196f.).

„Kompensation ist nicht Werteverzicht oder ein Sichzufriedengeben mit minderem »Ersatz«. Kompensation ist Werte-Austausch, Ausweichen auf andere vollwertige Sinn-Inhalte innerhalb und außerhalb des Betriebes" (S. 198).

„Will man sich einen Überblick über die Leistungsbedingungen an einem Arbeitsplatz verschaffen, dann bietet sich dazu die Aufstellung individueller Sinn-Bilanzen an. (...)

Sinn-Bilanzen beruhen auf Einschätzung der *konkreten* Arbeitsbedingungen in der Gegenüberstellung zu den *angestrebten* beziehungsweise *erwarteten* Arbeitsbedingungen" (S. 200).

„Den »Nerv« der Leistungsbereitschaft eines Menschen kann man nur treffen, wenn man auch den »Nerv« seines Sinn-Bewusstseins trifft, indem er die Möglichkeit bekommt, so viele subjektiv als relevant empfundenen Werte in seiner Arbeit zu verwirklichen wie nur möglich.
Führung heißt damit: Individuell *»gezielte« Motivierung* als Voraussetzung für Leistung" (S. 207).

[Darum gilt]: *„Wer Leistung in der Arbeit fordert, muss Sinn in der Arbeit bieten – Motivation durch sinn-orientierte Aufgabenübernahme in einer Arbeitsgruppe. (...)*
Der Einsatz des richtigen Mannes am richtigen Platz setzt die Kenntnis seiner subjektiven Arbeitsbedingungen voraus. (...)
Auch das Privatleben gehört mit zur Arbeitsrealität. Um dies zu berücksichtigen, bedarf es der Führung in kleinen überschaubaren Gruppen, in denen man voneinander weiß. Das bedeutet Führerschulung auch und gerade im sogenannten *unteren Unternehmensbereich"* (S. 219).
„Sinn-Bilanzen am Arbeitsplatz zeigen, dass es noch außerordentlich viele Möglichkeiten zu einer individuellen Sinn-Erfüllung als Verwirklichung individuell eingeschätzter Werte für jeden Mitarbeiter gibt. Hier liegen zur Zeit mit die wichtigsten Führungsaufgaben, die zudem einer ständigen Weiterentwicklung und Anpassung an immer neue technische, organisatorische und personelle Gegebenheiten bedürfen.
Durch kaum eine andere Maßnahme kann man so viel Lebensqualität bewahren – und Kosten sparen – wie durch ein Sinn-Angebot in der Arbeit, das als *Leistungsangebot* auf das Unternehmen zurückwirkt" (S. 226).

SINN UND SELBST
Wege zur Selbst-Erkenntnis
Weinheim und Basel: Beltz Verlag 1989

In sechs Kapiteln legt Böckmann hochaktuelle, tief durchfühlte und gut durchdachte Reflexionen dar:Sinn und System (I), Sinn und Evolution (II), Kultur als Sinn-Ausdruck (III), Sinn und Arbeit (IV), Sinn und Heilen (V) und Sinn und Selbst (VI). Hinzu kommt noch ein Anhang zur „Logotherapie Viktor E. Frankls" sowie Anmerkungen und Quellenhinweise. Das Erscheinungsjahr des Buches lässt erkennen, dass Böckmann – nachdem für ihn der Zweite Weltkrieg erst am 26. August 1948 vorbei war – auf 40 Jahre Arbeit, Studium und Erfahrung zurückblicken und aus einem reichen Fundus schöpfen kann. Während der Lektüre spürt man: Dieses Werk spiegelt Reife, Tiefe und das durchaus gelungene Streben nach dem großen Sinn-Zusammenhang und dessen Darlegung im Medium der (einer ausgereiften, stilistisch und inhaltlich subtilen) Sprache, die auch der Ironie nicht entbehrt. – Texte in eckigen Klammern sind Einfügungen von mir. Der kleiner gedruckte Teil ist als dichte Zusammenfassung gemeint. Wörtliche Zitate sind als solche gekennzeichnet.

Eine Grundthese dieses Buches lautet, dass **Sinn** weder etwas Objektives noch etwas Subjektives sei, sondern [er sei] „die *Beziehung, die* zwischen dem sinn-suchenden Menschen und den Herausforderungen der Realität" bestehe. Auf Sinn zu bauen und auf Sinn zu vertrauen sei weder Idealismus noch Optimismus, sondern vielmehr *Realismus;* „denn in nichts erkennen wir uns selbst so deutlich, wie in den vielfältigen Erscheinungen, in denen uns der Sinn in dieser Welt gegenübertritt. Aber zu jedem Realismus hat immer auch ein bisschen Mut gehört, denn die Realität hält keine Nischen für uns bereit, in denen wir uns vor ihr verstecken könnten" (S. 9). Auch hier geht es Böckmann darum, SINN als ein *Wechselwirkungsgeschehen* zu beschreiben.

Systeme sind auf Sinn angelegt

„Risiko, Angst und Tod machen zwar das Leben nicht wertvoll, aber sinnvoll" (S. 14).
„Jeglicher Sinn-Erfüllung geht eine Entscheidung für diejenigen Werte voraus, deren Verwirklichung für den Betreffenden Sinn-Erfüllung bedeutet. Sinn-Erfüllung ist die Folge von Werte-Verwirklichung (Frankl). Und geht es hier um ein Sinn-Verständnis, von dem aus mit großer innerer Sicherheit Werte-Entscheidungen getroffen werden können, die dem Selbst-Verständnis des einzelnen ohne Anlehnung an gesellschaftliche Konventionen – aber auch nicht unbedingt gegen sie – entsprechen" (S. 15).

Hierbei entfaltet Böckmann in spannenden Reflexionen Mancherlei Bemerkenswertes, was im Folgenden thesenhaft – gekürzt und auch in eigenen Worten – wiedergegeben werden soll:

Die Entscheidung für das, was der einzelne zu seiner Sinn-Erfüllung an Werten verwirklicht, sollte von einem inneren *sicheren Gefühl* für das persönlich als sinnhaft Erkannte geliefert werden. Dabei ist Böckmann zufolge dieses wichtig: „Während das Sinn-Verständnis auf das Bewusstsein abzielt, in einem größeren, übergeordneten Zusammenhang eingebettet zu sein, wird das Selbst-Verständnis von diesem Bewusstsein zwar bestimmt, aber nicht bedingt – geprägt, aber nicht verursacht. Man merkt es einem Menschen an, wie es um die »Begründung« seines Sinn-Verständnisses steht, ob er sich auf schwankendem Boden befindet oder festen Grund unter sich hat" (S. 15).

Mit Frankl bejaht Böckmann, dass jede Situation ein Sinn-Angebot, eine Sinn-Möglichkeit, bereithält, „die es zu entdecken und anzunehmen oder zu verwerfen gilt" (S. 17), aber jeder einzelne nimmt nur das wahr, was ihm entspricht, „was ihm zukommt". Wenn *Wahrnehmung* „Reduktion von Komplexität" ist, wie Böckmann sagt, dann muss dies mit dem Satz ergänzt werden: *Erkenntnis* ist die vornehmste Weise, eine Komplexität [als sein eigenes Gedanken- und Empfindungsgut] zu besitzen. Der Begriff „System" steht für Böckmann in ganz besonders engen Beziehungen zum Sinn-Problem.

„Nicht das, was wir da als Objekte vor uns sehen, ist ein System, sondern – um ganz genau zu sein: *der Zusammenhang,* die Beziehung der Dinge untereinander. (...) Das Typische einer systemischen Konfiguration besteht erstens darin, dass seine Teile untereinander *verschieden* sind (...); zweitens sind diese Teile in einer bestimmten Weise zueinander *geordnet,* was sie, drittens, in ebenfalls typischer und nicht beliebiger Weise aufeinander *einwirken* lässt. Diese systemtypische Ordnung nennen wir »Struktur« und das typische Aufeinanderwirken »Funktion«. Gegenüber der Umwelt ist ein System – viertes Kriterium – abgegrenzt, so dass man klar zwischen System und Umwelt unterscheiden kann" (S. 19). Weiter schreibt Böckmann: „Systeme (…) sind Beziehungen, »Wirkungsgefüge«. (...) Unter »Struktur« verstehen wir nicht die Teile, sondern die ORDNUNG, in der sie zueinander stehen. Bei der Funktion eines Systems ist es die WIRKUNGSWEISE, die auf das Erreichen der verschiedenen Zwecke innerhalb des Systems abzielt" (S. 21).

Böckmanns zweite Grundthese lautet nun: Systeme sind auf Sinn angelegt. Während in Subsystemen vielfältige Zwecke erfüllt werden, erfüllt das Gesamtsystem gegenüber der Umwelt seinen SINN, und dieser sei: DIENSTLEISTUNG. *„Der Zweck ist also Mittel zum Sinn",* konkludiert Böckmann und fährt fort:

„Der Sinn ist aber nur erfüllt, wenn die Umwelt die jeweilige Dienstleistung honoriert, in den meisten Fällen heißt das: auch bezahlt. (...) Wenn die Russen nicht mehr unsere Feinde sind und der Rest der Welt ohnehin immer unsere Freunde waren, wird die Dienstleistung der Bundeswehr [Gewährleistung von äußerer Sicherheit] überflüssig. Wenn eine Automobilfirma (...) mehr unterschiedliche Typen auf den Markt bringt als der Markt verkraften kann, der Chef aber als begeisterter Konstrukteur den Zweck – eben das Entwickeln und Bauen von Kraftfahrzeugen – zum Selbstzweck macht und nicht mehr darauf achtet, dass der Markt seine Dienstleistung auch honoriert, dann verliert ein solches Unternehmen seinen SINN. Es mag betriebsintern noch so zweckmäßig organisiert sein: der Zweck ist immer nur das Mittel zum Sinn, und *die Sinn-Erfüllung entscheidet allein über das Fortbestehen* eines Unternehmens, einer Organisation, einer Institution, eines Organismus, eines Organs" (S. 22f.).

„Aus der Sicht des Denkmodells »System« ist die Welt ein großer Sinn-Zusammenhang mit aufeinander angewiesenen sinnvoll strukturierten Teilbereichen" (S. 23).

So weit, so gut. Was aber jetzt kommt, wirft wiederum manche Fragen auf, die nach fundierten Antworten verlangen. Böckmann schreibt:

„Überall diktiert der Sinn. Überall geht es um die Frage, ob die Dienstleistung auch ankommt – im guten wie im bösen. Sinn hat nichts mit Ethik und Moral zu tun. Sinn ist kein Synonym für das Gute in der Welt. Sinn hat die Mafia ebenso »gut« wie das Rote Kreuz. Auch das Drogenangebot der Mafia kommt an, Hehlerware findet ihre Abnehmer, und die Apartheid ist für ihre Anhänger genauso sinnvoll wie für ihre Gegner der Widerstand. Welchen Sinn überhaupt das Böse in der Welt hat, und ob die Wertfreiheit des Systemdenkens nicht dessen große Schwäche ist, das soll uns später noch beschäftigen. Fürs erste halten wir einmal fest: *Alle Systeme sind auf Sinn eingestellt,* und dieser Sinn heißt DIENSTLEISTUNG gegenüber der Umwelt – und nicht zuletzt in dieser Erkenntnis liegt eine der Orientierungen, die das Systemdenken zu bieten hat. Wenn dies auch gegenüber jener Umwelt gilt, die wir Unterwelt nennen [Maffia], so bedeutet das lediglich, dass der einzelne hier noch eine weitere

Entscheidung treffen muss: eine moralische. Sinn schließt Moral keineswegs aus, aber Sinn liefert keine Moral. Auch über das, was moralisch sinnvoll ist, muss der Einzelne eine Werte-Entscheidung treffen" (S. 25).

Exkurs: Sinn ist nicht losgelöst vom »Logos«

Mich persönlich überzeugt diese Argumentation nicht ganz. Mir scheint, dass Böckmann mit »Sinn« einen vom »Logos« losgelösten Begriff verwendet, der zwar mehr zu sein scheint als der pure Zweck, aber doch nicht jener *existenzielle Sinn* ist, den – meiner Ansicht nach – Frankl nicht unabhängig vom Ethischen meint, wenn er vom Sinn [der Situation, des Augenblicks, des Leidens usw.] spricht. Die Unterscheidung zwischen Sinn [einer konkreten Situation] und Wert [z.B. du sollst nicht stehlen oder respektiere das Eigentum eines anderen] bedeutet bei Frankl niemals Trennung, sondern eben nur: Unterscheidung. Das Sinnkonzept ist bei Frankl, soweit ich ihn verstanden habe, nicht losgelöst von Grundwerten, die dauerhaft gelten, und es ist nicht losgelöst vom »Logos«, der im Anfang ist. Der Begriff „Sinn", wie ihn Böckmann hier verwendet, ist für mich eher das vital Vorteilhafte, z.B. bei der Maffia, aber nicht der existenzielle Sinn, der immer mit dem »Logos« verbunden bleibt. –

Sehen wir aber weiter, was Böckmann über „Sinn und Evolution" sagt. Er schließe sich zum einen der Auffassung Frankls an, „dass nach allen sinnvollen Erfahrungen, die uns das Leben vermittelt, an dem »Übersinn« des Ganzen nicht zu zweifeln sei. Zum anderen sind wir sehr wohl in der Lage, der Evolution zumindest soweit in die Karten zu gucken, dass wir aus den Tendenzen ihres Ablaufs für unser persönliches Leben – wie aber auch für das Leben im allgemeinen – verbindliche sinnvolle Schlüsse ziehen können" (S. 31). Und weiter:

„Weil der Mensch »von Natur« aus nachdenken muss, ist er aufmerksamer, neugieriger, misstrauischer, interessierter, abwägender als irgendein Tier es sein könnte. (...) Das Tier ist so »dumm« wie ein Computer, der auch nur leistet, was als Möglichkeit in ihm angelegt worden ist. (...) Seit der Herausbildung des menschlichen Bewusstseins ist die Evolution nicht mehr auf biologische Anpassung und Vererbung angewiesen, sondern kann sich auf das individuelle Lernen und – wenn es sein muss auch – auf die sofortige Weitergabe des jeweils Gelernten und Erfahrenen verlassen" (S. 34).

Ethik ist kein Abfall der Evolution

Tiere haben kein Verantwortungsbewusstsein, „der Mensch aber kommt nicht einmal dann um Verantwortung herum, wenn sie ihm noch so lästig ist. (...) Ethik und Moral [und damit das Wissen um Gutes und Böses] sind keine Abfallprodukte der Zivilisation, sondern die Voraussetzung dafür, dass sich überhaupt so etwas wie Vergesellschaftung und damit dann auch Kultur entwickeln konnte" (S. 36).

Exkurs: ETHISCHE BEWUSSTWERDUNG

»Voraussetzung«, sagt Böckmann und hier muss man ihm zustimmen und ergänzen: Ethik ist beim Menschen immer schon – von vornherein, *a priori*, unhintergehbar – buchstäblich *voraus*-gesetzt, und zwar in der geistigen Dimension des Menschen, die ihm aber oft nur langsam in seinem Gehirn bewusst wird. So wie die Lunge in seinem Körper – und schon vorgeburtlich – voraus-gesetzt, voraus-gebildet ist, und er sich über seine Lunge erst dann voll bewusst wird, wenn er plötzlich nur schwer atmen kann, so ist auch das ethische Moment in seinem Geistigen mitgegeben und ihm inhärent. Bewusst wird ihm das Ethische oft erst dann, wenn er selbst Böses tut oder ihm Böses angetan wird. Um diesen »Augenblick der ethischen Bewusstwerdung« in seinem Leben kommt kein erwachsener Mensch vorbei. Böckmann selbst erzählte eine Situation im Krieg [in Russland], in der er wusste, was er – aufgrund eines Befehls – tun *musste* [Häuser von Zivilisten niederbrennen, in denen Alte und Kinder mitlebten], aber nicht wusste, was er tun *sollte*. Etliche Stunden hat es gedauert, bis er sich durchringen konnte, den erkannten »Sinn« jener Situation auch gefühlsmäßig zu erfassen, um dann dem »Soll« zu entsprechen. Und hier fügt sich harmonisch, was Elisabeth Lukas so formuliert hat: „Weder das Sein noch das Sollen stammt von Menschenhand. Doch steht es in des Menschen Hand, sein *Sein* verkümmern zu lassen, indem er das *Sollen* ignoriert, oder sein *Sein* zur vollen Entfaltung zu bringen, indem er sich dem Sollen zu-neigt und zu-bewegt."[63]

Jetzt kann man Böckmann genau verstehen, wenn er schreibt:

„Ohne auch nunmehr ethische Selbststeuerung und damit auch Selbstverantwortung des Menschen hätte die Evolution das Experiment »Bewusstsein« schon längst abschreiben müssen. Das klingt zwar wenig überzeugend angesichts der beinah 150 kriegsähnlichen Ereignisse seit dem Ende des Zweiten Weltkrieges, seit Tschernobyl [1986] und Pol Pot. Aber fragen wir uns andererseits, was aus der menschlichen Geschichte geworden wäre, wenn es nicht immer wieder *Propheten* und Gesetzgeber gegeben hätte, Richter und Gerichtshöfe, vom griechischen Areopag und dem germanischen Thing an, um nur einige zu nennen, bis zum Amtsgericht in Hintertupfsweiler und den Vereinten Nationen, wie viel mehr wir uns auch von allen diesen versprochen haben. Wir sollten die menschliche Entwicklung nicht nur daran messen, was uns alles misslungen ist, sondern auch daran, wie weit wir es seit dem ersten Faustkeil gebracht haben – *mit* Selbstbewusstsein *und* mit Selbstverantwortung" (S. 36).

---

63   Elisabeth Lukas, Spannendes Leben. Ein Logotherapiebuch, München: Profil Verlag 2003, S. 7.

Eine Haupttendenz der Evolution, von insgesamt sechs, sieht Walter Böckmann darin, dass sich Selbstbewusstsein als Voraussetzung von Selbstverantwortung entwickelt hat und damit die Notwendigkeit der Persönlichkeitsentwicklung und damit das Wertebewusstsein. Wer in der Evolution das Walten eines persönlichen Gottes sehen wolle, so Böckmann weiter, könne dies tun, er sollte nur vermeiden, „diesem Gott gleichzeitig noch zu unterstellen, in welcher Reihenfolge und in wie viel Tagen diese Schöpfung vor sich gegangen ist, sofern man eine solche Darstellung nicht als bloße Allegorie betrachten will" (S. 37).

Aus dem Konzept der Evolution hat Frankl die „Entwicklung aller *gesollten* Potentialitäten" herausgelesen, so Böckmann. Damit ist **das Prinzip Verantwortung** für den Menschen das eigentliche „Evolutionsprinzip".

Mit Bezug auf *Technik* gilt: Vor allem sie unterliegt der menschlichen Verantwortlichkeit, „weil sie die angeborenen organismischen Möglichkeiten des Menschen auf gefährliche Weise vervielfacht" (S. 39). Deshalb müsse der Mensch in Punkto Verantwortung *sich selbst* immer *voraus sein,* und ein Gefühl für die Kraft des Geistes in sich selbst bewahren, betont Böckmann.

Exkurs: Gefühl für die Kraft des Geistes

Unmittelbar dazu lässt sich harmonisch ergänzen, was Joseph Anton Schneiderfranken Bô Yin Râ (1876 – 1943) in einem seiner Bücher – und in Form eines Gespräches, das schon 1913 stattgefunden hatte, – so formulierte:

„Alles [was Naturwissenschaften entdecken] ist im letzten Sinne für das Erlebnis des *Urgründigen* völlig gleichgültig. (...) Alles das [was mit Sonne, Blitz, Sterne usw. zu tun haben] ist nur als durchaus *unwesentlich* zu betrachten, wenn es sich um die letzte Wahrheitserkenntnis, um das Erleben des *Ewigen,* handelt ...

Wir [die geistig sehen können] bedauern die menschliche Willensrichtung, die dem Menschen solches Wissen [nach der Art der

Naturwissenschaft] so ungemein *wertvoll* erscheinen ließ, weil sie ihm seinen Weg zum Geiste mehr und mehr erschwert. – –
Er *verliert* durch all dieses Wissen *eine Welt der Gefühle,* in der er *heimisch* bleiben sollte. –
Er schafft sich durch seine Instrumente gigantische Organe gedanklichen Erfassens, die zu seinem gegebenen Erfassungsvermögen durchaus in *keinem* harmonischen Verhältnis stehen, und belügt sich selbst, wenn er glaubt, durch diese, seinen wirklichen Wirkungs-Möglichkeiten längst nicht mehr entsprechenden Verstandes-Erkenntnisse, der Wahrheit, die er doch mit alledem sucht, nur um Fadenbreite näher zu kommen .....
Alles, was er so erreicht, ist das Bewusstsein einer Ohnmacht in bezug auf die ihm gegebene Gewalt, ein Gefühl der *Disharmonie* zwischen ‚*Wissen'* und *Erreichenkönnen.* –
Dieses Gefühl der Ohnmacht verleitet ihn dazu, die ihm *wirklich,* aber in rein *geistiger* Weise gegebene *Macht* gering zu schätzen, während er zu gleicher Zeit mit Stolz auf seine ‚Erfindungen' blickt, ohne sich bewusst zu werden, dass *sie* es sind, [die technischen Erfindungen], die ihm gerade *das Beste* rauben, weil sie das Streben seines *Willens* in durchaus *das eigentliche Endziel fliehender* Richtung erhalten ..... Er verliert den Sinn für das *Relative* in der *Außenwelt,* verliert den Sinn dafür, dass die ‚Gesetze' der Natur, die er so zu erkennen meint, – auch wenn er sie *richtig* erkannte, – doch nur *bedingungsweise* gültig sind, und dass *die Kraft des Geistes* zwar nicht die ‚Gesetze', wohl aber die *Bedingungen* der Außenwelt zu *ändern* vermag .....
Das Ewige aber, das er mit all seinem Mühen doch eigentlich immer klarer erkennen lernen *möchte,* bleibt seiner Erkenntnis auf diese Weise, solange er nicht die Richtung seines Suchens wechselt, – *dauernd fern.* – – – – – – [64]

---

64 Bô Yin Râ (Joseph Anton Schneiderfranken), Das Buch der Gespräche, Bern: Kober Verlag 1978, S. 10 – 12.

Dieser Text leuchtet in sich selbst. Nach meinem Empfinden spricht hier der »Logos« sich selbst aus. Und auch Böckmann drückt es aus, indem er sich auf Viktor Frankl bezieht, dass bei allem Weiterkommen und Voranschreiten, um irgendetwas zu erreichen, um »mehr« aus uns zu machen, noch immer die Frage nach dem WOZU – die Frage nach dem Sinn, wozu das alles gut sein soll, übrig und eine noch zu beantwortende Frage bleibe. Hier führt Böckmann das Konzept »Übersinn« von Frankl ein und schreibt:

Uns ist das Gefühl für das Sinnvolle bewusst

„Der Übersinn ist uns zwar gegenwärtig, aber er ist – wie Frankl es schon gesagt hat – weder denkbar noch beschreibbar, aber auch nicht notwendigerweise beweisbar. Wenn wir einer *Empfindung* sicher sind, dann dieser: ob etwas nicht nur aus dem sachlichen Zusammenhang heraus zweckmäßig, sondern von unserem ganz persönlichen Empfinden her auch sinnvoll ist. Gefühle, als die evolutionär ältere Form der Wahrnehmung, stehen deswegen den rationalen Gedanken keineswegs nach, sondern sind nach wie vor eine eigene und eigenwertige Form der »Welt«-Aneignung, und oftmals sind sie in ihren Entscheidungen sicherer als unser Verstand. (...) Uns ist das Gefühl für *das Sinnvolle an sich* sehr wohl bewusst" (S. 40).

Das gesteigerte, feinere und differenziertere Gefühl, *Werte* wahrzunehmen, heißt auch bei Böckmann *Empfindung,* und nur darin ist der Mensch zum „Finder" geworden. Das aber ist, im Gegensatz zum Tier, nur möglich, weil den Menschen die besondere Dimension des *Geistigen* ausmacht, „die das Psychische sozusagen »überbaut« und die Ausdruck seiner Verantwortung für die bewusste Steuerung [des Psychischen] ist. Das Geistige ist also *nicht* das Rationale, der Verstand, als Funktion der Großhirnrinde, (...) sondern diejenige Dimension, die das eigentlich Menschliche ausmacht, das typische Humanum"

(S. 58). Das typische Humanum aber *erfühlt* und *empfindet* den Geist in sich selbst.

Böckmann zufolge ist der Begriff »Sinn« ein typischer Ausdruck *unseres* [westlichen] Kulturbewusstseins und der »Wille zum Sinn« ist ein typisches Anliegen unserer westlich-europäischen Kultur (vgl. S. 83), diese aber ist *„Sinn-Ausdruck einer vielfältigen Lebensgemeinschaft"* (S. 88).

Und in dieser unserer Kultur trifft es seit Jahrhunderten immer noch zu: „Selbst dann, wenn wir bei einer Sinn-Entscheidung uns gegen den Sinn einer Situation stellen, leugnen wir nicht »Sinn« prinzipiell, sondern lediglich seine spezielle Bedeutung für uns in *dieser* Situation: Sinn-Negation setzt immer noch Sinn voraus" (S. 92f.). Denn, so Böckmann weiter:

„Sinn ist fundamental und permanent. Wir leben in sinnhaften Zusammenhängen, und wir erkennen Sinnhaftes. Am Anfang jeglicher Erkenntnis war der Sinn, und er ging diesen Erkenntnissen voraus, denn wie sollten wir ihn sonst erkannt haben können, wenn er nicht eher dagewesen wäre als das zu Erkennende ... und der Erkennende selbst. (...) *Am Anfang war der Sinn.* Und er war eher da als das Erkennen. Dieses – unser Bewusstsein – ist auf Sinn angelegt. Wir können gar nicht anders, als Sinnhaftes und Sinnloses zu unterscheiden; aber nur in unserem Erkennen wird Sinn in dieser Welt *bewusst,* nicht jedoch durch dieses Bewusst-Sein erst begründet " (S. 94f.).

An dieser Stelle ist philosophische Tiefe zu spüren. Ja. Gesagt ist hier, dass der Sinn, der im Anfang war, [ist!], nicht dadurch zustande kommt, dass unser Gehirn irgendwann Gestalt, Bedeutungen und Zusammenhänge erkennt, sondern, dass dieser *a priori* gegebene Sinn immer schon dem Wollen und dem Erkennen *ontologisch* vorausgeht. Das menschliche Bewusstsein ist niemals Schöpfer der Wirklichkeit, so auch nicht des Sinns, denn es ist selbst ein „Teil" dieser – nicht von

Menschenhand gemachten – Wirklichkeit. „Weder das Sein noch das Sollen stammt von Menschenhand" (E. Lukas).

Es ist dieser [*a priori* gegebene] Sinn, den der Mensch – immer wieder in konkreten Situationen – erfühlt. Dabei lässt er sein kleines Ich, sein Ego, weit hinter sich und geht den Weg der Aufgaben-Verwirklichung; denn *„Sinn als Dienstleistung heißt Aufgabenverwirklichung in Selbsttranszendenz"* (S. 102). Der Mensch »wird« und entwickelt sich immer nur an anderen, in Selbstvergessenheit und durch Hingabe an eine Aufgabe. Dies aber erfordert, meint Böckmann, „die Verantwortung zu individualisieren und zu radikalisieren" (S. 105), denn nur unsere *ungeteilte Verantwortung,* – die alle Bereiche: Technik, Wirtschaft, Gesellschaft, Justiz, Religion durchdringt, – ermöglicht, „das für das Ganze Sinnvolle zu realisieren" (S. 106). *Gesellschaftsbewusstsein* – fern von jeder Zwangsverordnung – müsse von nun an *„als Herausforderung zur innovativen Gestaltung"* wirksam werden, sagt Böckmann zutreffend (vgl. S. 106).

Arbeit aber hat nicht nur etwas mit dem Ansehen in der Gesellschaft und der sozialen Bedeutsamkeit zu tun, natürlich auch, sondern vielmehr ist Arbeit „die Selbstdarstellungsweise seiner [des Menschen] Seele",[65] und darüber hinaus, wie Böckmann formuliert, „ein Miteinander wie auch ein Füreinander". Arbeits- und Aufgabenteilung sind unerlässlich, „und die Bedeutung des einzelnen für das System hängt vom Wert seines Beitrags für das System, von seiner Arbeit ab. Nur anerkannte Arbeit und somit akzeptierte Dienstleistung bedeuten soziale Sicherheit" (S. 113).

„In dem Erkennen des WAS des Gewirkten und Bewirkten, aber auch im WIE und nicht zuletzt im WOZU drückt sich die Eigenart, die eigene Art eines Menschen aus, aber auch seine soziale Bedeutung. Was er kann, das macht ihn zum Fachmann: Wie er arbeitet, das kennzeichnet mitunter nicht nur seine fachlichen, sondern auch seine persönlichen Qualitäten, und das

---

65   Bô Yin Râ, Das Gespenst der Freiheit, Bern: Kober Verlag 1990, S. 92.

Wozu sagt etwas aus über den ideellen wie den sozialen Zusammenhang, in den sich ein Mensch eingebunden fühlt. (...) Das »Ich kann etwas« und das »Ich bin etwas« [nicht zuletzt durch meine Arbeit] sind unmittelbar voneinander abhängig, und das »Ich habe etwas« sollte eigentlich erst die Folge davon sein. (...) Der Wert der Dienstleistung in der Zusammenarbeit bestimmt auch den Rang in der gesellschaftlichen Hierarchie. (...) Auch in der technisch am weitesten entwickelten Gesellschaft beruht alles noch auf Arbeit. Das Sozialprodukt ist der Wert des Arbeitsergebnisses *aller,* und nicht ein abstraktes Verständnis von Politik und Ideologie bestimmen die gesellschaftliche Entwicklung, sondern allein die auf *Arbeit* beruhende Wirtschaft" (S. 113f.).

Böckmann distanziert sich von einer Politik, welche nur die Rhetorik bestimmt und sehnt sich nach Politiker, die fähig sind, *die auf sinnvolle Arbeit beruhende Wirtschaft* nach sinn- und werteorientierten Kriterien zu gestalten. Aufgrund seiner eigenen Erfahrungen und aus Kenntnis der Geschichte sagt er auch: Kriege werden aus raubwirtschaftlichen Gründen geführt (vgl. S. 114) und nur wahre *Leistung des Geistes* als ein Kampf „gegen den inneren Schweinehund" kann das bisher Außergewöhnliche zuwege bringen, nämlich: dass man auf Erden auch ohne Kriege gut – sogar viel, viel besser – leben kann. Einen Satz von Böckmann abgewandelt, kann gesagt werden: Die höchste *Selbstherausforderung* besteht nicht im Besteigen eines 8000er Gipfels im Himalaya-Gebirge, sondern in der dauerhaften Überwindung des Hasses und des Neides im eigenen Herzen, wodurch allein der Krieg langsam aus der Geschichte der Menschheit verschwinden wird. Das allein ist wahre, höchste, geistige Leistung oder die höchste Selbstherausforderung für den Menschen: für den einzelnen wie für die Gesellschaft insgesamt. Das allein nannte die Sufi-Mystik »*Dschihad*«, heiliger Krieg, als der einzig berechtigte Krieg zur Überwindung des Hasses im eigenen Herzen.

„Das Charakteristikum der menschlichen Motivation ist es ja gerade, dass der Mensch fähig ist, nach etwas zu streben, was nicht nur wieder auf ihn selbst verweist (Frankl): arbeiten eben nicht, um wieder arbeiten, sondern um sinnvoll leben zu können und gegebenenfalls auch außerhalb der Arbeit Werte ganz anderer Art zu verwirklichen. (...)
Gerade weil Menschen die Möglichkeit haben, vorausschauend und vorausschaffend zu arbeiten, also heute bereits ein Pensum zu absolvieren, das morgen Müßiggang oder zweckloses, aber sinnvolles Schaffen ermöglicht, eben weil Arbeit mehr wert sein kann als nur am Maße des zeitlichen Arbeitseinsatzes selbst zu ermessen ist, hat Arbeit – über die kreativen und sozialen Aspekte hinaus – diese den Menschen kennzeichnende Sinn-Bedeutung und nicht nur die ansonsten auch bei Tieren anzutreffenden Zweckmäßigkeiten. Daraus resultiert, dass es unmenschlich ist, dem Arbeitenden den Mehrwert vorzuenthalten, den er braucht, um neben dem Zweck auch noch einen (jeweils individuellen) Sinn zu erfüllen" (S. 122).

Im Kapitel IV im Abschnitt „Führung als Sinn-Vermittlung – Pädagogik als Menschenführung" kann man den pädagogischen Eros von Walter Böckmann förmlich spüren und mit Begeisterung liest man (lese ich) Sätze wie diese:

Es sei das fatale Missverständnis vieler Mächtiger zu glauben, „dass sie Macht auch darüber hätten, was der einzelne für sinnvoll zu halten habe und was nicht. (...) Auch in der Schule missverstehen viele Lehrer (und so ziemlich alle Kultusministerien), dass der Sinn der Schule nicht im Unterrichtsstoff, sondern je nach Altersstufe im Lernen-lernen [im das Lernen lernen] besteht: in der Konzentration auf bestimmte gedankliche Inhalte, im methodischen Denken, in der Beherrschung psychophysischer Funktionen, in der Zusammenarbeit, im gegenseitigen

Helfen, in der Selbstüberwindung, in der Freude am Lernenkönnen und im Stolz auf das Gelernte, in der Erfahrung von Lob und Anerkennung und im Umgang mit Enttäuschungen, Niederlagen, (...) in der Übernahme von Verantwortung, in der Erprobung der eigenen Zuverlässigkeit ... und vielem mehr. Wohlbemerkt: der Sinn!" (S. 124)

Sinnverständnis ist Selbsterkenntnis

Harte Kritik übt Böckmann an den Zuständen, die seiner Ansicht nach [1989] immer noch in den Schulen herrschen. Statt als Ort der *Persönlichkeitsentwicklung* zu sein, – die einer der stärksten Impulse des Menschen überhaupt ist, – sind Schulen vielfach das Gegenteil davon, so dass man letztlich sich nicht zu wundern braucht, „warum auch zweitklassige Politiker immer wieder ein Heer von anbetungssüchtigen Wählern finden, Törichte und Denkfaule eingeschlossen" (S. 125), die in unseren Schulen durch eine verfehlte Pädagogik „herangezüchtet" werden, und dann wiederum wörtlich: „Die Schule als Schüttelrost, der durch »Herausprüfen« dem Staat schon das Menschen-Material für seine vielfältigen Aufgaben liefern wird ... Gelegentliche verbale Bekundungen des Gegenteils reichen noch nicht einmal aus, um ein schlechtes Gewissen der Beteiligten auch nur anzudeuten" (S. 126). Worum es in der Schule gehen soll, ist dies:
„Pädagogik ist Menschenführung und die absolute Gegenposition zur Schulmeisterei, die einstmals Sache kriegsentlassener unversorgter Unteroffiziere war" (S. 126).

Bleibende Aktualität haben auch diese Sätze: „Persönlichkeitsentwicklung als Methode und Zielsetzung kann gar nicht früh genug beginnen. Wenn erst einmal kommerzielle Interessen, Einkommen, Prämien, Karriere und Prestige das Arbeitsleben weitgehend bestimmen, ist es für die Entwicklung zur Persönlichkeit zu spät. Unser politisches System, [in der Bundesrepublik 1989] das für den aufstrebenden Politiker mit einem langen Marsch durch die Institutionen beginnt, verleiht einer solchen ungefestigten Figur dann ihre endgültige Gestalt. Ehe der Betreffende schließlich das Ende des Karrieretunnels erreicht, hat er bereits soviel Stromlinienförmigkeit angenommen, dass er nur noch als politischer Aal das Licht der relativen Handlungs- und Gedankenfreiheit erblickt. Viel Staat ist mit diesen Erzeugnissen einer verfehlten gesellschaftlichen Erziehung nicht mehr zu machen.

Der Sinn der Gesellschaft, Forum für die Individualentwicklung im Dienst an der Gemeinschaft zu sein, ist dann ebenso verfehlt wie der *Sinn des Einzeldaseins in dieser Gesellschaft:* Persönlichkeitsentwicklung zur Selbstverantwortlichkeit in einer Gemeinschaftsbildung. (...) Nur [gereifte] Persönlichkeiten widerstehen Versuchungen, verzichten zugunsten sinnvoller Entwicklungen auf das »schnelle Geld«, widerstehen den Scheinzwängen des Prestigedenkens, sind unabhängig von der sogenannten öffentlichen Meinung, lassen sich nicht nur mitten im großen Strom treiben, sondern »steigen auf wie der Drache im Gegenwind«..."[66] (S. 127f.).

Nicht nur in der Wirtschaft und der Arbeitswelt, sondern auch in der Schule gilt, so Böckmann, dass Führung zu Leistungshandeln motivieren und die Voraussetzungen dafür schaffen soll. Denn:

„Führung fragt: nach dem Subjekt (wer soll handeln), nach dem motivationalen Aspekt (wie wird motiviert) und ist *sinn*-orientiert (welche individuelle Bedeutung hat das Handeln für den Betreffenden). Führung begründet *Ko-Operation"* (S. 129).

---

66 Bô Yin Râ (Joseph Anton Schneiderfranken), Das Gespenst der Freiheit, Bern: Kober Verlag 1990, S. 22.

Schließlich kommt Böckmann im Kapitel VI zum Thema „Sinn und Selbst" erneut auf den Begriff *Sinn* zu sprechen und stellt fest: Der [konkrete] Sinn sei in der *Beziehung* zu suchen, „die zwischen dem erkennenden Subjekt und der erkannten situativen Bedingung besteht" (S. 155), wobei zu bedenken gilt: Situationen seien „sinn-herausfordernde Konstellationen von Subjekten und Objekten, in denen es bei den jeweiligen Personen gilt, ob eine gegebene Herausforderung erkannt und per Sinn-Entscheidung anerkannt und angenommen wird oder nicht. Für den bewusst handelnden Menschen ist sinnvolles Handeln eine *Notwendigkeit* und angeborene Wesenseigentümlichkeit" (S. 156).

Was aber **Notwendigkeit** – als das hehre Prinzip »**Ananké**« – anbelangt, ist an dieser Stelle zu ergänzen:
„Notwendigkeit ist das höchste, geistige Ordnende im Menschen, wie in allem Leben" [also auch in der Wirtschaft!]
Notwendigkeit ist die gesetzte Ordnung des Allgefüges, dem der Einzelne einbezogen ist'.
„Keiner kann diesem Gefüge und seiner Ordnung sich auch nur für Augenblicke entwinden, mag er auch alles für seine Vorstellung zu negieren suchen, außer sich selbst!
Stets bleibt er in Wirklichkeit mit dem unermesslichen Ganzen vereint, – schädigt sich selbst, wenn er diesem Ganzen nicht entspricht, und schädigt das Ganze, wenn er sich selbst nicht aus innerer Ordnung zu entfalten weiß. –
Nur das wirkliche Geschehen aber ist hier entscheidend!"[67]

Damit zurück zu Böckmann, der weiterhin schreibt: „Dem Erkennen eines Sinns, geht eine Sinn-Entscheidung voraus. (...) Sinn-Erfüllung stellt eine freie Entscheidung für das Mögliche vor dem Hintergrund des Wirklichen dar. (...) Widersinnig leben

---

67   Bô Yin Râ, Das Gespenst der Freiheit, Bern: Kober Verlag 1990, S. 22f.

kann der Mensch auch, offenbar jedoch nur auf Kosten seiner Identität" (S. 159f.).

Das Selbst oder das Selbstische zu erkennen, ist Selbsterkenntnis und diese beruht auf die Erfahrung der eigenen Identität, so Böckmann. Auf der Stufe des Menschlichen handle es sich nicht um bloßes Bewusstsein, sondern um Selbst-Bewusstsein, „und das besagt, dass ein Selbstisches da sein muss, das sich selbst erkennen und mit dem es sich identisch fühlen kann" (S. 162).

Böckmann fasst dies in der Kurzformel zusammen: Ich bin nicht nur *ein anderer,* sondern auch *anders,* [nämlich anders als die anderen „Iche", mit denen mein „Ich" ein „Wir" bilden kann]. Was mein „Ich" liebt, zeigt mir, wer „Ich" bin. Wobei „Ich" als „die *Form der Einheit* alles Seienden"[68] immer schon ein »**Ich im L** *ich* **t**«[69] ist, lässt sich hier harmonisch ergänzen. Erfahrung der eigenen Identität [lat. *id est entis* = es ist dasselbe Seiende] bedeutet demnach, mein „Ich im Licht" – bei allen Wandlungen und Veränderungen hindurch – immer wieder und immer öfters und dauerhafter zu erleben. Was Böckmann »das Selbtische« nennt, nenne ich »das Geist-Ich«, das sich im Licht seiend erlebt, das sich als »Geistesfunke« im Licht erkennt.

Glaube, Hoffnung, Liebe, so Böckmann, „sind nicht nur religiöse Inhalte von starker Aussagekraft, sondern auch Persönlichkeitskriterien; vielleicht sind sie überhaupt die persönlichsten. In ihnen »lebt« der Sinn des Menschen in seiner höchsten, seiner transzendenten Form, und in ihnen findet auch die unmittelbarste Selbstfindung des Menschen statt, weil nichts Gegen-Ständliches ihm mehr gegenübersteht.

---

68   Bô Yin Râ, Das Buch der Gespräche, Bern: Kober Verlag 1978, S. 104.

69   Siehe: Erich Rauch, Spiritualität und höhere Heilung, Heidelberg 1998, S.131.

Der Philosoph *Graf Hermann Keyserlingh* hat einmal gesagt, dass der kürzeste Weg des Menschen zu sich selbst um die Welt herum führe. Das könnte auch das Motto dieses Buches sein.

Auch wir haben einen Blick in diese Welt hinein getan, die eine Welt voller Sinn ist. Dies sollte uns auch das Sinnvolle unseres eigenen Daseins bewusst machen, das wir in jeder Situation aufs neue erfahren und verwirklichen können. *Was* wir dabei als das für uns ganz persönlich Sinnvolle verstehen, ist zugleich das für uns selbst Verständliche, das Selbstverständnis, in dem wir uns selbst wiedererkennen:

SINN-VERSTÄNDNIS *IST* SELBST-ERKENNTNIS" (S. 174).

Und der alte Spruch von Delphi, »ERKENNE DICH SELBST«, ließe sich auch so variieren: Erkenne dein Selbst als Geist-Ich, das ur-gründig in einem Sinn-Zusammenhang begründet ist.

Vom Sinn zum Gewinn
Eine Denkschule für Manager
Wiesbaden: Gabler Verlag 1990

Auch in diesem Buch kommt Böckmanns „Urthema" zur Sprache: die sinnorientierte Führung, die etwas anderes ist als die sachbezogene Leitung. Unternehmen agieren nur dann dauerhaft auf der Gewinnerseite, wenn ihre Produkte einen positiven Beitrag für die Gesellschaft und die Umwelt leisten. Böckmann zeigt: Sinn ist die fundamentale Motivation menschlichen Handelns, und sinnorientiertes Handeln berücksichtigt auch die Sinn-Bedürfnisse der anderen. Dies gilt auch für ein *sinn-volles* Führungskonzept.

Im Teil I: *Über sinn-orientiertes Denken,* behandelt Böckmann sechs Themenbereiche, die da sind: Über den grundlegenden Unterschied zwischen Sinn und Zweck (1). Wahrnehmen – Bewerten – Entscheiden (2). Über das konstruktive Denken (3). Über das produktive Denken (4). Über das intuitive Denken (5). Über das paradoxe Denken (6).

Im Teil II: *Über Sinn-Orientierung in der Unternehmens-Leitung,* kommen vier Themenbereiche zur Sprache: Unterschied zwischen Führen und Leiten (1). Sinn und Zweck in der Unternehmens-Leitung (2). Über das strategische Denken (3). Über das taktische Denken (4).

Im Teil III: *Über Sinn-Orientierung in der Mitarbeiter-Führung,* werden vier Themenbereiche reflektiert: Sinn und Zweck in der Mitarbeiter-Führung (1). Führen als Motivieren (2). Führen als individuelle Maßarbeit (3). Und: Das Sinn-Konzept der Geführten als Denk-Ansatz der Führung (4).

Im Teil IV: *Über Sinn und Gewinn im unternehmerischen und individuellen Denken,* geht es Böckmann um drei Themen: Gewinn ist sinn-orientiert (1). Das Unternehmen und seine Gewinne (2). Und: Der Einzelne und seine Gewinne (3).

Im Folgenden werden manche Gedanken, die Zündkraft haben, wörtlich zitiert und auch sinngemäß zusammengefasst, vor allem solche, die bisher nicht so explizit zur Sprache gekommen sind. Texte in eckigen Klammern [...] sind von mir.

Die höhere Weisheit des Paradoxen

„Der Begriff *paradox* bezeichnet etwas Unerwartetes, manchmal sogar Unsinniges, „das zwar auf den ersten Blick unlogisch oder widersprüchlich zu sein scheint, jedoch auf den zweiten Blick, beim näheren Durchdenken, auf eine Wahrheit höherer Ordnung verweist. (...)
Dass uns Logik allein [in nicht wenigen Fällen] kaum weiterhilft, macht schon einer der gängigen Verrücktenwitze deutlich: Ein Mann, der meint, dass er eine Maus sei, wird [aus der Psychiatrie] ‚als geheilt entlassen'. Aber schon nach wenigen Minuten kommt er zu seinem Arzt zurückgelaufen und sagt: ‚Dahinten sitzt eine Katze!' Ärgerlich sagt der Psychiater zu ihm: ‚Sie wissen doch jetzt, dass Sie keine Maus sind!" Worauf der scheinbar Geheilte antwortet: ‚Aber ja, aber weiß das auch die Katze?'
Jeder Mensch hat im Grunde genommen – zwar nicht seine eigene Logik, wohl aber – sein eigenes Verständnis von Realität: Der Irre genauso wie der sogenannte Normale und bei den Normalen wiederum die Vielzahl derer, die durch die Brille einer ganz bestimmten Weltanschauung starren: der politische Fanatiker genauso wie der politisch Uninteressierte, der Gläubige wie der Atheist oder derjenige, der, wie er meint, nur die objektiven Erscheinungen des Daseins, gewissermaßen naturwissenschaftlich, berücksichtigt.
Unlogisch kann dabei immer nur die Verknüpfung der Sachverhalte sein, während die Sachverhalte selbst sich nicht an der Logik, sondern an der Realität messen lassen müssen. (...) Beim paradoxen Handeln geht es immer um einen erst auf den zweiten Blick erkennbaren Nutzen und immer darum, dass man diesen Nutzen nur dann verwirklicht, wenn man dabei sozusagen mit den Augen des anderen sieht" (S. 82f.).
„Das Paradoxe ist das Sinnvolle, das meist erst auf den zweiten Blick als das eigentlich Wirkungsvolle erkannt wird.

Einer meiner Nachbarn wurde durch unser manchmal laut dröhnendes Garagentor gestört, das kaputt war und sich meinen Reparaturbemühungen gegenüber unzugänglich erwiesen hatte. (...) Also erschien eines Tages mein weiser und handwerklich ungleich begabterer Nachbar und brachte stillschweigend mein Garagentor in Ordnung. Ergebnis: Ein leiseres Garagentor und feurige Kohlen auf meinem Haupte, die mich jedesmal mahnen, das Tor leise zu schließen. (...)

Das Dümmste, was Menschen tun können, ist zu drohen. Das entlastet zweifellos für einen Augenblick ihre Gemütslage: Warte mal ab, dir werde ich's heimzahlen!

Aber der andere weiß nun Bescheid! Und er weiß, dass er jetzt aufrüsten muss, und die beste Verteidigung, so heißt es doch, ist immer noch der Angriff. Der Droher macht die Lage also nur noch gefährlicher. Die nächste Stufe der Drohung ist dann die Abschreckung und die übernächste ,die totale Verteidigung: die Bedrohung durch Unangreifbarkeit (wie beim SDI Programm des ehemaligen US-Präsidenten Reagen), weil sie dem Unangreifbaren dann praktisch alles erlaubte (falls sie glückte) und den Bedrohten dann nur noch zu Verzweiflungstaten hinrisse" (S. 84f.).

„Was hilft, ist denken. Paradox denken – denken, was auf den ersten Blick widersinnig erscheint und erst auf den zweiten eine höhere Weisheit offenbart: niemals drohen und niemals übertreiben, weder mit Worten noch mit Waffen – will man tatsächlich nachhaltige Wirkungen erzielen (und dabei übertreibt man doch gerade um der Nachhaltigkeit willen!). Eher untertreiben und Gelassenheit zeigen – auch wenn es schwerfällt. (...)

Drohung wie Abschreckung halten einen Gegner nur solange ab, wie der Angreifer nicht überlegen ist. Abschreckung zwingt zur Rüstung bis zur wiedererlangten Überlegenheit, und einen überlegenen – oder sich für überlegen haltenden – Angreifer hat noch niemand abgeschreckt" (S. 85).

„Wir schrecken vor dem Paradoxen zurück, weil wir *die höhere Weisheit,* die auf den zweiten Blick erst erkennbare, nicht abwarten können. Wir möchten schnelle Erfolge sehen und sichere dazu, und darüber verfehlen wir so vieles, was notwendig ist" (S. 86).

„Wenn wir hier von paradoxen Problemlösungen ausgehen, dann heißt dies: *Von den anderen her denken* [und fühlen]. Man kann auch sagen: Problemlösungen suchen, die *auch* im Interesse der anderen liegen" (S. 88).

„Das Paradoxe könnte die Welt verändern. Schon vor 2000 Jahren hat jemand die dazu notwendige, wohl paradoxeste Weisheit aller Zeiten ausgesprochen. Nehmen Sie sie einmal nicht als religiöse Mahnung, sondern als pure Psychologie:
Liebe deinen Nächsten – segne, die dich verfluchen, und tue wohl denen, die dich hassen und verfolgen: Nicht erst, wenn sie brav zu Kreuze gekrochen sind, wie die abgewirtschafteten Planstrategen und Machttaktiker des Ostblocks, wie ein abgeschlagener Konkurrent oder sonst ein Intimfeind, sondern schon *vorher"* (S. 93).

„Führung ist immer eine unmittelbare und persönliche Beziehung zwischen Menschen und sie muss stets auf persönliche Anerkennung und Akzeptanz bedacht sein. Führung muss vierfach akzeptiert sein: einmal in der Persönlichkeit des Führenden, in seinem Charakter, zum anderen in seiner sachlichen Kompetenz, zum dritten in den Zielen der Führung und viertens auch in den anzuwendenden Mitteln" (S. 100).

„Die Motivation der Mitarbeiter kommt nicht von den objektiven Zwecken, die von der Unternehmensleitung festgesetzt werden, sondern vom *subjektiven SINN des individuellen Handelns.* Dessen Verwirklichung aber ist die eigentliche Aufgabe der Führung" (S. 101).

„Der Sinn jeglichen wirtschaftlichen Handelns ist Dienstleistung – die Zwecke haben sich diesem Sinn unterzuordnen." [Der Kunde sei gewiß nicht „König", sagt Böckmann, sondern er sei *Partner*], „nicht mehr aber auch nicht weniger. Er muss das Gefühl haben, dass man nicht um jeden Preis um ihn herumscharwenzelt, (…), denn durch nichts kann man den Verdacht so schnell erwecken, einem anderen schließlich doch das Fell über die Ohren zu ziehen, wie durch allzu große Beflissenheit" (S. 106). [Planung sei nur so viel wert], „wie die geplanten Ereignisse und die dabei in Be-Rechnung gestellten Rahmenbedingungen Aussicht auf Verwirklichung haben; Planung an sich besagt noch gar nichts. (…) Notwendig ist auf alle Fälle eine *Vorbereitung* auf und ein *Bereitsein* gegenüber künftigen Ereignissen ohne alle Plan-Gläubigkeit" (S. 112).

„Strategie beschreibt das WAS, das WO und das WANN. Aufgabe der Taktik ist das WIE, und über Aufwand und Kosten, die MITTEL, müssen sich Strategen und Taktiker miteinander verständigen" (S. 121).
Will Strategiedenken wirklich erfolgreich sein, „muss es vor allem anderen das, was man für Realität hält, kritisch auch mit den Augen der anderen durchmustern – sehr weit vorausschauen, mit vielfältigen Vernetzungen rechnen und in Alternativen denken. Aus purer Not lernen wir heute [1990], *Kooperation* der Konfrontation vorzuziehen" (S. 125).

„Eine Bedürfnis-Situation ist stets älter als jegliche Information dazu oder darüber. Die Nachfrage nach spezifischen Informationen hat stets etwas mit einem Problemlösungsbedarf zu tun, der in der zugrunde liegenden Situation besteht" (S. 127).

Böckmann vertritt die Ansicht, dass die Fähigkeit zu leiten, zu führen, zu erziehen und zu heilen die »Grundtugenden« der alten Könige sind, die zugleich Priester und Ärzte waren. So gesehen seien Strategie wie Taktik irgendwie „Kunst" und „Wissenschaft" zugleich. Daraus folgt, so Böckmann: Strategisches wie taktisches Verhalten sei deshalb nur in einem begrenzten Maße lehr- wie lernbar (vgl. S. 130). Und mit Bezug auf das gefährliche Kostendenken heißt es weiter:

„Kostendenken ist *nicht nur* nützlich, sondern hat auch seine Gefahren. Die Liste der Unternehmen ist lang, die an mangelndem Kostendenken zugrunde gegangen sind. Aber nicht minder lang ist die Reihe derjenigen, denen die *Fixierung auf die Kostenseite* den Blick auf die Weiterentwicklung versperrt hat" (S. 137).
„Der Sinn der Leitung ist die sachliche Verwirklichung der Dienstleistung, die das Unternehmen gegenüber der Öffentlichkeit erbringt. Der Sinn der Führung ist die Motivierung der Mitarbeiter zu dieser Dienstleistung" (S. 143).

„Sinn-orientierte Führung fragt danach, unter welchen individuellen und subjektiven Bedingungen die einzelnen Arbeitssituationen so gestaltet werden können, dass sie für jeden Beteiligten irgendeine sinnvolle Herausforderung bieten und somit die Möglichkeit individueller Sinn-Erfüllung in der Arbeit" (S. 145).
„Führen heißt immer motivieren – und motivieren heißt in erster Linie: von dem anderen her denken. (...) Ein Führer muss viel wissen von denen, die er führen will, denn sonst wäre er zum Beispiel in einem Unternehmen nicht in der Lage, aus Sicht der Unternehmensleitung *objektiv zweckmäßige* und aus Sicht der zu Führenden *subjektiv sinnvolle* Herausforderungen zu schaffen" (S. 147).
„Um überhaupt genügend wissen zu können, [von denen, die man führt], müssen geführte Gruppen *klein* sein" (S. 148).
„Führen heißt nicht vorschreiben, sondern (gelegentlich) auch vormachen" (S. 149).
„Führung, die auf *Sinnerfüllung in der Arbeitszeit* abzielt, muss von den Sinn-Konzepten der zu Führenden angepackt werden

– denn die Motivation kommt vom Sinn und nicht von noch so zweckmäßig im Leitungsinteresse ablaufenden Arbeitsprozessen" (S. 151).

„Das persönliche Sinn-Konzept des Mitarbeiters – wie es im einzelnen auch aussehen mag – muss immer Ausgangspunkt des Führungsdenkens sein und kann durch keine andere ‚Modell'-Vorstellung ersetzt werden" (S. 158).

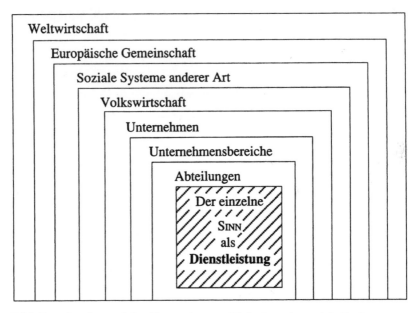

Bild: Der einzelne und das Unternehmen – Einbettung in soziale Systeme

„Eine sinn-orientierte (systematische Erfassung) der Gewinn-Möglichkeiten umfasst eine ganze Reihe von finanziell nicht oder nur annäherungsweise einzustufender Parameter, die nichtsdestoweniger von großer kommerzieller Bedeutung sind. Darüber hinaus erweist sich der Gewinn als ein höchst komplexes und in sich differenziertes Geflecht aus unterschiedlichen Zuwächsen" (S. 163f.).

Bild: Unternehmens-Gewinn

„Zuwächse an echten, nicht kreditierten, *liquiden wie investiven* Mitteln rechnen üblicherweise zur Gewinnseite. Dabei ist jedoch zu bedenken, dass letztere möglichst auf der Linie zukunftsorientierter Planung liegen und nicht nur der Konsolidierung traditioneller Marktstrategien dienen sollten. Unabhängig davon verstärken liquide Mittel alle anderen Zuwächse" (S. 164).

Gewinn und der »Sinn des Wir«

„Der Markt honoriert *zuerst denjenigen, der eine neue Dienstleistung erbringt,* und dann erst die anderen, die alte Dienstleistungen lediglich verbessern. (...)

„Der Evolution wie dem Markt ist nicht an den Stabilisierungen und Standardisierungen, an der Erhaltung von Standorten, Standpunkten oder Besitzständen gelegen, sondern an Offenheit für Weiterentwicklung, und zwar in jeder Weise: wissenschaftlich, technisch, sozial und wirtschaftlich. (...)
SINN heißt immer offen sein für Innovationen. (...) Aber Sinn heißt auch ein sinnvolles Verhältnis zur Zeit haben, den richtigen Zeitpunkt für das Innovative abzupassen, dann, *wenn die Zeit reif ist* – wie überhaupt, die Entwicklung nicht zu verpassen. Das gilt für die Reifung der Feldfrüchte im Sommer wie für das Reifen einer Idee, (...) vielleicht auch für *die Idee des Friedens* in einer Zeit, in der Kriege weder ökologisch noch ökonomisch mehr zu führen sind" (S. 165f.).

„Wir müssen uns [wie Adam und Eva] immer wieder aus sogenannten Paradiesen des Wohlfahrtsstaates, der ideologie-abgesicherten Risikolosigkeit im politischen Denken und des stumpfsinnigen Verbrauchs-Denken vertreiben lassen, um neue Ufer der *Selbstverantwortlichkeit,* der allgemeinen Dienstleistungsverpflichtung und der *geistigen* Vorwärtsstrategie zu gewinnen. (...)
Das bedeutet, bei der Planung des eigenen Nutzens auch den Nutzen der anderen, der Kunden, der Mitarbeiter wie der Umwelt ganz allgemein, mitzuplanen und einzukalkulieren – denn SINN IST IMMER AUCH DER SINN DER ANDEREN.
Das ist das innovative Denken in unserer Zeit. Es ist ein Missverständnis zu glauben, wir müssten uns wie Wölfe benehmen, bloß weil die Wölfe (auch unter uns) noch immer nicht ausgestorben sind" (S. 166).

Mit dem Soziologen *Gustav Ichheiser* unterscheidet Böckmann zwischen *Leistungstüchtigkeit* – als die Tüchtigkeit, die aus der tatsächlichen Leistung spricht, – und *Erfolgstüchtigkeit,* welche diejenige

Fähigkeit meint, aus einer Sache mehr zu machen, als sie verdient, und fügt dann hinzu: Zweifellos ist es, dass Marktgeltung nicht selten *mehr* ein Produkt der Erfolgstüchtigkeit als der Leistungstüchtigkeit eines Unternehmens sei, wobei letztere gewiss nicht sinnvoll sei, „aber sie kann (vorübergehend) gewissen Zwecken dienen" (S. 168). Und dann wörtlich:

„*Marktanteile* und damit Macht (der Monopolisten wie der großen Vertriebsorganisationen mit ihren oft erpresserischen Methoden der Konditionsvereinbarung) sind häufig das Hauptziel, das sich Unternehmensleitungen setzen, nicht nur aus Eitelkeit, Marktführer in diesem oder jenem Marktsegment sein zu wollen, sondern aus einem verqueren Sicherheitsdenken, weil man Marktanteile mit Sicherheit am Markt verwechselt. Gegen einen hohen Marktanteil ist gar nichts zu sagen, wenn er sich als Folge einer klugen Angebotspolitik ergibt und es sich finanziell lohnt. Für Marktanteile gilt jedoch dasselbe wie für den Erfolg: man sollte beide nicht er-zielen wollen (beim Erfolg geht das ohnehin nicht), sie müssen er-folgen" (S. 168).

Den Begriff »Gewinn« könne gar nicht umfassend genug definiert werden, denn jeder Gewinn-Aspekt hängt mit anderen zusammen, so Böckmann, und es sei unumgänglich Not wendend zu begreifen:

„Sinn-Orientierung des sozialen Systems »Unternehmen« stelle die *Überlebensfähigkeit des Systems* – und das sind in erster Linie Menschen und nicht eine papierne Bilanz oder ein Firmen-Mantel – über jede andere Ausdrucksform des unternehmerischen Denkens, sei es als Bindung an eine angestammte Technologie oder die regionale Verfügung über Grundstoffreserven, die nur am Tropf marktfremder Subventionen (»Jahrhundertvertrag«) mobilisiert werden können. In einem solchen Fall kann das wirtschafts- und unternehmensstrategische Denken von wahltaktischen Überlegungen völlig verdunkelt werden, und man müsste eigentlich an den logischen Fähigkeiten der Beteiligten zweifeln. Die entscheidende Frage ist doch vielmehr: Betrachtet man ein Unternehmen als technisches Aggregat mit auswechselbarem Personal (...), oder gewöhnt man sich daran, Unternehmen als Arbeits- und Lebens-Gemeinschaften mit, falls erforderlich, auswechselbarer Technologie und somit auch veränderter Dienstleistung zu sehen? Wäre letzteres nämlich der Fall, müsste man ganz andere strategische Überlegungen anstellen; man hätte sein Augenmerk (...) vor allem auf die unveränderte Dienstleistungsfähigkeit der Systeme zu richten, deren viel sichere *Folge* dann Vollbeschäftigung ist.

Diese Überlegungen müssen völlig unabhängig von jeglichen branchentraditionellen Denkgewohnheiten (nicht nur des Managements, sondern auch der Belegschaften!) stattfinden, die ihrer Industrie in unveränderter Form offenbar Ewigkeitscharakter beimessen. Die strategische Frage (...) kann doch nicht lauten: wie kann man unverändert Stahl, und zwar in gewissen Mindestmengen und zu Mindestpreisen und von einer bestimmten Region aus mit allen Transport- und sonstigen Kostenproblemen anbieten, sondern: *womit kann man solche Umsätze und mit welchen Erlösen erzielen, um die soundso viele tausend Arbeiter weiterzubeschäftigen?* ‚Stahl' und ‚Beschäftigung' sind zunächst einmal getrennt und hierarchisch auf unterschiedlichen Ebenen zu sehen, und es sind Lösungen zu suchen, die jedes Problem für sich angehen und nicht die eine Lösung durch die Bindung an die andere zunichte machen. Dasselbe betrifft als Denkbeispiel die ‚nationale Energiereserve Kohle'" (S. 170f.).

„Nach wirtschaftlichen Sinn-Gesichtspunkten ist es *falsches* strategisches Denken, wenn man danach fragt, unter welchen Subventionsbedingungen immer noch Kohle *gefördert* werden kann, anstatt lediglich zukünftige (wieder erweiterte) Förderungsmöglichkeiten technisch offen zu halten. Ein strategisches Denken ganz anderer Art hat sich dann auf die menschlich und wirtschaftlich sinnvolle Nutzung des Arbeitspotenzials zu richten" (S. 171).

Mit Bezug auf die Frage nach dem Gewinn des Unternehmens heißt es: „Wenn eine *Dienstleistung* (wie in den hier als Beispiel genannten Branchen) im bisherigen Umgang von der Umwelt [und der Mitwelt] nicht mehr honoriert wird, muss man davon ausgehen, dass die Systeme selbst ihren *Sinn* verloren haben. Bei einer Subventionierung findet die Dienstleistung nur noch gegenüber dem Subventionierten, aber nicht mehr gegenüber dem übergeordneten System statt. Aber sinnlos gewordene Systeme können auch keine sinnvollen Gewinne machen" (S. 172).

Und mit Bezug auf die Frage nach dem Gewinn des Einzelnen schreibt Böckmann: „Hatten wir als Sinn des sozialen Systems ‚Unternehmen' Dienstleistung in der Verbindung mit den übergeordneten Systemen erkannt, so liegt auch der Sinn des einzelnen Individuums in den Charakteristiken seiner sozialen Einbettung, die ein gegenseitiges *Geben und Nehmen* bedingen. Dass wir damit den einzelnen Menschen keiner kollektivistischen Ordnung unterwerfen (‚Du bist nichts, dein Volk ist alles' oder ‚Die Partei hat immer recht'), versteht sich von selbst.[70] Unser (...) Sinn-Denken hat ja deutlich gemacht, dass soziale Systeme nicht aus gleichgeschalteten uniformen Elementen bestehen können, sondern aus *unterschiedlichen* Individuen bestehen müssen, deren Überleben die Voraussetzung für ihre Dienstleistung gegenüber den übergeordneten sozialen Systemen ist.

---

70 Böckmann grenzt sich hier wiederum scharf ab von den Wahnvorstellungen des Nationalsozialismus, die er zwischen 1933 und 1945 selber erlebt hat.

Je mehr ein Individuum in eine Gemeinschaft – ob Familie oder Unternehmen – hineinwächst, umso mehr ist es notwendig, dass sich seine Persönlichkeit in Richtung Sinnverwirklichung als Werteverwirklichung (Frankl) entwickelt. (...)
Auf *Zuwächse an Persönlichkeitswerten* (Zuverlässigkeit, Vertrauenswürdigkeit, Echtheit, Loyalität und nicht zuletzt auf ein sich mehr und mehr entwickelndes Verantwortungsbewusstsein) zielt nicht nur jede sinnvolle Pädagogik ab, sondern beruht auch die Rolle, die der einzelne in einem Unternehmen spielen kann und durch die sein individueller Beitrag zur Zweckerfüllung und Sinnverwirklichung im Unternehmen gekennzeichnet ist. Ein technisches Genie ohne Loyalität ist eine Gefahr für ein Unternehmen; eine intellektuelle Spitzenkraft ohne Verantwortungsbewusstsein richtet mehr Schaden an als eine Vielzahl von ehrlichen, aber nur mäßig begabten Funktionären; und ein Leitender mit allen intellektuellen und charakterlichen Begabungen, aber mit einer deutlichen Entscheidungsschwäche beschwört den Niedergang eines Unternehmens geradezu herauf" (S. 174).

„Wo eine *vertrauensvolle Führung* versagt, kommt meist auch eine misstrauische Kontrolle zu spät. (...) Das persönliche Wertebewusstsein der Mitarbeiter ist von den Wertebezügen in einem Unternehmen nicht zu trennen" (S. 175).

Über *Prestige* und *Macht* ist zu sagen: „Keines von beiden ist in sich fragwürdig, und beide können ein Gewinn sein. Sie sind allein danach zu bewerten, wie sie erworben wurden und wie und wozu sie eingesetzt werden. Auch für diese Art von Gewinn ist wieder der Sinn der Maßstab, denn auch im persönlichen Leben ist Gewinn sinnorientiert.
Macht an sich kann jedoch niemals Sinn, sondern immer nur Zweck sein. (...) Der Sinn der Macht kann sich nur in dem of-

fenbaren, was der Betreffende damit anfängt. (...) Wenn er sie zu etwas einsetzt, steckt der Sinn in diesem Etwas und nicht in der Macht, sie ist immer nur Mittel und damit Zweck. Nur dann, wenn sie im Dienste einer auch von anderen anerkannten Aufgabe steht, stellt sie einen Gewinn dar.

Auch Ansehen oder Prestige lassen sich – wie Macht – nur von ihrem Sinn-Bezug her als Gewinn definieren. Nur derjenige, der seinen Einfluß, sein Ansehen, seine materiellen wie intellektuellen Mittel in Übereinstimmung mit seiner Umwelt [Mitwelt], in sozialer Akzeptanz, einsetzt, kann all das als Gewinn verbuchen. Einem noch so mächtigen Egoisten oder gar einem Diktator wachsen ‚bestenfalls' Verachtung, Furcht oder gar Hass zu. Auch dazu sagt der Sinn das letzte Wort, in dem er das Destruktive und sich letzten Endes gegen den Mächtigen selbst Richtende dieser ‚Zuwächse' entlarvt – denn SINN IST IMMER AUCH DER SINN DER ANDEREN" (S. 176).

Was Böckmann in diesem Buch geleistet hat, ist von hoher Aktualität gerade angesichts der Krisen in der Europäischen Union.
Er hat gezeigt, worauf es in erster Linie ankommt, nämlich: Probleme kritisch auf ihre strukturellen Ausgangsbedingungen hin zu untersuchen, letztere gegebenenfalls umzustrukturieren, um dadurch zu den richtigen Fragen und über diese zu den richtigen Lösungen zu gelangen.
Sogenannte „Rezepte" als vorgefertigte Patentlösungen sind Böckmann zufolge fatal. Nur ein Innovationsdenken, das sich des immerwährenden Risikos bewusst ist, kann weiter helfen. Angst vor dem Risiko ist kontraproduktiv, ohne *Wagnis* gibt es keine richtige Problemlösung.
Jedes Problem soll auch *paradox* – mit den Augen der anderen – gesehen werden, und das heißt: Nicht nur vordergründig „logisch" sehen, sondern *auf den zweiten Blick* das Sinnvolle und von *höherer Weisheit* aus betrachten lernen. Das Sinnvolle und die höhere Weis-

heit stellen nach Böckmann das wichtigste Kriterium eines sinn-orientierten Denkens dar, und das allein sollte für eine moderne Unternehmens-Leitung wie Mitarbeiter-Führung relevant sein.

So erschließen sich dem Gewinn-Denken unter Sinn-Gesichtspunkten vielfältige Bezüge, die „neben den üblichen materiellen Kriterien auch die ganze Fülle der ideellen Inhalte umfasst. Dadurch erhält auch das strategische Denken ganz neue Orientierungen, wie sie durch Begriffe wie Unternehmenskultur, ökologische und gesellschaftliche Verantwortung, mitarbeiterorientiertes Denken und anderes mehr gekennzeichnet sind" (S. 182f.).

LOGOTHERAPIE UND SINN-THEORIE
Überlegungen zum therapeutischen wie außertherapeutischen
Umgang mit dem Frankl'schen Sinn-Begriff und seiner
erweiterten Definition im Rahmen einer Sinn-Theorie
In: Journal des Viktor-Frankl-Instituts, Heft 2/1997,
S. 106 – 124.

In diesem relativ späten Essay unternimmt Böckmann den Versuch, dem Sinn-Begriff im Rahmen einer Sinn-Theorie neue Perspektiven abzugewinnen. Seine Gliederung sieht so aus: Sinn in der Arbeitswelt; Sinn-orientierte Didaktik in der Schule; Sinn und Geschichtsschreibung; Sinn-Theorie und Kulturtheorie; Sinn und Glaube und schließlich Anmerkungen.

Das bisher Erkannte und Ausformulierte soll hier noch einmal in Form einer dichten Synthese – im Rahmen der internationalen Fachzeitschrift für Logotherapie – dargelegt werden, so ist jedenfalls mein Eindruck beim Lesen dieses Essays. Dabei sind manche Wiederholungen unvermeidbar, wobei Böckmann auch in seinen Wiederholungen neue Elemente – schöpferisch, differenzierend, weiterführend – einbaut. Eine teilweise wörtliche Wiedergabe und sinngemäße Zusammenfassung seiner Gedanken – mit manchen kritischen Anfragen und Ergänzungen – soll im Folgenden geboten werden.

Motive seien zunächst inhaltslose Begriffe, „und müssen erst durch ein »Was (motiviert)« und »Wozu (motiviert es)« Substanz erhalten. Ihren Ursprung haben sie in der Persönlichkeitsstruktur des Betreffenden, und das bedingt auch ihre uneingeschränkt individuelle »Note«: was den einen in Bewegung setzt [lateinisch *motivare,* etwas in Bewegung setzen], bringt den anderen noch längst nicht aus der Ruhe. (Was nicht ausschließt – siehe Psychologie der Massen nach *Le Bon* –, dass auch einmal mehrere Leute, ja ganze Nationen, durch bestimmte Motive in

Marsch gesetzt werden können).[71] Mit dem »Sinn« nach Frankl haben sie gemeinsam, dass sie von individuellen und situationsabhängigen Kriterien mobilisiert werden" (S. 107).

Der Mensch sei immer darauf, „sich möglichst sinnvoll zu verhalten und etwas als sinnvoll Erkanntes auch zu verwirklichen oder zumindest verwirklicht zu sehen, und er leidet darunter,wenn weder das eine noch das andere stattfindet oder er überhaupt keinen Sinn mehr in seinem Leben erkennt" (S. 107).

Böckmann plädiert für ein *erweitertes* Sinn-Verständnis im Rahmen einer *Sinn-Theorie* und bittet den Leser darum, diesen Gesichtspunkt „vor allem dann im Auge zu behalten, wenn im Folgenden die Definitionen nicht mehr original Frankl sind, sondern lediglich erkennbar von ihm abgeleitet" (S. 108).
Böckmann empfindet den Ausdruck *Logos* im Wort *Logotherapie* als Anlass permanenter Missverständnisse, [viele denken hier oft an *Logopädie,* auch wenn sie deutlich hören, dass Logotherapie gesagt wurde], und darum verwendet er in den von ihm weiterverfolgten Bereichen lieber die Bezeichnung »Sinn-Theorie«. Dies allerdings mache dann noch die Herausarbeitung einiger anderer Besonderheiten erforderlich, wie diese:
Die drei Werte-Kategorien von Frankl – schöpferische Werte, Erlebniswerte und Einstellungswerte – müssen „differenziert bzw. variiert werden, um im Wirtschaftsalltag praktikabel zu werden", das heißt:

---

71 Zum wiederholten Male verweist hier Böckmann auf eigene Erfahrungen, die er im Nationalsozialismus gemacht hatte und die ihn geprägt haben. Böckmann verweist auch auf das nach wie vor aktuelle Buch „Psychologie der Massen" (Hamburg: Nikol Verlag 2009) des französischen Soziologen und Philosophen Gustave Le Bon (1841 – 1931), der die Stellung eines „Führers" im Leben einer Nation 50 Jahre vorweggenommen hatte.

Erstens. Zu den »Kreativen Werten« müssen »Produktive Werte« treten, denn, so Böckmann weiter, „nicht jede kreative Werteverwirklichung" sei zugleich „auch produktiv und umgekehrt,
„und für die allein produktiv Arbeitenden" sei ihre Arbeit „nicht
weniger sinnvoll als das Kreative an der Arbeit der kreativ
[schöpferisch] Arbeitenden" [wie z.B. bei den großen Künst-
lern].

Zweitens. Weiter müsse man die Erlebniswerte in »sozial bedingte« bzw. *sozial gebundene* und »sozial unbedingte« [wie
Kunst- und Naturerlebnis] bzw. *sozial ungebundene* unterteil-
len. Mit Bezug auf die Arbeitswelt, so Böckmann, „scheiden
die sozial ungebundenen Erlebniswerte leider weitgehend aus;
die Beispiele sind für eine Kulturnation geradezu deprimierend.
Umso wichtiger sind die »sozial-gebundenen« Werte wie Kollegialität, Solidarität, Loyalität und ähnliche, sofern sie nicht zum
Selbstzweck werden und [so] die Arbeit ruinieren" (S. 109). –

Hier ist, meiner Ansicht nach, die wichtige Anmerkung zu machen,
dass beispielsweise Loyalität, – ein „Wert im sozialen Zusammenhang", – während des Nationalsozialismus bis zur letzten Perversion
ausgehöhlt wurde. Die unheilvolle Mentalität, jeden Befehl, der „von
oben" kommt, auszuführen, verkörperte sich in Abertausenden von
Nazis. *Adolf Eichmann* ist ein widerlich typisches Beispiel dafür. Bei
seiner Vernehmung in Israel sagte er dem Sinne nach: „Ich gehörte zu
den Menschen, die sich kein eigenes Urteil bilden. Führerworte hatten
Gesetzeskraft. Ich habe also gehorcht. Egal, was man mir befohlen
hätte, ich hätte gehorcht, denn Eid ist Eid."

Drittens. Man muss auch noch zwischen den »Einstellungswerten à la Frankl« unterscheiden, „die bis zur letzten Selbsttranszendenz, der Aufopferung, gehen können und »ideellen Werten«,
bei denen im Gesellschafts- und Wirtschaftsleben nie *gefordert*
werden darf, dass man dafür sein Leben zu geben habe" (S. 109).

Fazit nach Böckmann: „Der logotherapeutische und der sinn-theoretische Verwirklichungskatalog weisen untereinander Unterschiede auf, weniger inhaltlicher Art als bezüglich ihrer praktischen Relevanz" (S. 110), schreibt Böckmann und bringt ein Beispiel: „Ein Todkranker mag Sinn noch im Hinausblicken auf die Blumenpracht vor seinem Fenster finden, ein Unbezahlter nicht" (S. 122, Anmerkung 7).

Dem bisher Gesagten ist zuzustimmen, meine ich, und auch dem nun folgenden Satz kann ich meine Zustimmung geben: Eine Persönlichkeit lässt durch das, was ihr subjektiv sinnvoll erscheint und sie zur Erfüllung drängt, auch etwas über sie selbst – über ihre Persönlichkeitsstruktur und ihren Charaktertypus – erkennen. So weit, so gut.

Exkurs: Sinnvoll erscheinen und sinnvoll sein ist nicht dasselbe

Nach dem Motto, »sag mir, was dir sinnvoll erscheint und ich sage dir, wer du bist«, kann sowohl ein Verbrecher wie ein Heiliger erkannt werden, folgert Böckmann, wobei ich selbst an dieser Stelle folgende Unterscheidung für wichtig erachte: Dem Verbrecher mag es als *sinnvoll erscheinen,* eine Bank in die Luft zu sprengen – und in Kauf zu nehmen, dass dabei Menschen sterben – um an das Geld heranzukommen, einem Heiligen aber erscheint dies nicht sinnvoll, weil es **nicht** sinnvoll **ist.** Oder: Hitler mochte es als sinnvoll *erscheinen,* die Juden ausrotten zu müssen, doch in Wirklichkeit **war, ist** und **wird** es **nicht** sinnvoll sein, eine Nation auszurotten. Oder, um auf die Krise in der Europäischen Union Bezug zu nehmen: Manchen an und für sich hervorragend informierten Bankiers mag es als sinnvoll erscheinen, Prämien, Boni und andere persönliche Vorteile für sich selbst auszahlen zu lassen, oder extrem riskante und verantwortungslose Geschäfte zu tätigen, aber an und für sich **ist** das alles **nicht** sinnvoll. Genauso wenig sinnvoll ist es, wenn Risiken, die skrupellose Anleger eingehen, von wem auch immer [meistens von Regierungsvertretern] honoriert und sogar garantiert werden. Mit diesen Beispielen, die beliebig fortgesetzt werden könnten, soll gezeigt werden, dass ein sehr feiner und subtiler Unterschied besteht zwischen »sinnvoll erscheinen« und »sinnvoll sein«. Ich spüre zum wiederholten Male Widerstand in mir, wenn ich lese, dass Sinn völlig mit dem identifiziert wird, was einem subjektiv als sinnvoll erscheint. Das, was viele, z.B. in der Zeit des Nationalsozialismus, des Faschismus und des Kommunismus, für „sinnvoll" oder gar als „rechtmäßig" deklariert haben, war in den allermeisten Fällen sinnwidrig, sinnlos, unrechtmäßig, verbrecherisch und sogar eminent böse. Man möge hier als Leser nicht enttäuscht sein, wenn ich auf weitere Beispiele verzichte. Der springende Punkt ist doch die immer wieder zu lernende und zu erfühlende Unterscheidung, dass »der Logos, der im Anfang ist« nicht mit dem Zweck verwechselt werden darf, was zwar auch Böckmann oft betont, aber – zumindest in manchen seiner Reflexionen – nicht angemessen berücksichtigt. So sagt er, und damit kehren wir zu seinem Essay zurück:

Sinn – Zweck und *Mittel* müsse man explizit unterscheiden. Man müsse vor Augen halten:
Die Frage nach dem *Sinn* lautet – *wofür* ist etwas gut?
Die Frage nach dem *Zweck* lautet – *was* kann zur Verwirklichung des Sinns stattfinden?
Die Frage nach den *Mitteln* lautet – was ist dafür das *angemessene Mittel?* (Vgl. S. 109f.).

Und dann schildert Böckmann eine Situation mit Herausforderungscharakter, die hier ausführlich zitiert wird:

„Ich bringe einen Verletzten zur Operation in ein Krankenhaus. *Sinnvoll* ist meine Hilfeleistung. *Zweckmäßig* ist dazu die Fahrt ins Krankenhaus, und der Zweck somit ein Mittel zur Sinnverwirklichung. *Mittel* zur Verwirklichung des Zwecks ist das Auto. Weder das Auto noch das Krankenhaus noch die Fahrt als solche sind per se sinnvoll, sondern werden nur aus meiner individuellen und situativen Sicht »Hilfeleistung« sinnvoll. Das Sinnvolle (»der Sinn«) liegt also nicht subjektiv bei mir und nicht objektiv beim Krankenhaus oder beim Auto, sondern *in der Beziehung,* die ich mit meiner Entscheidung zur Hilfeleistung zu beidem aufbaue.

Der Zweck muss dem Sinn entsprechen, muss auf ihn hin angelegt sein – wir müssen also tatsächlich in ein Krankenhaus fahren und nicht in eine Kneipe – und das Auto muss auch in der Lage sein, uns zu befördern (...), – das Mittel muss also dem Zweck entsprechen.

Somit gibt es
a) sinnvolle und zweckmäßige (auf den Sinn hin ausgerichtete) Ereignisse
b) sinnvolle, aber zwecklose,
c) sinnlose, aber zweckmäßige, und
d) sinnlose und zwecklose Ereignisse.

Beispiele für
a) Der oben skizzierte Krankentransport [sinnvoll und zweckmäßig]
b) meine Hilfeleistung, wenn der Verletzte unterwegs bereits stirbt [sinnvoll, aber zwecklos]
c) die immerhin erfolgreiche Öffnung eines leeren Tresors durch einen Geldschrankknacker [sinnlos, aber zweckmäßig], und
d) die nur noch reflexhaften Bewegungen eines schwer »Geisteskranken« [sinnlos und zwecklos].

Nur dann, wenn man Sinn und Zweck klar voneinander trennt, kommt man hinter die jeweiligen Beweggründe = Motive" (S. 110), schreibt Böckmann und fügt einige Zeilen später hinzu: „Wer je mit Motiven zu tun hat, lernt sehr schnell zwischen Sinn, Zweck und Mittel zu unterscheiden – und stets gilt der Satz: *Die Motivation kommt vom Sinn"* (S. 111).

Fortsetzung des Exkurses. Sicher ist diese Argumentation schlüssig, wobei ich bei lebendiger Seelenempfindung zu bezweifeln wage, dass diejenigen Nazis, die den Holocaust sich ausgedacht und diejenigen, die als Helfershelfer die Juden bestialisch ermordet haben, vom »Sinn her« die Motivation bekommen haben. Deshalb sage ich: Mag obige Argumentation schlüssig sein, etwas in ihr stimmt trotzdem nicht. Es ist nicht der »Logos« der Logotherapie à la Frankl gemeint, sondern eben eine andere Bedeutung des Wortes, die noch zu klären ist. Dabei hilft es wenig, zu sagen, dass im Deutschen mit dem Wort »Sinn« so viele und verschiedene Bedeutungssphären assoziiert werden können, wie z.b. Trübsinn, Frohsinn, Widersinn, Schwachsinn usw., denn Frankl hat den griechischen Begriff »Logos« [ein unaufgebbares »Grund-Wort« des Abendlandes] wiederholt und grundsätzlich deutlich als »Sinn« und »Geist« übersetzt und – beide, das Menschsein zutiefst prägende und ihm inhärenten Größen: Sinn wie Geist – *ontologisch* verstanden, also als *ein* von seinem Seinsbestand nach nicht vom Menschen zu setzende *Apriori,* das dem Wollen vorgelagert und einer *subjektivistischen* Deutung oder gar wissenschaftlich sauberen Definition entzogen bleibt, wobei der *konkrete Sinn* wie auch der *Über-Sinn*dennoch durch subjektive Anstrengung entdeckt, erfühlt, abgetastet, wahrgenommen und voll erkannt, dann aber auch realisiert werden kann.

Ist etwas, eine konkrete Handlung, auf den Sinn hin ausgerichtet, wie Böckmann im Beispiel der Hilfeleistung ausführt und dabei ausdrücklich „sinnvolle und zweckmäßige Ereignisse" sagt, so muss dieser Sinn in irgendeiner Weise schon *vorgegeben* sein, – und sei er nur als Möglichkeit, die erst durch meine Entscheidung „Fleisch-Blut-Realität" wird, – und außerdem muss der so vorgegebene Sinn einen Bezug zu einem bleibenden Wert, z.B. die Würde des Menschen als geistige Person, haben, der wiederum nicht ein nur eingebildeter Wert, sondern ein dauerhaft geltender Wert ist. Dann aber kann ich besser nachvollziehen, wenn Böckmann sagt: Weder sei der Sinn subjektiv bei mir, noch sei der Sinn objektiv beim Krankenhaus oder beim Auto, sondern vielmehr sei der Sinn *in der Beziehung,* die ich mit meiner Entscheidung zur Hilfeleistung zu beidem aufbaue, weil [und das muss *ich* hier ergänzend hinzufügen], weil der Verletzte als die meiner Entscheidung vorausgehende, objektive Größe bzw. Gegebenheit bzw. personale Wirklichkeit mich anspricht, und mich zur Hilfeleistung herausfordert.

Und in einer anderen, nicht weniger dramatischen Situation, kann es so aussehen, wie Frankl als ein Überlebender von vier Konzentrationslagern es formuliert hat, als er 1980 über seine Erlebnisse im Lager sprach und sich so ausdrückte:

Nach alledem, was wir während des Zweiten Weltkrieges erlebt und erlitten haben, „erscheinen die tradierten Werte und Ideale nicht mehr verbindlich. Es kommt [heute] darauf an, den Sinn zu finden, der im Gegensatz steht zu den Werten; denn die Werte sind Sinnuniversalien, die sich im Laufe der Menschheitsgeschichte herauskristallisiert haben. Im allgemeinen heißt es: *Du sollst nicht stehlen.* Aber es gibt Situationen, in denen das einzig Sinnvolle sein mag, zu stehlen. Ich denke an ganz konkrete Situationen in Konzentrationslagern, in denen das Organisieren, wie es im Krieg [das Stehlen] geheißen hat, das war, was nicht nur zum Überleben verholfen hat, sondern auch, wenn auch in einem Mikromaßstab, das Regime geschädigt hat. Also es gibt Situationen, in denen die allgemeinen Werte [z.B. du sollst nicht stehlen oder du sollst das Eigentum des anderen respektieren] schon längst nicht mehr gelten. Der konkrete Sinn aber, den gibt es immer. Den Sinn muss man finden, und man kann ihn auch finden. Der Sinnfindungsprozess ist eine Art Gestaltwahrnehmungsprozess."[72]

Sinn finden aber heißt, etwas entdecken, was schon, wenn auch verborgen, da ist; eine Wertmöglichkeit wahrnehmen, die mich angeht, – z.B. ein Medikament aus der Lagerapotheke zu stehlen, damit einem Mithäftling geholfen werden kann; einen leisen „Anruf" in einer bestimmten Situation zu vernehmen, die mich motiviert, einem sinnlosen Befehl – z.B. Häuser von Zivilisten nicht anzuzünden – nicht zu gehorchen [Böckmanns eigenes Beispiel]; eine neue und andere Alternative der Handlung innerhalb der Bankgeschäfte ausfindig zu

---

72   Viktor E. Frankl/Franz Kreuzer, Im Anfang war der Sinn. Von der Psychoanalyse zur Logotherapie. Ein Gespräch, München: Piper Verlag 1986, S. 28.

machen, die nicht nur mir, dem Bankier, als zweckmäßig erscheint, sondern für viele Kunden *sinnvoll ist* usw. usf. Und so gibt es nicht nur Situationen, in denen die allgemeinen Werte schon längst nicht mehr *anerkannt sind,* [ich möchte hier lieber so sagen, um das von Frankl verwendete Wort „gelten" zu vermeiden], sondern es gibt ebenso Situationen, – auch innere und innerseelische Situationen in einem Menschen, – in denen schon der erste Gedanke den eigentlichen Sinn verfehlt. Wer auch immer zuerst den Gedanken gedacht hat, es sei „gut" oder gar „sinnvoll", die Juden in Europa massenhaft zu ermorden, der hat mit diesem ersten Gedanken, der später eine grauenvolle Eigendynamik entwickelt hat, den »Logos« als *Sinn* und *Geist* schon im Ansatz verfehlt.

Wenn die Motivation vom Sinn kommt, wie Böckmann richtig sagt, dann muss dieser [konkrete] Sinn mit dem »Logos« in Verbindung sein. Bildhaft und in anderen Worten gesprochen: Wenn auf Erden irgendwo natürliches [und nicht durch Elektrizität generiertes] Licht, Lichtfunke, Lichtstrahl zu sehen ist, muss dieses Licht von der Sonne seinen Ausgangspunkt nehmen. Man kann die Spiegelung des Sonnenlichtes in der Pfütze für das reale Sonnenlicht halten oder sie mit dem Licht der Sonne verwechseln, und doch bleibt der Unterschied bestehen: Das Licht der Sonne geht jeder Spiegelung voraus. Das Licht der Sonne bleibt für jeden Lichtfunken unserer Erde das diesem *ontologisch vorgelagerte Apriori.* Wiederum in anderen Worten gesprochen: So wie die Wahrheit die Norm ihrer selbst und des Falschen ist, [nach Spinoza: *veritas norma sui et falsi est*], so ist der »Logos« als Sinn ursprünglicher Maßstab für den Unsinn, Widersinn, Trübsinn, Schwachsinn. Das alles nur zu denken, reicht freilich nicht. Den »Logos« muss der Mensch auch meditieren, erfühlen und in seinem Innersten erspüren. Und das kann er auch, prinzipiell, da er selbst ein auf den »Logos« eingestimmtes Geisteswesen ist,um hier Bezug auf *Heraklit* zu nehmen. – Damit zurück zu Walter Böckmanns Essay.

Nach seinem Modell ist der Sinn eines Gesamtunternehmens [in der Wirtschaft] *das Überleben* – „allerdings nicht um seiner selbst willen. Überleben heißt Entwicklung. Entwicklung heißt

Weiter-Entwicklung, wobei unter Umständen auch Gesund-schrumpfung eingeschlossen ist. Um überleben zu können, ist das Unternehmen (...) auf vielerlei Input (von der Information bis zum Materialeinkauf etc.) angewiesen. Den erhält es aber nur durch gegenseitige Dienstleistung – vorausgesetzt, die eigene angebotene Dienstleistung wird (am Markt) benötigt und (vom Markt) ausreichend honoriert.

Dienstleistung erscheint also hier als *Zweck,* um den Sinn, das Überleben, im Hinblick auf die Außenbeziehungen des Unternehmens zu sichern. In den Innenbeziehungen des Unternehmens hat auch jeder Einzelbereich [Bereichs-Sinn: Geschäftsleitung, Verkauf, Produktion, Einkauf] einen Sinn und einen Zweck" (S. 111).

„Wenn die Dienstleistung eines Bereichs [Leitung, Einkauf, Produktion, Verkauf] nicht mehr auf den übergeordneten Sinn ausgerichtet ist, sondern sich ‚verselbständigt' und sein Zweck somit zum Selbstzweck wird, geht das Unternehmen kaputt. (...) Ist ein Unternehmenszweck – z.B. in der Automobilindustrie die Abteilung Entwicklung und Produktion – nicht mehr auf das Überleben des Gesamtunternehmens und dessen notwendige Dienstleistungserfordernisse ausgerichtet, produziert es als Typen, die der Markt nicht honoriert, so ist *ein Zweck* (Neuentwicklung) zum *Selbstzweck* geworden, und das Unternehmen geht daran zugrunde. (...) Eine Analogie, die sich hier zur Psychotherapie anbietet, [ist]: Gelingt es einem Menschen nicht, einen sinnvollen Beitrag (ganz gleich wem gegenüber) zu leisten und verfällt er dafür auf eine für ihn mögliche Ersatzhandlung, die jedoch sein Problem nicht löst und meist auch noch seine Sozialbeziehungen erheblich stört bis zerstört, dann sprechen wir von einer Neurose. Die Neurose ist subjektiv sinnvoll und objektiv zwecklos. Die Entwicklung einer unverkäuflichen Typenvielfalt von Automobilen ist für den Entwickler, so genial er sein mag, subjektiv sinnvoll und für das Unternehmen – als Selbstzweck – objektiv verhängnisvoll, zwecklos" (S. 112).

Der weitere Kerngedanke von Böckmann ist, dass Leben seinen Sinn in sich trägt und alles tut, um am Leben zu bleiben, denn Leben will *leben* und *überleben*. Mit Bezug auf den einzelnen Menschen stellt man fest, so Böckmann weiter, dass ein Individuum sein Überleben »durch sich nützlich machen für andere« gewährleistet, so dass diese anderen es honorieren, alimentieren, und dies geschieht nur, wenn es ihnen einen (nicht beliebigen, sondern) akzeptierten Dienst leistet. Überleben ist also auf *wechselseitige Dienstleistung* angewiesen" (S. 113f.). Und Böckmann ergänzt in den Anmerkungen: Sinn sei Dienstleistung, die überleben lässt, wobei hier der Begriff *Dienstleistung* „die honorierfähige Akzeptanz schon einschließt, denn sonst wäre es eben kein Dienst, sondern irgendein Getue" (Anmerkung 12, S. 122). Wiederum in anderen Worten:

„*Überleben* und *Dienstleistung* als *Inbegriff von Sinn* erweisen sich also als untrennbar miteinander verbunden – aber dennoch nicht als identisch: *Sinn ist Überleben (Selbsterhaltung) durch Dienstleistung.*

Persönlich würde ich im Wiederbewusstmachen der lebensnotwendigen Dienstleistung Existenzanalyse sehen und in deren Realisierung Logo-Therapie" (S. 114).

Eine annähernd genaue Kenntnis der Sinn-Struktur, der Sinn-Erwartungen eines Menschen könne etwas zur Vorhersage seines Verhaltens beitragen, meint Böckmann, weshalb – gerade im Zusammenhang mit der Führung, aber auch der Therapie – solche Kenntnisse wichtig seien, aber nicht, um zu manipulieren, sondern im Hinblick auf die sinnorientierte Führung. Böckmann erwähnt hier, sich auf seine früheren Schriften beziehend, dass das Offenlegen der Sinn-Erwartungen der Mitarbeiter [eines Unternehmens] und deren Gegenüberstellung mit den tatsächlich am Arbeitsplatz angetroffenen Möglichkeiten (oder

Frustrationen) zu recht eindrucksvollen Motivationstechniken geführt habe. Böckmann meint hier sein S.E.E.-Test, [Sinn-Bilanz bzw. Sinn- und Selbsteinschätzungs-Test] und hebt die spontanen sozialen Rollen hervor, „die ihre nahezu ausschlaggebende Bedeutung für die Motivation am Arbeitsplatz erwiesen haben" (S. 115).

Was die Schule anbelangt, plädiert Böckmann für eine *sinn-orientierte* Didaktik, welche die notwendige Voraussetzung „einer halbwegs aussichtsreichen Erziehung und Ausbildung" wäre, denn gerade „im Gesamtbereich des Pädagogischen entscheidet das *Wie* über den Erfolg des Was" (S. 115).

Ungleich schwieriger sei die Frage nach Sinn und Zweck in der Geschichte bzw. Geschichtsschreibung zu betrachten, sagt Böckmann und merkt kritisch an: Auch in den Geschichtswissenschaften sei so gut wie nie von »Sinn« als Kriterium die Rede. Das ist bis heute nur allzu wahr. Zumindest im Kontext der Geschichte eines bestimmten Volkes oder einer Nation sollte nach dem Sinn gefragt werden und bei historischen Prozessen sich der Komplexität von Motivationsbedingungen bewusst sein. Bei einer „so irrlichternden Figur wie Hitler" seien die oftmals irrationalen Sinn- und Motivationssprünge gewiss viel komplexer als bei Bismarck, bemerkt Böckmann.[73] Gerade die Geschichtsschreibung offenbare, dass Historiker immer wieder auf den „individuellen und situativen" Sinn zu sprechen kommen, meint Böckmann und grenzt sich ab von einem „definitiven Sinn" [der Geschichte oder einer geschichtlichen Epoche], denn die *komplexen Wechselwirkungen* in der Geschichte fordern die Geschichtsschreibung eher dahingehend heraus, „die Frage nach dem Sinn immer wieder neu zu stellen und diesen Sinn auch immer wieder neu zu definieren" (S. 117). –

---

73 Und ich möchte hinzufügen: Bei Hitler wie bei Stalin [und bei manchen anderen Diktatoren] muss man die Realität des Bösen, dem sie frei zugestimmt haben, mitberücksichtigen, und auch dann bleibt es für den menschlichen Verstand ein „mysterium iniquitatis" (Geheimnis des Bösen), um all das Grauenvolle völlig zu verstehen, was eben Hitler und Stalin den Menschen angetan haben. Siehe dazu: Otto Zsok, Vom guten und vom bösen Menschen, St. Ottilien: EOS Verlag 2002.

Ergänzende Bemerkung: Wir definieren den Sinn nicht, wir entdecken ihn, oft nach nur langem Mühen; dann aber umschreiben, charakterisieren und legen wir ihn in Worten der Zungensprache dar, um den so entdeckten Sinn unserem Gehirnbewusstsein nahe zu bringen. Ich wage ein Beispiel. Der Zweite Weltkrieg (1939 – 1945) hatte möglicherweise keinen Sinn, und wenn doch, dann heißt er in der Perspektive des Rückblicks: *Katharsis*. Der Krieg war jedenfalls keine Dienstleistung an die Menschheit. Dass die Menschheit auf Erden trotzdem überlebt hat, ist *das* Wunder des 20. Jahrhunderts und, ja, Wunder haben in irgendeiner Weise mit einer höheren *geistigen Lenkung* zu tun, wobei ich das hier einfach behaupte, ohne „wissenschaftliche Beweise" liefern zu wollen.

Wenn in jenen Jahren der Zerstörung – in Europa, in Asien und in Afrika – viele einzelne Menschen dennoch Sinn erleben und erfahren konnten, dann war dies ihre persönliche, *geistige Leistung* mit Bezug auf Verwirklichung echter Werte.

Böckmanns Ausführungen zur »Sinn-Theorie als Kulturtheorie« empfinde ich persönlich vielfach fragwürdig. Dass Sinn-Suche des kulturellen Hintergrundes bedarf, wenn sie sich nicht in Beliebigkeit verlaufen will, leuchtet mir ein. Ebenso ist mir nachvollziehbar, dass das Wertemuster einer Kultur dem Einzelnen zunächst im Prozess der Sozialisation vermittelt wird und dasselbe gelte auch für das Gewissen, das letztlich ein „kulturelles (und nicht genetisches) Erbe" sei, schreibt Böckmann und ergänzt in den Fußnoten: „Ich weiß: Frankl denkt hier anders, und wir haben wer weiß wie oft darüber gesprochen. Deshalb mag man diese Feststellung auch auf das Konto der Sinn-Theorie verbuchen" (S. 123, Anmerkung 16).

Als **Fortsetzung meines Exkurses** sei unmittelbar dazu gesagt: Auch ich denke und empfinde hier anders als Böckmann und bin *mit* Frankl der Ansicht, dass Gewissen in seiner *psychologischen* Dimension zwar eine Anlage ist, die sich zweifelsohne durch kulturelle Sozialisation [Erziehung, Vorbild etc.] entwickelt und so den Anschluss zu den im Rahmen einer Kultur bestehenden Werten findet, – genau dies hat Sigmund Freud auf seine Weise mit dem Begriff »Überich« aufzuzeigen

versucht, – aber in seiner *ontologischen* Dimension einen transzendenten Charakter hat, d.h. eine *geistige Urgewissheit* in sich selbst trägt,
die jede psychosoziale Prägung und Beeinflussung *transzendiert*.
Wenn logotherapeutische Erkenntnisse bei den Überlegungen zur
Kulturtheorie in einem überraschenden Maße eine „Schlüsselfunkti-
on" einnehmen können, wie Böckmann schreibt (S. 119), dann sollten
genuin logotherapeutische Konzepte als solche – z.b. der dem Wollen
vorausliegende Sinn, das Gewissen als »Du-Wort« der Transzendenz,
Geist als *Dynamis* – in der besagten Sinn-Theorie ihren Platz finden.
Böckmann sagt allerdings klar, dass er hie und da eine von Frankl
abweichende Auffassung hat. Das ist für mich durchaus in Ordnung.
Das Problematische seiner Reflexion taste ich allerdings beim Thema
»Sinn und Glaube« (S. 119 – 121) erneut ab und was ich damit meine,
soll umfassender dargelegt werden. Ich beginne mit einer grundsätz-
lichen Bemerkung.
Es ist die Crux fast aller Autoren, die, sich auf Frankl beziehend, lo-
gotherapeutisches und existenzanalytisches Gedankengut erörtern,
reflektieren und kritisch [manchmal richtig, manchmal falsch] weiter-
führen, dass sie Grund-Worte und Grundbegriffe des Menschenbildes
nach Frankl, – zum Beispiel eben *Sinn, Geist, Gewissen,* – einerseits
gerne in den Mund nehmen und dabei Frankl selbst öfters zitieren,
andererseits aber ihre ursprüngliche Bedeutungssphäre, aus welchen
Gründen auch immer, nicht ausschöpfen. Weiterhin meine ich auch,
dass es Worte der Sprache gibt, nennen wir sie hier eben »Grund-
Worte«, die nicht beliebig hin und her zu beugen sind und nicht nach
Willkür gedeutet werden können, weil in ihnen sich ursprüngliche
Wirklichkeit offenbart; weil sie Grundfundamente des fühlenden Ver-
stehens, der reinen Empfindung und der sicheren Erkenntnis sind. Ich
weiß, dass wir in Europa in einer sich sehr schnell wandelnden Welt
leben, in der auch unsere Sprache ständig neue „Elemente" aufnimmt
[nicht immer zu ihrer wahren Bereicherung] und alte „Elemente" aus-
stößt, aber das alles ändert nichts daran, dass es Grund-Worte gibt, die
nicht eliminiert werden können, ohne die Substanz des Humanum in
uns zu zerstören. Genannt seien hier Grund-Worte, wie: Licht, Wirklichkeit, Wahrheit, Vater, Mutter, Kind, sowie Seele und Geist. Diese

Grundworte können wir aus der Sprache nicht eliminieren, ohne wesentliche Bezüge zur Wirklichkeit zu verlieren.

In einem weiteren Schritt nehmen wir als Beispiel das Grundwort: »Geist«. Seit über 30 Jahren fällt es mir – in der philosophischen, in der theologischen, in der logotherapeutischen Literatur – immer wieder auf, dass darunter [in 99,98% aller Fälle] Verstand, Intellekt, vernünftiges Denken, hochkomplexe Gehirnarbeit, bewundernswerte kombinatorische Fähigkeit usw., usf., verstanden wird. Viele schreiben zwar „Geist", meinen aber eine äußerst subtile, hochkomplexe und hochpotenzierte Aktivität des Gehirns. Intellektuelle Tätigkeit ist für sie *gleich* geistige Arbeit.

Es ist, meines Erachtens, eine heillose Empfindungs- und Sprachverwirrung, wenn – um bildhaft zu sprechen – *elektrische Kraft* mit dem Schalter verwechselt wird; wenn *die Tonart* [einer Symphonie] mit der Melodie [derselben Symphonie] gleichgesetzt wird; wenn *das Werkzeug* mit dem schöpferischen Künstler identifiziert wird; wenn *die Werkstatt* [als der ganze lebendige Leib des Menschen] mit dem darin arbeitenden und schaffenden Künstler – dem Geist-Ich – verwechselt wird.

Es ist eine heillose und irreführende „Wissenschaft" [im weiten Sinne des Wortes], die glauben machen will, dass *Geist* bloß etwas Erdachtes oder „eine Weise zu reden" oder eben nur ein Epiphänomen der Gehirnfunktion sei, oder, – oh Schreck! –, dass es das *»Ich«* gar nicht gibt, denn alles Ich-Erleben sei eine Täuschung des Gehirns und im Gehirn. Verdunkelte Erkenntnis geht überall hier dunkle Wege und nur aus der Dunkelheit kann sie behaupten, dass *Seele,* ein anderes Grund-Wort unserer Sprache, lediglich eine höher entwickelte tierische Psyche sei, oder, dass *Sinn* ein rein subjektivistisches Konstrukt des Gehirndenkens sei.

Ich konnte und kann mit solchen Behauptungen – die angeblich alle „bewiesen" worden sind – nichts anfangen. Sicheres Fundament *fühle ich* für mich dann, wenn es heißt: *Geist* ist ursprüngliche Wirklichkeit, eine Urkraft, die von Anfang an, ohne Unterlass, immer und ewig mit dem »Licht« und dem »Logos« verbunden ist. Ein „Funke" davon lebt in jedem Menschen, sagten jedenfalls [nicht nur!] die deutschen Mystiker des Mittelalters – und das klingt in meinen Ohren überzeugend. Oder:

Sinn [aber nicht als Zweck, nicht als Funktionalität, nicht als nur Bedeutung, sondern] als »Logos«, der im Anfang ist, liegt jedem Wollen und Streben voraus; er ist nicht zu machen, zu setzen, zu erfinden, zu postulieren, auf Rezept zu haben usw., sondern Sinn kann entdeckt, erfühlt, abgetastet und im eigenen, unverfälschten Gewissen erkannt werden. In guten wie in schlechten Tagen. Immer wieder, in jeder Situation, aber nicht immer sofort und so schnell. Er kann aber auch verkannt, missachtet und verfehlt werden. Und, auch das gehört zur Situation des Menschen in dieser Welt, das Gewissen kann irren. Oder:

Gewissen [nicht als nur psychologische Anlage, nicht als Überich, nicht als bloß kulturelles Erbe, sondern] als geistige Fähigkeit, das Ureigene, den eigenen persönlichen Sinn und des Menschen Offenheit auf die Transzendenz zu erspüren; den konkreten, partikularen Sinn und den höheren, den »Über-Sinn« (Frankl) zu erfühlen, – ja, – *dieses* Gewissen ist Grunddatum des Menschseins in der *ontologischen* Dimension des Menschen, so wie das Herz ein Grunddatum des biologischen Körpers ist.

Somit wären wir bei der Dreidimensionalität des Menschseins: »Leib – Seele – Geist« Einheit und Ganzheit; ontologische Differenz in der anthropologischen Einheit; psychosomatische, seelische wie geistige Verfasstheit.

Wenn man Frankl „Grenzüberschreitungen zum Religiösen hin" (S. 120) öfters vorgehalten hat, obwohl er selbst die Logotherapie „diesseits der Offenbarung" verankert wissen wollte, so sollten manche hier gemeinte Kritiker langsam erkennen lernen, dass eine Unterscheidung zwischen Logotherapie und Religion niemals Trennung bedeutet. Bildhaft gesprochen: Ich kann und muss den Kopf des Körpers von den Füßen unterscheiden, wenn ich als Arzt eine Untersuchung durchführe, aber ist es möglich die beiden Körperteile wirklich zu trennen? Darüber hinaus vertrete ich selbst die These, dass Frankls Offenheit für das Religiöse auch die Unterscheidung zwischen Religion und Glaube miteinschließt.

Religion ist [in verschiedenen Konfessionen ausgeprägt] immer ein System von Symbolen, Riten, Lehrsätzen und Gebeten, die geeignet sind, eine im Menschen selbst ruhende *Kraft,* eben den *Glauben,* zum Fließen zu bringen und zu aktivieren. Religion ist das eine. Glaube ist das andere. Sie sind zwar nicht gänzlich zu trennen, aber doch deutlich zu unterscheiden. Glaube ist ein anthropologisches Grunddatum, höchste Selbstbejahungskraft der unvergänglichen Seele, die besagt: »Bejahe dein irdisches Leben trotz Leid, Schuld und Tod und gestalte es nach bestem Wissen und Gewissen. Bejahe, dass du vom Ewigen bejaht bist!« – Das ist die „Stimme" des Glaubens, der Glaubenskraft. Diese Sicht harmonisiert gänzlich mit dem Franklschen Konzept des Willens zum Sinn und des Willens zu einem letzten »Über-Sinn«.

Und die „Stimme" der Religion [in verschiedenen Konfessionen ausgeprägt] besagt: »Schaue meine Angebote an, die Formen und Riten, die Gebete und Sakramente, die Lehrsätze und heilige Schriften, die bei mir zu finden sind, und wähle das aus, was deiner seelischen Strebung entspricht. Und wenn du gewählt und Nahrung für deine Seele gefunden hast, bleibe in meiner Gemeinschaft, bekämpfe aber nicht andere Menschen, die in einer *anderen* religiösen Gemeinschaft ihre Seelennahrung gefunden haben«.

Auch diese Sicht entspricht dem, was Frankl über Religion geschrieben hat, und beide Sichtweisen über Glaube und Religion wie oben geschildert, sind meines Erachtens zentrale Elemente einer »Sinn-Theorie« in einem noch einmal erweiterten Sinne des Wortes, der über Böckmann hinausgeht bzw. ihn weiterführt.

Ich komme zum letzten Essay Böckmanns in diesem Buch.

LOGOTHERAPIE – KRITISCH

In: Existenz und Logos, Heft 14/2007, S. 7 – 15

Walter Böckmann, zum Zeitpunkt der Publikation dieses Essays immerhin 84 Jahre alt, formuliert hier „thesenhafte Gedanken", die ihn persönlich immer wieder, wenn er über manche Konzepte der Logotherapie reflektierte, zum kritischen Nachdenken herausgefordert hätten, heißt es in der Einleitung. Auch bei Frankl fehlt manches, was wiederum nichts sei, was nicht auf ihn selbst zurückgeführt werden könne, stellt er fest. Sehen wir aber genauer hin, was Böckmann tatsächlich sagt.

Seine erste These lautet: „Logotherapie ist eine *Erweiterung* und *Ergänzung* (und kein Ersatz) der Psychotherapie. (...) Als Psychotherapie muss die Logotherapie – nach Frankl – diesseits der Abzweigung (Frankl: Bifurkation) zur Religion bleiben und – anders als Frankl – einen Standort als werte-*unabhängige* Therapie bewahren" (S. 7). Und: „Ein Sinnkonzept, das sich dann nach einigen Umwegen schließlich doch beim persönlichen Gott als dem eigentlichen Zwiesprachepartner wiederfindet, ist Religion. Die Logotherapie darf zwar mit ihrer Argumentation den Weg auch zum Religiösen nicht verbauen – zum Religiösen als dem Numinosen oder als dem persönlichen Gott –, aber sie darf dort nicht ihre endgültige Feststellung finden" (S. 8).

Unmittelbar dazu merke ich an: Es ist mir nicht einsichtig, weder verstandesmäßig noch gefühlsmäßig, warum eine sinnorientierte Therapie ihr Sinnkonzept nicht „dort" festbinden dürfe, wo eben „End-Gültigkeit" gegeben ist. Freilich sehe ich „End-Gültigkeit" nicht in einer Religion gegeben. Jede Religion beinhaltet nur „Hinweise" auf „End-Gültigkeit".

Böckmann weiter: Im Zentrum der Psychotherapie „stehen die Probleme des Klienten, deren Erörterung sich am Sinnkonzept *orientieren* sollte. Dabei ist das Einbringen des Sinnkonzepts als Methode wertneutral, aber die jeweilige *Interpretation und Definition* des vom Klienten als sinnvoll Erachteten (»Gefundenen«) sollte vor dem Hintergrund der Gesellschaft eine ethisch-moralische sein, denn *die Gesellschaft braucht ein moralisches Fundament.* Der Sinnbegriff ist anthropologisch, aber nicht ethisch fundiert. Oder aktuell: Nicht die Gentherapie muss moralisch sein, wohl aber der Arzt oder die Gesellschaft, die über ihren Einsatz entscheiden. Dabei ist Moral nicht gleich Moral. Frankl hat sich mehr als einmal von mir bei Vorträgen den Satz anhören müssen oder er hat ihn in meinen Aufsätzen gelesen, dass die Maffia ebenso Sinn habe wie das Rote Kreuz. Beide definieren Moral jedoch auf unterschiedliche Weise" (S. 8).

Unmittelbar dazu merke ich an: Ein Sinnkonzept, das *wertneutral* ist, erinnert mich an die Haltung der Schweizer Banken innerhalb Europas. Solange das Kapital der Banken nicht angetastet wird, sind sie neutral. In anderen Worten: Ein Sinnkonzept, das im »Logos« fundiert ist, kann gar nicht neutral sein, denn Sinn verpflichtet und Verpflichtung kann nicht als neutrale Haltung definiert werden. Den Begriff der Neutralität sollten meines Erachtens alle überdenken und neu erfühlen lernen, die gewillt sind, die Sphäre des Ideologischen zu verlassen. Weiter: Bevor die Gesellschaft ein moralisches Fundament braucht bzw. brauchen kann, müssen die „Bausteine" einer Gesellschaft, nämlich die einzelnen Menschen, moralische Subjekte sein. Zwar ist Individuum und Gesellschaft immer schon ein Wechselwirkungsgeschehen, aber es sind die Individuen, die eine Gesellschaft ausmachen. Eine Gesellschaft kann nur insofern moralisch sein, wie ihre Individuen moralisch sind. Beispiel: Wären in der Nazizeit mindestens 40% der gesamten damaligen deutschen Gesellschaft *ethisch solide* Individuen gewesen, hätte Hitler keine Chance gehabt. Weiter: Der Sinnbegriff ist tatsächlich anthropologisch fundiert, wie Böckmann schreibt, aber auch die Ethik ist in der Anthropologie begründet. Ich verweise dabei auf Immanuel Kant, der 1787 geschrieben hat: Das ganze Feld der Philosophie lasse sich durch vier Fragen umreißen: „Was kann ich wissen? Was soll ich tun? Was darf ich hoffen? Und: Was ist der Mensch? Die erste Frage beantwortet die Metaphysik, die zweite die Moral, die dritte die Religion und die vierte die Anthropologie. Im Grunde kann man aber alles dieses zur Anthropologie rechnen, weil sich die drei ersten Fragen auf die letzte beziehen" (Kant, Kritik der reinen Vernunft). Das ist wohl deutlich genug.

In anderen Worten: Das Ethische ist dem Menschsein inhärent, dem spezifischen humanen Sein innewohnend. Es trifft zu, dass Moral nicht gleich Moral ist, ja, aber die Ethik, wie beispielsweise Kant und auch Scheler sie verstehen, geht der Moral voraus: Mord ist Mord bei der Maffia wie bei der CIA, im westlichen wie im östlichen Kulturkreis. Und das, was Böckmann oben „Sinn der Maffia" nennt, lässt sich nach *meinem* Sprachgefühl adäquater mit dem Begriff „Zweck oder Funktion der Maffia" oder „das Vorteilhafte für die Maffia" ausdrücken. Behält man den Begriff „Sinn" mit Bezug auf die Maffia, so muss man meines Erachtens dazu sagen: nicht im Sinne der Logotherapie gemeint.

Zweite These von Böckmann lautet: „Sinnerfüllung geschieht durch Werteverwirklichung" (S.8). Er unterscheidet zwischen Produktivität [sie muss weder kreativ noch innovativ sein] und Kreativität, zwischen produktiven und kreativen Werten, wobei im Leben des arbeitenden und schaffenden Menschen Produktivität das Wichtigere sei. Der Begriff „Werte als Sinn-Universalien" (Frankl) sei nicht ganz passend, denn Sinn müsse *individuell und situativ* gefunden werden, und wenn man in diesen Universalien, wie von Frankl postuliert, „die gesellschaftlich bewährten Werte zu sehen hat, dann sind jene erst recht keine Universalien, denn gesellschaftliche Werte befinden sich im permanenten Fluss. Vielleicht sollte man Leit-Werte oder so etwas Ähnliches sagen" (S. 10).

Die dritte These von Böckmann beschäftigt sich mit dem »Übersinn«. Hier schreibt er: „Ich hatte noch sechs Wochen vor dem Tode Viktor Frankls Gelegenheit gehabt, mit ihm in Gegenwart seiner Frau und seines Schwiegersohnes [eine neue] Sinn-Definition zu diskutieren und seine Zustimmung dazu zu finden: Der funktionale Sinn ist [besteht in] Selbsterhaltung (als biologische Voraussetzung jeglichen Lebens auf Zeit) und Dienstleistung als Voraussetzung zum Überleben im Sinne des notwendigen gegenseitigen Austausches zwischen allen biologischen Systemen wie innerhalb der Wirtschaft und sonstiger Organisationen. (...) Da Transzendenz nur in das absolut Geistige hinein möglich ist, gehört dieser Begriff nicht zu einer Psychotherapie, die sich auf »Sinn« stützt, denn Sinn als individuelle und situative Einschätzung bedarf in den abertausend banalen Lebenssituationen, die durchaus sinnvoll bewältigt sein wollen und können, keinerlei Ideologisierung. Der Begriff »Übersinn« mag im philosophischen und religiösen Zusammenhang bei der Erörterung existenzieller Probleme sinnvoll sein, in der Psychotherapie – solange sie »diesseits der Bifurkation« zum Ideologischen oder Religiösen bleibt – ist er irreführend" (S. 10f.).

Gewiss, darin stimme ich Böckmann zu, hat der Mensch vielfach nicht-existenzielle Probleme, die gelöst werden können, ohne *das* mit dem Grenz-Begriff »Übersinn« *Gemeinte* explizit ins Spiel zu bringen. Sicher gibt es hunderte Probleme zwischen Geburt und Tod, die der Mensch im Sinne einer guten Psychotherapie oder Sinnseelsorge lösen und bewältigen kann, ohne den »Über-Sinn« in Betracht zu ziehen. Ja, das stimmt so.

Ob allerdings Sinn bzw. das Sinnvolle nur „das *Einschätzungskriterium* der *Beziehung* zwischen Subjekt und Objekt ist", wie Böckmann es formuliert, bleibt für mich weiterhin durchaus diskutabel und fragwürdig. Das Früher von mir dazu Gesagte muss hier nicht wiederholt werden.

Die vierte These von Böckmann betrifft das Gewissen und er sagt es ausdrücklich, die Auseinandersetzung zwischen ihm und Frankl über die *Essenz* des Gewissens habe nie ein Ende gefunden und sei bis zuletzt zwischen ihm und Frankl offen geblieben (vgl. S. 12).

Die fünfte These geht der Frage nach, ob Selbstmord stets sinnlos sei. Böckmann ist der Ansicht, dass der letzte Sinn, von Fall zu Fall, durchaus im selbstgesuchten Tod liegen könne, „zum Beispiel beim Opfertod für andere oder bei irgendeiner Form von Sühnetod. Dann ist zwar das Leben nicht mehr sinnvoll, wohl aber der Tod. Frankl hat sich dieser Auffassung dann doch angeschlossen und sie sogar betont »innovativ« genannt" (S. 12).

Die sechste These thematisiert den Begriff des »Unbewussten«, den Frankl [eigentlich unreflektiert] von Freud übernommen hatte, und zeigt, dass er ein fragwürdiger Begriff ist. Vielmehr trifft es zu, so Böckmann, dass das damit Gemeinte, mit anderen Begriffen besser ausgedrückt werden kann, wie: unbeabsichtigt, zufällig, gewohnheitsmäßig, gedankenlos, automatisch, instinktiv, unreflektiert, ins Langzeitgedächtnis versunken usw. Und dann: „Auf meinen Hinweis auf die Fragwürdigkeit des Unbewusstheitsbegriffes hat Frankl ganz nachdenklich gemeint, es sei erstaunlich, wie man jahrzehntelang gewohnheitsmäßig mit einem solchen Begriff umgegangen sei, ohne sich zu fragen, ob man denn tatsächlich immer das meine, was er besage" (S. 14). – Meinerseits stimme ich an dieser Stelle Walter Böckmann voll zu, und seine diesbezüglichen kritischen Anmerkungen habe ich in einem längeren Aufsatz tatsächlich verwendet.[74]

---

74 Otto Zsok, Das geistig „Unbewusste" oder das geistig „Unterbewusste"? Kritischer Versuch, das Gemeinte adäquat auszudrücken, in: Existenz und Logos, Heft 17/2009, S. 49 – 73.

In der siebten kritischen These, die sehr kurz ist, verteidigt Böckmann sein Konzept »Sinn-Theorie«, betonend, dass außerhalb des Psychotherapeutischen die Logotherapie unmissverständlich von Sinn-*Theorie* sprechen solle. Das schließe nicht aus, den »Sinn« auch philosophisch zu behandeln, dann ist das aber auch Philosophie, und „weder Theorie noch Therapie. Der Logotherapie kann es nur schaden, wenn sie unklar zwischen den Bereichen [Psychotherapie und Philosophie] hin- und herjongliert. (...) Es wäre ganz im Sinne ihres Erfinders, wenn sie ganz eindeutig Therapie bliebe und daraus kein Geflecht aufeinanderbezogener Therapie-, Theorie- und Philosophie-Inhalte gemacht würde, das dann nur noch mit wissenschaftlicher Hilfe zugänglich wäre" (S. 15).

Soweit Walter Böckmann. Zu seiner siebten kritischen These füge ich hinzu: Der Logotherapie, und zwar in der Praxis wie in der Theorie, kann es nicht nur schaden, sondern *auch nützen,* wenn sie zwischen den Bereichen – im Grenzgebiet Therapie und Philosophie – hin- und herjongliert. Seit Sokrates ist dies eine bekannte Form der aufhellenden, erhellenden und helfenden Intervention gerade in Form eines sokratischen Gesprächs, das für Frankl ins Zentrum der logotherapeutischen Praxis gehört. Und weiter: Frankl selbst war in seiner Persönlichkeit zugleich Arzt bzw. Psychiater/Neurologe und Philosoph.[75] Dieses »Sosein« als *Grenzgänger* spiegelt sich notwendigerweise in seinem Werk.

Soweit ich selbst Viktor Frankl bis heute verstanden und erfühlt habe, ist in seiner Existenzanalyse und Logotherapie eine äußerst gelungene Synthese vorhanden, in der auf der einen Seite psychiatrische und psychotherapeutische Elemente sich mit philosophischen und spirituellen

---

75 Vgl. Dominik Batthyány, Otto Zsok (Hrsg.), Viktor Frankl und die Philosophie, Wien New York: Springer Verlag 2005. Hier schreiben 20 Autoren über die Verbindungen zwischen Philosophie und Therapie bei Viktor Frankl. Siehe auch: Otto Zsok, Der Arztphilosoph Viktor E. Frankl (1905 – 1997). Ein geistiges Profil, St. Ottilien: EOS-Verlag 2005.

Konzepten auf der anderen Seite harmonisch verbinden. Dass Böckmann, auf Frankl bauend, eine Sinn-Theorie skizziert, zeigt mir wie reichhaltig das Werk des Wiener Arztphilosophen ist.

Je nachdem mit welchem *Vorverständnis* jemand an die Logotherapie und Existenzanalyse herantritt, wird er entweder das Therapeutische im engeren Sinn oder das Philosophische im weiten Sinne sehen, erkennen und berücksichtigen. Nach meiner Erkenntnis sind aber *beide Elemente* wichtig und gewichtig. So gesehen, ist Logotherapie bestimmt *Erweiterung* und *Ergänzung* der Psychotherapie, wie Böckmann im Sinne Frankls schreibt, aber nicht weniger ist es im Sinne von Frankl, dass seine Ärztliche Seelsorge – als ein Grenzgebiet zwischen Medizin und Philosophie – ein „Land der Verheißung" ist. Mehr noch: „Die ärztliche Seelsorge bewegt sich an einer Grenzscheide: an der Grenze zwischen Medizin und Religion."[76]

Und diese „Grenzscheide" ist im Menschen selbst „drin", dessen Schicksal von Anfang an seine Urverbindung zum »Logos« als Sinn und Geist ist. Dass er sich auch gegen den »Logos« entscheiden kann, ist Teil des Schicksals des Menschen.

Auf seine Weise hat all diese Aspekte und Reichtümer der mit dem »Logos« gegebenen Fülle auch Böckmann erkannt und bejaht, hat er doch selbst geschrieben, dass am Anfang der Sinn war. Und: „Der Sinn kommt *vor* dem Zweck, auch *vor* dem System, das auf ihm beruht. Und der Sinn eines Lebens muss noch nicht einmal mit dem Tod verlöschen, ja der Tod selbst hat seinen Sinn in der Ordnung des Lebens, und nicht selten liegt sein Sinn in der Hingabe seines Lebens für andere."[77]

Mir scheint, dass Walter Böckmann in seinem bewegten Leben den »Sinn« in diesem Sinne realisiert hat. Wir alle in Europa können von ihm noch viel lernen.

---

76   Viktor E. Frankl, Ärztliche Seelsorge, Wien: Deuticke Verlag 1946, S. 193.

77   Walter Böckmann, Am Anfang war der Sinn, in: Logotherapie. Zeitschrift der Deutschen Gesellschaft für Logotherapie, Jahrgang 1, Heft 1, 1986, S. 54f.

ANHANG

Otto Zsok

OHNE SINN UND GEIST GEHT ES NICHT

Während Walter Böckmann – der in seiner Jugend durch den Nationalsozialismus und nach dem Zweiten Weltkrieg durch Erfahrungen der Aufbaujahre in der jungen Bundesrepublik geprägt worden war – das zentrale Thema SINN in Arbeit, Wirtschaft und Gesellschaft vor allem mit Bezug auf Verhältnisse in der (alten) Bundesrepublik in vielen Varianten entfaltet und die hohe Bedeutung einer sinnorientierten Führung überzeugend dargelegt hatte, geht es uns seit 2000 um die Suche nach einer Sinnorientierung in der Europäischen Union. Unsere Perspektive, – die Perspektive der Generation nach 1960 – hat sich gewandelt und ist eine andere als die von Böckmann, was aber nicht heißt, dass das von ihm Erkannte keine Bedeutung mehr habe. Im Gegenteil.

Während Europa längst schon zu einer Wirtschaftsgemeinschaft geworden ist, hat unser alter Kontinent gerade die ersten Schritte auf dem Weg zur Wertegemeinschaft getan und schon ist die Gefahr nicht zu übersehen, dass uns das gesamte europäische Projekt, dieses enorm kostbare Erbe früherer Generationen von visionär denkenden und fühlenden Europäern, fast unbemerkt aus den Händen gleitet, wenn wir – vor allem die führenden Politiker, aber auch alle Bürger Europas – nicht sehr bald den SINN [als die vom »Logos« bestimmte Richtung als »SINN DES WIR«] und den GEIST [als *„spiritus creator"*, als Schöpfergeist] in uns

255

selbst, in unserem engeren Wirkungskreis, in der Politik und der Wirtschaft in der weitesten Bedeutung des Wortes walten und schalten lassen.

Hans Maier schrieb 1998, dass Europa eine neue Konzeption brauche, die es in die Lage versetze, „seine Egoismen zu überwinden", oder, in anderen Worten, sich selbst zu *transzendieren.* Selbsttranszendenz aber beginnt immer im Leben des Einzelnen, und wenn viele Einzelne sich selbst überbieten, – den eigenen Egoismus überschreiten, – wächst die Chance rapide, dass die Europäische Union ihre eigenen Prinzipien der Menschenrechte, der sozialen Gerechtigkeit, der Solidarität, der Freiheit *und* der Verantwortung nun in einem größeren Rahmen, für den *ganzen Kontinent Europa,* bald in vielen Institutionen und Bereichen der Gesellschaft umsetzen wird.

Zunächst gilt es von jedem einzelnen Menschen, wirkliche Güte in seelischer Hingabe, ohne Bedingung und Einschränkung, zum Wohle derer, die solche Hingabe anderer benötigen, zu leben und zu realisieren. Und das gilt auch von den einzelnen Nationen und Völkern Europas. Darum ist das Schüren jeder Art von Nationalismus, in welchem Land auch immer, abwegig, anachronistisch und sinnwidrig.

Die Europäische Union, und *wir alle* in dieser bemerkenswerten Wirtschaftsgemeinschaft, erleben seit einigen Jahren nicht eine bloß gewöhnliche Krise, wie beispielsweise die Ölkrise 1973, sondern einen Übergang in eine andere, in eine neue historische Phase, die wir in Einzelheiten noch nicht kennen, aber ein Stück weit erahnen und geistig vorwegnehmen können. Wir erleben eine Krise, welche die Grundlagen unserer westlichen Gesellschaften berührt, wobei diese Krise primär *nicht nur* eine finanzielle, sondern eher eine *europäische Identitätskrise* zu nennen ist. Sie verdichtet sich in der Frage: Wer bist du europäischer

Mensch? Kennst du deine – deine ureigene – *kulturelle* Identität, in Abgrenzung zur Identität eines Chinesen oder Japaners?

Versuchen wir hierzu eine Annäherung. Was europäische Geschichte ausmacht, könnte in aller Kürze so charakterisiert werden:

Aus Europa kommen – inspiriert durch das jüdisch-christliche Gedankengut, durch die griechische Philosophie und durch das römische Recht, aber auch durch die mittelalterliche Mystik, Reformation und schließlich angestoßen durch die Französische Revolution – viele der besten Ideen der Menschheit, wie:

- Alle Menschen der Erde sind „Söhne und Töchter" des Einen-Ewigen.
- Der einzelne Mensch besitzt in sich selbst eine unvergängliche bzw. „ungewordene Seele" (Platon).
- Demokratie ist besser als Tyrannei und »das Unrechterleiden« ist »dem Unrechttun« vorzuziehen (Sokrates).
- Einem Jeden soll das Seine gegeben werden (Prinzip Gerechtigkeit).
- Die Macht der Liebe ist, im privaten wie im sozialen Bereich, der Liebe zur Macht vorzuziehen (Jesus von Nazareth).
- Das eigene [unverfälschte] Gewissen steht über der Autorität des Papstes (Luther).
- Aufklärung nach dem Motto: *Sapere aude* – „Habe Mut, dich deines eigenen Verstandes zu bedienen" (Kant).
- Und schließlich das Konzept und die Realität eines Rechtsstaates. Dazu kommen, ebenfalls aus Europa, große und weltbewegende Entdeckungen in allen Bereichen der Naturwissenschaften.

Das alles, was durchaus als Positivum gemeint ist, hat *nicht* davor bewahrt, dass in Europa von Deutschland zwei Weltkriege und der grausame Holocaust entfesselt wurden, und, dass der

Stalinismus und der Kommunismus (vor allem im Osten Europas) kaum vorstellbare wirtschaftliche, moralische und humanitäre Zerstörungen generiert haben.

Trotz schlimmster Verheerungen, trotz der verdunkelten Erkenntnis, die – in den totalitären Weltanschauungen des Faschismus, des Nationalsozialismus und des Kommunismus und in deren politischen Handlungen – irre Wege ging und in Europa von 1914 bis 1989 unvorstellbare materielle und moralische Schäden angerichtet hat, ist es danach gelungen, die Völker Europas, zumindest weitgehend, miteinander zu versöhnen, eine bisher nie dagewesene und prosperierende Wirtschaftsgemeinschaft hervorzubringen und die Europäische Union zu bauen. Das ist, in aller Kürze skizziert, Geschichte, die einen Europäer – von Russland bis Portugal, von Norwegen bis Sizilien – so demütig wie stolz machen kann.[78]

Doch, so sehe ich es, wir müssen eher in *Demut* neu anfangen und das bisher Erreichte auf neuen Fundamenten weiter bauen. Wir müssen tiefer in uns selbst graben, um in uns den SINN und den GEIST zu finden und immer deutlicher erspüren zu lernen. Bei unserem, im Abendland bekannten Meister Eckehart (1260–1327) lesen wir bemerkenswerte Sätze:

„Wer sitzt, der ist bereiter, klare Dinge hervorzubringen, als wer geht oder steht. Sitzen bedeutet Ruhe. Darum soll der Mensch sitzen, das ist in Demut sich niederbeugend unter alle Geschöpfe; dann kommt er in einen stillen Frieden. Den Frieden erlangt er in einem Licht. Das Licht wird ihm gegeben in einer Stille, darin er sitzt und wohnt."

---

78 In Anlehnung an Dirk Kurbjuweit, Die Stunde des Souveräns. Warum eine Volksabstimmung über die Euro-Politik notwendig ist. (Essay). In: Der Spiegel Nr. 36/03.09.2012, S. 31.

Diese Empfehlung ist m.E. aktueller denn je. Die Vertreter der Wirtschaft und des rein quantitativ aufgefassten Fortschritts (»SchnellerHöherWeiterMehr«) irren sich sehr, wenn sie durch Aktionismus und Nützlichkeitsdenken für viele Menschen den [materiellen] Wohlstand schaffen wollen. In der Stille sitzen, um klare Dinge [im Kopf und in der Empfindung] hervorzubringen, lässt den Irrtum erkennen, „dass [schnell zusammengerafftes] billiges Geld, Bauboom und steigende Immobilienpreise nicht ewig tragen" (Heilemann Ulrich, Schöpferische Zerstörung, in: WSI Mitteilungen 3/2009).[79]

Sinn- und Geistfindung kann nicht angeordnet werden. Außerdem leben gar nicht so wenige skeptische Menschen in Europa, – manche sind als Wissenschaftler bekannt, manche nicht, – die das eine unaufgebbare Grundwort »Geist« mit Intellekt, Verstand, Gehirnarbeit notorisch verwechseln, und das andere Grundwort »Sinn« allzu schnell mit Zweck gleichsetzen. Solche Fehler und Verwechselungen sollten langsam abgeschafft werden. Geist ist ursprüngliche Wirklichkeit und vom »Logos« als Sinn und Wort heißt es: *In principio erat [est] verbum* ... Im Anfang war [ist] das Wort. Und dieser Anfang, *„in principio"*, heißt ja so etwas wie *„primum capere"*, »das Erste begreifen«, denn hat man dieses Erste, das die Herrschaft behält, nicht begriffen, hat man auch all das, was nach »diesem Ersten« kommt, nicht kapiert. Nur der Einzelne, jeder Einzelne für sich, kann *sinnmotiviert* und *geistinspiriert* werden, – das heißt: Einheit und Ganzheit in der Vielfalt leben, – und wenn sich hier viele Einzelne zusammentun, entsteht in Europa ein neues Kraftfeld, ein geläutertes Geschehen, in dem SINN und GEIST die Len-

---

79 Hier zitiert nach Pierangelo Maset, Geistessterben. Eine Diagnose, Stuttgart: Radius Verlag 2010, S. 19f.

kung und die Herrschaft übernehmen, zumindest teilweise und vielleicht weitgehend.

Einem Vollblutpolitiker mag töricht erscheinen, würde man ihm sagen: »Sie, geehrte Frau Politikerin bzw. Sie, geehrter Herr Politiker, sollten sich mit dem Gedanken anfreunden, dass in Ihrem politischen Alltag – neben und über alle Zweckmäßigkeiten hinaus – „Dinge" wie der Wille zum Sinn, die echte menschliche Güte, das Verstehen des anderen in seelischer Liebe oder zumindest in Empathie mindestens so gewichtig sind, wie jeden Monat das Gehalt zu bekommen«.

So töricht aber klingt dies auch wieder nicht, nachdem die EU am 12. Oktober 2012 den *Friedensnobelpreis* bekommen hat. Ja, das ist eine sehr gute Nachricht, ein Ansporn, den Blick auf das bisher Erreichte zu richten, und das Gemeinsame mehr zu betonen und zu würdigen, als die Unterschiede. Wie es in der *Süddeutschen Zeitung* zu lesen war, hier sinngemäß und abgekürzt zitiert:

Die Europäische Union ist am 12. Oktober 2012 mit dem Friedensnobelpreis ausgezeichnet worden. Wir alle, 500 Millionen Europäer, wurden geehrt. Wir wurden gewürdigt für die Leistungen nach dem Zweiten Weltkrieg, für – man kann es auch so sagen – den Ausbau der *sozialethischen Dimension* unseres Lebens in Europa.

Zwischen 1870 und 1945 hatten Deutschland und Frankreich drei Kriege ausgefochten. Heute ist der Krieg zwischen Deutschland und Frankreich undenkbar, erklärte das Komitee von Oslo. Wir sind ein Kontinent des Friedens geworden und müssen es dauerhaft bleiben. Dabei hat alles so unscheinbar begonnen. Die Europäische Union ist aus der 1951 gegründeten Europäischen Gemeinschaft für Kohle und Stahl hervorgegangen, initiiert von Frankreich und Deutschland. Der französische Außenminister *Robert Schuman* machte ein Angebot an den damaligen westdeutschen Kanzler *Konrad Adenauer.* Es ging darum, die Kohle- und Stahlindustrie der beiden Länder und anderer, die sich dem anschließen wollen, unter die Verwaltung einer gemeinsamen, hohen Behörde zu stellen. So begann die europäische Einigung. Das Gegeneinander der Nationen in Europa, das jahrhundertelang immer neue und furchtbarere Kriege verursacht hatte, begann 1951 sich in Richtung des Miteinander zu bewegen. Man dachte damals: Wer seine Wirtschaft, vor allem die kriegswichtige, miteinander verknüpft, der führt keinen Krieg mehr gegeneinander. Man hat gemeinsame Interessen und man kommt sich Schritt für Schritt näher.[80]

Als Bürger Europas kann man sich nicht genug bewusst machen, um sich selbst zu stärken: Seit beinahe sieben Jahrzehnten herrscht Frieden in Europa. Die Staaten sind, trotz aller wirtschaftlichen Schwierigkeiten, – deren Überwindung Innovation, weniger Gier und viel Geduld braucht, – zusammengewachsen. Es gibt so viel Freiheit und Chancen für alle wie noch nie in der oft blutigen Geschichte der Völker Europas.

„Das ist ein Verdienst der Länder und Menschen, die sich erst in der EWG, dann in der EG und schließlich in der EU zusammengefunden haben. Heute steht die Europäische Union auch dafür, dass Erbfeindschaften überwunden worden sind, dass man Nationalismus und Provinzialismus einmotten, aber trotzdem gleichzeitig als Sachse, Deutscher *und* Europäer oder als Lombarde, Italiener *und* Europäer [oder als Siebenbürger *und* Europäer] leben kann und möchte.

Nein, nicht alles ist gut in Europa. Aber es ist sehr vieles sehr viel besser als jemals zuvor. Und deswegen ist die Entscheidung des Nobelpreis-Komitees richtig. Die Europäische Union hat Frieden befördert und ist selbst ein Symbol für eine bessere,

---

80 Vgl. SZ, 13./14. Oktober 2012, S. 1 und 2. Vor allem der Artikel von Martin Winter auf S. 2 ist sehr bemerkenswert.

gedeihlichere Art des Zusammenlebens. Im Sinne des Versprechens, das im Wort ‚Union' steckt, stehen die Europäer auch für die Zukunft in der Pflicht" – schrieb Kurt Kister in der *Süddeutschen Zeitung* (13./14. Oktober 2012, S. 4).

Unmittelbar dazu ist zu ergänzen: Wir dürfen uns von der ziemlich hysterischen Dimension der Krisendebatte um das Geld nicht blenden lassen, sondern *müssen bereit sein,* den »Preis« für den weiteren Aufstieg unseres Kontinents zu zahlen.

Gegenüber dem pessimistischen Bild des „Untergangs des Abendlandes" von *Oswald Spengler* (1880 – 1936) müssen wir ein anderes, künstlerisch und geistig inspiriertes Bild [der Geschichte und der Zukunft des Abendlandes] entgegensetzen, das der in Bayern geborene Kunstmaler und Lebens-Lehrer Joseph Anton Schneiderfranken Bô Yin Râ (1876 – 1943), kurz nach Erscheinen des zweiten Bandes von Oswald Spengler, im selben Jahre 1922 so in Worte fasste:

Nicht vor dem „Untergang" des Abendlandes ist die Menschheit angelangt, wie manche wähnen, sondern sein späterer höchster Aufstieg fordert die Opfer, die der wache Mensch des Abendlandes heute zu beklagen hat!!!
„Wer Ohren hat zu hören, – höre!"[81]

Hier die Ohren zu öffnen, um die Botschaft zu vernehmen, ist buchstäblich Not wendend, ja.

Die historische Dimension des europäischen Einigungsprozesses vor Augen zu halten, sich täglich bewusst zu sein, wo wir 1918 und 1945, und dann 1989 und 1999 waren, und wo wir heute, im Jahre 2013, sind, – das ist m.E. viel, viel wichtiger als

---

81   Bô Yin Râ, Das Buch der Liebe, Bern: Kober Verlag 1990, S. 78. (Erste Auflage **1922!**)

die vielfach als „hysterisch" zu nennende Diskussion um das Geld und dessen Verteilung, wobei die gerechtere Verteilung der Gelder wahrlich nicht ignoriert werden darf. Es ist aber höchste Zeit, die Wirtschaftsgemeinschaft in eine sozialethische und geistige Wertegemeinschaft zu verwandeln, wobei auch hier der Prozess nur Schritt für Schritt voranschreitet und seinen „Preis" hat. –

Noch einmal also: Stellen wir uns vor, wie Europa am 08. Mai 1945 [am Tag der bedingungslosen Kapitulation Nazideutschlands] ausgesehen hat. Die Menschen damals haben *die Stunde Null* erlebt und manche Auswirkungen der damaligen Zeit sind bis heute noch zu spüren. Erinnern wir uns, wie die Zeit des Kalten Krieges (1949 bis 1989) bei uns in Europa war: Ein buchstäblich ver-rückter „Tanz" an der Grenze zur atomaren Selbstvernichtung! Und dann folgten, ohne Blutvergießen, die Umwälzungen in erstaunlich großer Geschwindigkeit: Vereinigung Deutschlands, Zusammenbruch der Sowjetunion und des Kommunismus und seit 2005 bilden 27 Länder die Europäische Union. Seit dem Fall des sogenannten Eisernen Vorhangs und seit der Einführung der gemeinsamen Eurowährung hat sich in Europa viel Gutes getan. Selbst dann, wenn es zu einem Zerfall der sogenannten Eurozone käme, dürfen wir *nicht* in Panik verfallen. Die heutige Krise in Europa mag zwar manche Gefahren in sich bergen, damit aber auch Chancen, – da Krise immer beides bedeutet: Gefahr und Chance, – doch es besteht kein Vergleich zur Stunde Null, die Europa 1945 bis 1949 erlebt, durchlitten und, Gott sei Dank, überwunden hat.

Angenommen, der Euro würde früher oder später explodieren, so wäre das wahrlich nicht das erste Mal in der Geschichte, dass eine Währungsunion nach einigen Jahren zerfällt. In diesem Fall würde sich nur zeigen, dass wir – alle Bürger Europas – den „Preis" für die Auswirkung der ungezähmten Gier zu zahlen haben. Weiter: Konflikte, die aus dummen und eingebildeten Nationalismus entstehen, können auf Dauer nur gelöst werden, indem man diesen dummen und primitiven Nationalismus überwindet. Und Konflikte, die aus der Gier der Banken entstehen, können auf Dauer nur gelöst werden, indem man die Gier [immer mehr auf Kosten der anderen haben zu wollen!] überwindet oder zumindest weitgehend reduziert. Dazu sind notwendig: Wandlung der einzelnen [in den Banksektoren und woanders] in der Mentalität und politisch durchgreifende sinnorientierte Führung![82]

Wir haben heute in Europa nicht mehr Problemchen und Probleme, die lediglich zwischen Nationalstaaten zu lösen wären, sondern wir stehen vor der großen Herausforderung, das gemeinschaftlich zu lösen, was *uns alle* – ohne Ausnahme – angeht.

Zur Erinnerung: Die Europäische Union wurde aus einer tiefen gemeinsamen Überzeugung von Menschen geboren, – *Jean Monnet, Willy Brandt, Bronislaw Geremek, Max Kohnstamm, Helmut Kohl,* um nur einige zu nennen, – „die nüchterne Realisten waren, weil ihnen bewusst war, dass es, nach den schrecklichsten Jahrzehnten der europäischen Geschichte [1914 bis 1918 und 1933 – bis 1945], mit diesem Kontinent so nicht weitergehen konnte." Sie waren durch die *Katharsis,* durch die innere Läuterung in der seelischen Erschütterung im Zuge des Krieges hindurchgegangen. Sie waren durchaus keine Träumer, sondern

---

82 Hierzu bzw. zur nicht vorhandenen politischen Führung kann jeder aus den Tageszeitungen aller europäischen Länder viele Beispiele finden. Ich verweise auf ein österreichisches Beispiel (im Land Salzburg sind angeblich 400 Millionen Euro „verschwunden"), in: Profil Nr. 2/2013, S. 13 und 22, wobei diese Art „Korruption" in allen Ländern der Erde – mehr oder weniger – große Schäden anrichtet.

Visionäre, „die selbst die schwersten Momente des zwanzigsten Jahrhunderts – Schlachtfelder, Bombardements, Hunger, Konzentrationslager, Wirtschaftskrisen – überlebt hatten und die gerade deshalb den Mut besaßen, über sich und ihre nationale Beschränktheit hinauszuwachsen. Und das mit erstaunlichem Erfolg. Obwohl 1945 praktisch jede europäische Generation einen blutigen Krieg erlebt hatte, aus denen mehr oder weniger jede europäische Familie Narben davonträgt [bis heute!], hat der Kontinent, abgesehen von den Jugoslawienkriegen am Ende des 20. Jahrhunderts, bereits seit über sechzig Jahren [seit 68 Jahren!] keinen Krieg mehr erlebt."[83]

Diese nicht selbstverständliche Leistung, eigentlich ein „Wunder der geistigen Lenkung" verpflichtet uns alle in Europa! Eine bisher nie gekannte Lebensqualität ist in Europa entstanden. Wann in der Geschichte des alten Kontinents waren so viele Menschen weitgehend glücklich, zufrieden und erfolgreich? Sicher in der Europäischen Union seit 1990 bis heute. Nie wurden mit so wenig Aufwand humanitäre Hilfe, Demokratie, Wohlstand, Toleranz und Gerechtigkeit, Stabilität und Freizügigkeit in so weiten Teilen Europas derart stark befördert wie seit 1990. Das ist jedenfalls die eine, reale Seite unserer Geschichte, die wir nicht vergessen dürfen und die hier nicht als „paradiesischer Zustand" hochstilisiert werden soll, wohl aber als gelungener Anfang einer humaneren Zukunft gemeint ist.
Die andere Seite, der wir besondere Aufmerksamkeit und Sorgfalt widmen müssen, heißt, um hier mit Walter Böckmann zu sprechen: das »Sinn-System« – gegenüber Vetternwirtschaft

---

83 Geert Mak, Was, wenn Europa scheitert, München: Pantheon Verlag 2012, S. 18 und 22. – Geert Mak wurde 1946 in einem friesischen Dorf geboren. Er ist einer der bekanntesten Publizisten der Niederlande. Für sein Werk erhielt Geert Mak 2008 den Leipziger Buchpreis zur Europäischen Verständigung.

und Korruption – in allen Bereichen des gesellschaftlichen Lebens zur Macht zu verhelfen. Das heißt: im politischen Bereich (Parteien, Parlament, Regierung); in der Justiz und Verwaltung; in der Innen- wie Außenpolitik Europas als Ganzes; in der ganzen Wirtschaft, in den Schulen und auch im Leben der Kirchen.

Vergleicht man die Europäische Union mit einem großen Orchester, in dem 60 bis 70 Musiker auf verschiedenen Instrumenten eine Symphonie von *Beethoven* oder *Bruckner* spielen, und versucht man in diesem „Bilde" die Essenz des »Sinn-Systems« zu charakterisieren, so kann man sagen:
Jedes einzelne Instrument und damit jeder Musiker ist als ein Subsystem unersetzbar wichtig. Jeder Musiker muss *sein* Instrument lieben, hegen und pflegen, er muss darauf immer wieder üben. Zugleich aber ist er realistisch genug, um auch *die anderen* Instrumente zu mögen und wertzuschätzen, mit denen er zusammen die Symphonie – unter der Leitung des Dirigenten und immer sich auf die vorgegebene Partitur des Komponisten beziehend – zum Erklingen bringen kann. So bleibt *Vielfalt* [der vielen Instrumente] in der höchsten *Einheit* [der einen Symphonie] bestehen. So wird, in diesem Bilde bleibend, die durch das Orchester zum harmonischen Erklingen gebrachte Symphonie eine Art „Abbild" dafür, wie und warum Vielfältigkeit *die geistige Seinsform* höchster Einheit sein kann und ist.
Auf diese Weise kann dem fühlenden Verstehen nahe gebracht werden, warum und wieso einer gewaltigen Störung gleichkommt, wollte *ein* Musiker in einem Orchester *sein* Instrument verstärkt ertönen lassen und lauter als es die Rolle verlangt, die ihr der Komponist der Symphonie zugeschrieben hat.[84]

---

84 Ein tiefsinniges Bild, siehe: Bô Yin Râ (Joseph Anton Schneiderfranken), Das Geheimnis, Bern: Kober Verlag 1952, S. 259f.

So wie jedes Instrument im Orchester individuell und dennoch bedingt ist, und der Musiker *sein* Instrument gerade aus der Bedingtheit des Individuellen heraus *lieben* wird, so muss der europäische Mensch erkennen lernen, dass er all seine Bedingtheiten – Familienkreis, eigene Provinz, Volkstum, Nation, Sprache, katholisches, evangelisches oder orthodoxes Christentum usw. – zu lieben hat, und gerade deshalb nur dann *richtig* handelt, wenn er die Bedingtheiten Anderer *in wertschätzender Liebe* umarmt und bejaht. Die wertschätzende Liebe wird ihm dann immer wieder „zeigen", wo er sich von den anderen abgrenzen muss. Manche konkrete Folgerungen lassen sich aus diesem Vergleich ableiten, die ich skizzenhaft so darlegen möchte:

(1) Der politische Bereich wird in Europa die Rolle des „Dirigenten" übernehmen müssen, um allzu lauten „Töne der Banken" oder des rechtsradikalen Wahns zurückzudrängen.

(2) Die Justiz und die Verwaltung, – man denke an die Bürokratie in Brüssel, – sind [im Sinne dieses Vergleiches] aufgerufen, dem gerechten und dem sinnvollen Ausgleich, und das heißt auch: dem *Rechtsfrieden* zu dienen.

(3) Die Innen- wie Außenpolitik der Europäischen Union muss sich den genuin europäischen Werten [sozusagen der „Partitur" Europas] mehr und mehr verpflichten und den europäischen Kontinent zur *Selbsttranszendenz* motivieren. Das bedeutet hier viel mehr als nur Europas Selbstbehauptung gegenüber China oder Indien oder USA. Das bedeutet „Hinbewegung auf das Asiatische". Das bedeutet „selbstlose Unterstützung" des afrikanischen Kontinents. Selbsttranszendenz Europas bedeutet weiterhin, sich selbst zu überschreiten, indem man sich von der „Transzendenz" her begrenzen lässt. Das klingt auf den ersten Blick paradox, auf den zweiten Blick aber kann hier eine höhere Weisheit erkannt werden: Nicht Großmannssucht und Hybris, sondern der politisch und wirtschaftlich spürbare *Wille zum Sinn*

darf und soll mehr und mehr das Geschehen gestalten und lenken. Dieser Wille zum Sinn lässt sich aber, hier Viktor Frankl folgend, radikalisieren als »der Wille zu einem letzten Sinn«, womit unerwartet plötzlich »der Sinn der ganzen kosmischen Geschichte« – der »Über-Sinn«, wie Frankl sagte – bewusst werden kann, wenn auch nur flüchtig. Man kann es nicht ändern, dass es seit Platon und seit den jüdischen Propheten des Alten Testaments zur „Spiritualität" Europas der Gedanke dazugehört, dass alles einmal ein Ende haben wird, der einzelne Mensch aber in dem, was in ihm des Ewigen ist, nicht einfach vernichtet wird, wenn sein Körper stirbt. Was Platon mit dem Begriff der „unvergänglichen Seele" gemeint hat und die deutschen Mystiker mit dem Begriff des „Geistesfunkens" gelehrt haben, ist meiner Ansicht nach nicht unwichtig für das Leben in Europa. Ob dieser Gedanke auf unser Alltagsgeschehen erhellende und heilende Wirkung haben kann, steht auf einem anderen Blatt.

(4) Die Wirtschaft wird das Marktgeschehen nicht mehr durch maßlose Gier bestimmen dürfen, sondern nach dem Prinzip der „Dienstleistung an der Gesellschaft" (Böckmann). Denn, so schreibt Böckmann zutreffend, „eine Wirtschaft, die ihren Sinn – nämlich Dienstleistung (Dienen und Leisten) – an der Gesellschaft verfehlt, würde sich damit die Existenzgrundlage selbst entziehen, wie ein Herz, das nur sich selbst versorgt und nicht mehr den Organismus, von dem es abhängt."[85] – Erstaunlich klare Worte zu diesem Thema hat auch Bankmanager Alexander Dibelius, 53, Europa-Statthalter von Goldman Sachs, in einem Spiegel-Interview gesagt:

Ja, leider, das Problem nach den Bankskandalen, sei „mangelndes Vertrauen in die Branche und mangelnde Glaubwürdigkeit ihrer Vertreter. Das werden wir nur über die Zeit verändern kön-

---

85 Walter Böckmann, Wer Leistung fordert, muss Sinn bieten. Moderne Menschenführung in Wirtschaft und Gesellschaft, Düsseldorf: Econ Verlag 1990, S. 119.

nen. (...) Die Zeiten 25-prozentiger Renditeansprüche, wie sie hier und da formuliert wurden, sind unwiederbringlich vorbei. (...) Wir [im Bankwesen] haben früher sicher gedacht, dass etwas, was legal ist, auch legitim sein muss. Da haben wir uns verändert. Nicht alles, was gemacht werden darf, muss auch gemacht werden."[86] – Man kann nur hoffen: Wenn das wirklich ernst gemeint ist, steht das Bankwesen vor einer kleinen Renaissance.

(5) Die Regierungschefs Europas müssen eine klare Hierarchie herausbilden, die, wie im Orchester, unverzichtbar ist, wenn „die Musik harmonisch klingen soll", d.h., wenn Krisensituationen *realiter* gemeistert werden wollen. Nicht nur die Finanzwelt braucht Sicherheitssysteme, sondern die ganze sozialethische Dimension des Lebens in Europa ist, bei aller Wandlung, auf langfristige Stabilität angewiesen.

(6) Man muss erneut betonen: Die Eurokrise ist nicht nur ein finanzieller Waldbrand, sondern vor allem eine politische und eine tiefgreifende Vertrauenskrise. Vertrauen, das durch Gier und Unehrlichkeit fast kaputt gegangen ist, kann aber nur durch erneut gelebte Ehrlichkeit und Großzügigkeit wiederhergestellt werden, wobei der durch den Missbrauch des Vertrauens angerichtete Schaden nicht sofort verschwindet, sondern sich weiterhin, eine ganze Weile, auswirkt. Wir müssen uns der Schuldenkrise – der Schuld in finanzieller und der Schuld in ethischer Hinsicht – stellen: Regierungen wie Einzelne. Und wir müssen den „Preis" für diese Schuldigkeiten bezahlen.

(7) Geert Mak, dem holländischen Publizisten zufolge, lebt Europa immer noch, zumindest verglichen mit der übrigen Welt, in materiellem Wohlstand, es hat kaum Handelsdefizite und es ver-

---

86 SPIEGEL-Gespräch mit Alexander Dibelius, Nr. 1/2013, S. 65. Dibelius, in Frankfurt am Main tätig, ist einer der einflussreichsten Vertreter der Branche. Das Gespräch mit ihm führten die Redakteure Anne Seith und Thomas Tuma.

fügt über die Mittel, das eigene Problem selbst zu lösen, aber, so Geert Mak, unser Kontinent verharrt in seiner [von der Angst geprägten] Ohnmacht.[87] Unmittelbar dazu darf ergänzt werden: Weder die einzelnen Menschen noch die Regierungen Europas dürfen die Furcht zu ihrer Göttin machen. Mag sein, dass nicht wenige Bürger (auch Politiker) auf einem Gebiet, auf dem sie sich dazu erzogen haben, der Furcht trotzen können und dort auch mutig sind. Doch gerade die Überwindung der Krise erfordert, dass wir alle lernen, *keinen einzigen Bereich* unseres Lebens der Furcht zu überlassen. Es geht nicht darum, gänzlich und in jeder Hinsicht furchtlos zu werden, [was auf Erden kaum möglich ist], aber sehr wohl geht es darum, immer mehr zu lernen, kein Sklave und kein Höriger der Furcht zu werden. Wie Joseph Anton Schneiderfranken Bô Yin Râ (1876 – 1943) schreibt:

„Nie ist die Furcht so leichter Beute sicher, als in den Zeiten schwerer Prüfung [Krise], da keiner weiß, was ihm der nächste Tag an neuem Übel bringen mag.

Gewisse *Folgen früheren Geschehens* lassen sich *durch keine Macht der Erde und des Himmels bannen,* und wo einst irriges Verhalten *Unheil* [z.B. die Bankenkrise] vorbereitet hat, dort muss es *ausgekostet* werden, [dort muss man ‚den Preis' bezahlen], ob man sich auch noch so sehr dagegen *wehren* möge: – ob man die tieferen Zusammenhänge zu *begreifen* fähig ist, oder nicht. –

Verführt durch falsche Schlüsse seines Denkens, setzt der Mensch nun *selbst* die *Furcht* in alle Rechte ein und ahnt nicht, dass er so durch *eigene* Kraft dem *Übel, das er nicht vermeiden kann,* noch hundertfältig *Zuwachs* schafft ..."[88]

---

87 Vgl. Geert Mak, Was, wenn Europa scheitert, München: Pantheon Verlag 2012, S. 72.

88 Bô Yin Râ (Joseph Anton Schneiderfranken), Auferstehung, Bern: Kober Verlag 1981, S. 80f.

Die magische Kraft aber, welche dem Übel der Furcht *Einhalt* zu gebieten vermag, heißt: *Glaube*. Gemeint ist damit nicht ein Glaube im Sinne einer religiösen Konfession, sondern als höchste Selbstbejahungskraft der unvergänglichen Seele, oder in anderen Worten ausgedrückt ein Grundvertrauen des Herzens, dass es möglich ist durch die Glaubenskraft der vielen, sich aller Furcht zu entwinden und auf diese Weise das Gute anzuziehen. Die „Alten", die alten Weisen Europas, haben noch die magische Kraft des Glaubens im Menschen aus Erfahrung gekannt, und wir „postmoderne Menschen" müssen erneut lernen, uns dieser magischen Glaubenskraft und dem *Vertrauen des Herzens* – in uns selbst – zu öffnen. Nicht nur Furcht lässt manche üble Dinge ins Dasein treten, sondern genauso vermag die *frohe Zuversicht* des Herzens Gutes und Sinnvolles wirklich werden lassen.

(8) Ist unsere europäische Demokratie noch zu schwach, und, mangelt es an charismatischen Führungspersönlichkeiten, die wirklich fähig sind, dem »**Sinn-System**« gemäß zu denken, zu fühlen und zu handeln, so müssen wir, Bürgerinnen und Bürger Europas, alle Glaubens- und Vertrauenskräfte in uns selbst mobilisieren, ein handlungsfähiges Europäisches Parlament schaffen, – dem eine wohlüberlegte Europäische Verfassung vorauszugehen hat, – und die Magie der Zuversicht sich auswirken lassen. Die Europäische Union wird nicht unabhängig vom Engagement der vielen Einzelnen bestehen können, aber viele Einzelne müssen *ertragen* lernen, was nicht so schnell änderbar oder gar unvermeidbar ist.

(9) Die Visionäre Europas haben die *Hoffnung* gehegt, dass nach dem Zweiten Weltkrieg unser Kontinent eine radikale Wende braucht. Erst nach der Beendigung des Kalten Krieges (1949 – 1989) eröffnete sich der Weg zur Vereinigung Deutschlands, zur weitgehenden Überwindung der Spaltung zwischen Ost- und Westeuropa, dann zur gemeinsamen Währung und zur Erweiterung der Union, so dass heute 27 Länder den *»Konsens«* mit-

einander zu suchen haben. Jetzt aber, in den Jahren 2012 bis ca. 2015, dürfen – vor allem! – die Spitzenpolitiker der Mitgliedstaaten nicht mehr Angst davor haben, dass sie an Macht und Einfluss verlieren, sondern „dem jungen Bäumchen" [um die Europäische Union in diesem Bilde zu charakterisieren] jede Chance bieten, damit es sich zu einem großen, starken Baum auswachsen kann. Wenn Unrecht Chaos und Entfremdung schafft, was wir in den letzten Jahren zur Genüge erfahren haben, müssen wir den Weg in die andere Richtung gehen, nach dem Motto: *Recht schafft Frieden.* Zu diesem Frieden aber gehört auch, dass man nicht durch widersinnige Gesetze einer unguten Entwicklung Vorschub leistet, die das natürliche Verhältnis zwischen »Mann« und »Frau« plötzlich umkehrt. Ich meine hier nicht die nützlichen Regelungen bezüglich der gleichgeschlechtlichen Partnerschaft. Sehr wohl aber meine ich, dass zwei Frauen, die sich lieben, oder zwei Männer, die eine Lebensgemeinschaft aufbauen dennoch kein Ehepaar sind. Es ist kein Vorurteil zu sagen, dass solche Paare *nicht* berechtigt sind, ein Kind zu adoptieren, sondern es handelt sich um ein Urteil des gesunden Menschenverstandes und der klaren Seelenempfindung. Jede Entscheidung hat Konsequenzen. Man kann nicht alles auf einmal haben. Ein Kind hat das Recht auf Mutter und Vater.

(10) Bestimmte Verzichte und Verluste müssen in Kauf genommen werden, ja! Das heißt aber nicht, dass man bereit ist, die Risiken, die skrupellose Anleger eingehen, zu honorieren; dass man soziale Leistungen ständig zu kürzen gewillt ist und dass man die humanistische Bildung [im umfassenden Sinne des Wortes] immer wieder vernachlässigt. Wir brauchen nicht nur Forschung im Bereich der Technik, sondern wir benötigen dringend viel mehr humanistische und geistige Bildung – darunter auch gute Beherrschung mehrerer Sprachen – in allen Ländern Europas.

(11) Die verschiedenen Sichtweisen, mit denen die europäischen Bürger ihren Staat betrachten, und die vollkommen anders gearteten Erwartungen, die sie an ihn – und auch an die Europäische Union – haben, sind vermutlich nicht so schnell miteinander zu harmonisieren. Hier braucht man viel Geduld, Dialog und teilweise Verzicht auf allzu egozentrierte Vorstellungen.

Die europäischen Pioniere, die den Zweiten Weltkrieg überlebt hatten, strebten ein Europa im Sinne eines *Friedensprojektes* an und meinten damit ein großartiges Projekt, „in dem es um Menschenrechte und demokratische Werte auf internationaler Ebene ging."[89]

Jüngere Politiker, die den Krieg nicht mehr aus eigener Erfahrung kennen, können und sollen von den „alten europäischen Pionieren" lernen, dass eine rein ökonomische Betrachtung der Gesellschaft zwar wichtig, aber nicht erstrangig ist. Es darf nicht sein, dass über Jahrhunderte gewachsene Institutionen und öffentliche Einrichtungen, – Schulen, Krankenhäuser, Universitäten, Bildungsakademien, Bibliotheken, – die vor allem der Gemeinschaft dienten, nun plötzlich dem freien Spiel der Marktkräfte überlassen werden. Verachtung für die ganz einfache menschliche Existenz, für die ganz normale Arbeit in Schulen, in Nachbarschaften, in Kirchengemeinden, auf dem Land usw. führt uns in Europa nicht weiter und ein *dogmatisches Marktdenken,* das alles, was Leben ist, ökonomisieren will, ist nicht weniger schlimm als ein Dogmatismus in der Politik oder Religion.

(12) Wir brauchen in Europa ein tieferes, klares Gefühl für die Schicksalsverbundenheit in der Familie, in der Verwandtschaft, in einer Region, im eigenen Haushalt und in allen Ländern Europas. Wir brauchen ein neues Gefühl für die Harmonie, die

---

89 Geert Mak, Was, wenn Europa scheitert, München: Pantheon Verlag 2012, S. 106.

zwischen Mann und Frau ursprünglicher ist, als Zwist und Dissonanz. Nirgendwo, weder in Moskau noch in Madrid, weder in Norwegen noch in Sizilien kann es uns „egal" sein, ob in irgendeinem Land Europas nur 5 oder 20% jugendliche Arbeitslose leben.

(13) Dass wir jemals in Europa das „Paradies" haben werden, glaube ich persönlich *nicht.* Optimistisch bin ich aber in der Hinsicht, dass ich den dauerhaften Frieden – gekoppelt mit nicht geringen und kontinuierlich zu bewältigenden Herausforderungen in den zusammenhängenden Bereichen: Ökologie, Ökonomie, Bildung, Gesundheitswesen, solidarische Gruppen, Stiftungen und Gemeinschaften, wachsende Harmonie zwischen Mann und Frau – in Europa als realistisch möglich ansehe. Und ich möchte mich selbst und andere – im Sinne einer Ermutigung – daran erinnern, was der frühere amerikanische Präsident *Franklin D. Roosevelt* in seiner legendären Rede am 04. März 1933 gesagt hatte: „Das Einzige, was wir zu fürchten haben, ist die Furcht selbst – die unbeschreibliche, unvernünftige, ungerechtfertigte Angst, die alle Anstrengungen erlahmen lässt, einen Rückzug doch noch in eine Offensive zu verwandeln."[90]

(14) Außerdem beziehe ich mich auf den früheren Leipziger Bürgermeister und den mutigen Widerstandskämpfer *Carl Friedrich Goerdeler* (1884 – 1945), den die Nazis am 2. Februar 1945 in Berlin ermordet haben. Wenige Tage vor seinem grausamen Tod schrieb er im Gefängnis am 27.1.1945 einen „Aufruf an alle Menschen". In dieser Schrift steht zu lesen:
„Denkt jede Sekunde daran, dass es für alle Völker gilt, diesen furchtbaren Opfern [des Zweiten Weltkrieges] einen Sinn zu geben. Er kann nur in einem Frieden seine Verkörperung finden, der allen Völkern fruchtbare Arbeit, das Glück der Seelenruhe

---

90   Zitiert nach Geert Mak, ebd., S. 121.

und den Segen freundlichen Familienlebens bringt, der also vom Geist der Gerechtigkeit, der gegenseitigen Achtung und der Hilfsbereitschaft erfüllt ist. Nur ein solcher Friede verheißt Dauer. Und lang, lang dauernd muss der neue Frieden sein, (…) sonst ist die in einem Jahrtausend gewordene europäische Kultur dem Untergang geweiht."[91]

Europas Berufung ist, wenn man das mit Carl Friedrich Goerdeler formuliert, der diese Worte angesichts des Todes spricht, darin zu erkennen, das „Leid in Segen zu wandeln."[92] Und dazu gehört unbedingt die Konkretisierung der Lehre von der Sinnorientierten Führung.

Wir Europäer heute und in den nächsten Jahren dürfen uns durch die Furcht nicht lähmen lassen. Auch das ist eine Lektion, die, meiner Ansicht nach, das Leben und Werk von Walter Böckmann uns zu lernen „aufgegeben" hat. Mit der immer wieder bewussten Entdeckung des Sinns in uns und um uns herum sowie der Kraft des schöpferisch tätigen und gestaltenden Geistes kann jeder diese Lektion auf seine Weise zunächst für sich selbst lernen, um dann, vom Leben berufen, auch andere, die es brauchen, am Gelernten teilnehmen zu lassen.

---

91 Politische Schriften und Briefe Carl Friedrich Goerdelers, hrsg. v. Sabine Gillmann und Hans Mommsen, München: K. G. Saur Verlag München 2003, Band 2, S. 1242.

92 Ebd., S. 1243.

Andreas Mascha

SINNORIENTIERTE FÜHRUNGSPHILOSOPHIE IM 21. JAHRHUNDERT

EINE SKIZZE

Sinnorientierte Führung ist ein Ansatz zur Menschenführung, der den Sinn und das Streben des Menschen nach Sinn als Primärmotivation ins Zentrum seiner Führungsphilosophie stellt und in einer philosophischen Anthropologie wurzelt.

Die sinnorientierte Führungsphilosophie reicht zurück bis in die Antike, wo sich z.B. auch Platon mit der Führungsfrage beschäftigte und die richtige Orientierung für das Führen (griechisch ἄγειν [ágein] führen) am Logos, am SINN, sah.

In den 1970er und 1980er Jahren hat der Soziologe, Logotherapeut und Führungsforscher Walter Böckmann, ausgehend von einer Kritik der *angst*-orientierten Führung, die *sinn*-orientierte Führung als eigenständigen Führungsansatz entwickelt. Böckmann baut auf der Sinn-Lehre und dem dimensionalontologisch begründeten ganzheitlichen Menschenbild von Viktor E. Frankl auf, erweitert diese um evolutionstheoretische und soziologisch-systemische Perspektiven und fundiert seine sinnorientierte Führungslehre vor allem motivationspsychologisch, leistungspsychologisch, führungspsychologisch und arbeitssoziologisch.

Die *Sinnorientierte Führungslehre* ist also schon da. Walter Böckmann hat sie in seinem Lebenswerk umfassend begründet und als eigenanständigen Führungs*stil*, ja sogar als originär neue Führungs*philosophie*, nicht zuletzt auch aufgrund ihrer Tiefenverwurzelung in der philosophischen Anthropologie, etabliert. Diese wertvolle Arbeit wurde bereits im letzten Drittel des 20.

Jahrhunderts geleistet, aber die eigentliche Blütezeit und der geschichtliche *Kairos*, der richtige Zeitpunkt, der vollen Entfaltung der Wirkmacht dieses Ansatzes ist das 21. Jahrhundert. Diese These möchte ich im Folgenden weiter beleuchten und gehe dabei von dem bereits publizierten Werk Walter Böckmanns aus, das in vorliegendem Buch ausführlich dargestellt wurde.

Wir befinden uns heute in den Zehner-Jahren des 21. Jahrhunderts und, wie auch Georg Franck 2005 in seiner „politischen Ökonomie des Geistes" *Mentaler Kapitalismus* im Eingangssatz schrieb: „Die Postmoderne ist vorbei, sie erscheint nun im Rückblick."[93] Gerade in den sogenannten Industriestaaten sind wir heute unzweifelhaft in der Epoche der *Hyper*moderne (deren Beginn von einigen Zeitdiagnostikern sogar ganz punktuell auf den 11. September 2001 datiert wurde) angekommen. Wobei dieser Begriff der ‚Industriestaaten' ebenso wie der der ‚Ersten-Welt-Länder', nicht mehr wirklich treffend ist, denn die (Schwer-) Industrie ist nicht mehr der alleinige Maßstab und Indikator für den Entwicklungsgrad von Volkswirtschaften, geht es heute doch immer mehr auch um Faktoren wie Wissen und Intelligenz und nicht nur um Fleiß und Betriebsamkeit (lat. *industria*), Das griechische Präfix *hypér* steht für ‚über' im Sinne von ‚über (etwas) hinaus' (lat. *super*). Es trifft das Wesen des heutigen Stadiums der Moderne – und wir haben halt auch kein anderes passendes Wort für die moderne Zeitcharakterisierung[94] – schlicht am besten. Peter Sloterdijk kritisiert einerseits sehr treffend die irreführend suggestive

---

93 Franck, Georg: *Mentaler Kapitalismus. Eine politische Ökonomie des Geistes*, Wien 2005, S. 7.

94 So sagte auch Paul Virilio in seinem Interview mit John Armitage *From Modernism to Hypermodernism and Beyond:* „As far as ‚hyper' or ‚super' modernism is concerned, I think we are not out of modernity yet, by far." Vgl.www.kyoolee.net/From_Modernism_to_Hypermodernism_and_Beyond_-_Interview_with_Paul_Virilio.pdf Volltext-Download, S. 2.

Komponente des ‚Nach' der *Post*-Moderne[95] und erhellt andererseits sehr begriffsinnovativ (mit Worten wie „Hinaufpflanzung" oder „Vertikalspannung") den „Sinn von ‚Über'"[96].

Auf den Punkt gebracht: Aus hypermoderner Sicht sieht die Postmoderne einfach ‚alt' aus!

Ohne auf weitere Vordenker und Theoretiker der Hypermoderne, wie z.b. Paul Virilio oder Peter Weibel hier näher einzugehen, sind doch die wesentlichen Charakteristika dieser neuen Lebenswirklichkeit und Ära klar:

– Rasante Komplexitätssteigerung der Gesellschaft (so dass einige, wie z.b. der St. Galler Managementvordenker Fredmund Malik, sogar vom heutigen „Komplexitätszeitalter" sprechen);

– Zunehmende Beschleunigung (vgl. hierzu Virilios dromologische[97] Analysen) von Fortschrittsprozessen (im wertneutralen Sinn);

– Hypermedia-Kommunikation (Web 3.0 +);

– Globalität – bis schließlich hin zum integrierten, planetaren Organismus, des „Monon"[98] (Carsten Bresch);

– „Hypertransformationen" (vgl. hierzu z.b. die Forschungen von Eckehard Binas zu heutigen regionalen Transformationen);

– Und vor allem: Die Selbsttransformation des Menschen durch „Anthropotechniken" (Sloterdijk) – materiell – Stichwort „BANG-Design"[99] (Norbert Bolz), aber auch, geistig, durch

---

95 Vgl. z.B. in: Sloterdijk, Peter: *Eurotaoismus. Zur Kritik der politischen Kinetik*, Frankfurt a.M. 1998, S. 266 ff.

96 Sloterdijk, Peter: *Du musst dein Leben ändern*, Frankfurt a.M. 2009, S. 176 ff.

97 Vgl. u.a.: Virilio, Paul: *Geschwindigkeit und Politik: ein Essay zur Dromologie*, Berlin 1980.

98 Vgl. hierzu: Bresch, Carsten: *Zwischenstufe Leben. Evolution ohne Ziel?,* Frankfurt a.M. 1979, S. 250 ff.

99 BANG-Design steht für **B**its-**A**toms-**N**euro-**G**en-Design und die (nano-)technologischen Selbstmanipulationsmöglichkeiten im 21. Jahrhundert. Vgl. hierzu

Bewusstseinsevolution (exemplarisch sei hierzu auf die Arbeiten des integralen Bewusstseinsforschers Ken Wilber[100] verwiesen).

Insgesamt kann die hypermoderne Zeitqualität als *spiralig* (vgl. z.B. die „Evolutionsspirale"[101] nach Oliver Reise), *autokatalytisch*, d.h. sich selbst beschleunigend, und *fraktal* (vgl. auch das *Zeit*-Verständnis der Mayas) gekennzeichnet werden. Wir können hier nicht tiefer in zeitgenössische geschichts- und gesellschaftswissenschaftliche Theorien einsteigen. Es ist jedoch offensichtlich, dass der heutige gesellschaftliche und wirtschaftliche Kontext ein ganz anderer ist, als vor knapp einem halben Jahrhundert, der Zeit der ersten Konzeption der Sinnorientierten Führungslehre durch Walter Böckmann. Aber erst diese heutigen Rahmenbedingungen machen die Sinnorientierte Führungslehre nicht nur zum menschenwürdigsten und damit ethisch richtigen Führungsstil, sondern auch zum potenziell wirkungsvollsten, erfolgversprechendsten und zukunftsträchtigsten im Licht der *ökonomischen Vernunft*[102]. Hierin liegt die eigentliche Stärke und Überlegenheit der Sinnorientierten Führungsphilosophie vor allen anderen Ansätzen zur Menschenführung: Der inzwischen

---

auch das „Design-Manifest des 21. Jahrhunderts" von Norbert Bolz: *BANG Design*, Hamburg 2006.

100 Ebenfalls exemplarisch: Wilber, Ken: *Eros, Kosmos, Logos*, Frankfurt a.M. 1996

101 Reiser, Oliver: *Kosmischer Humanismus und Welteinheit*, Frankfurt a.M. 1978, S. 141.

102 Der Begriff der *ökonomischen Vernunft* bezeichnet weniger ein wirtschaftliches Kalkül des operativen Verstandes, als vielmehr das oberste Erkenntnisvermögen (Vernunft im Hegelschen Sinne) im Hinblick auf das gute *Haus*halten (vom griech. *oíkos*), das im Sinne eines integralen, alle Dimensionen integrierenden Ökonomieverständnisses auch die heutige „Ökonomie des Geistes" (Georg Franck) mit einbezogen hat. Ganz in der Linie Aristoteles ist die ökonomische Vernunft der *Ökonomik* , der natürlichen Erwerbskunst, verpflichtet und gerade nicht der *Chrematistik*, dem bloßen (und widernatürlichen) Gelderwerb.

antiquierte Widerspruch zwischen Ethisch-Richtigem und Öko-
nomisch-Vernünftigem ist – im heutigen hypermodernen, sozio-
kulturellen und sozio-ökonomischen Evolutionsstadium – in der
Sinnorientierten Führung *aufgehoben*.

„Wer LEISTUNG fordert, muss SINN bieten" lautet nicht nur
der Buchtitel von Walter Böckmanns primär leistungspsycho-
logischer Begründung der Sinnorientierten Führungslehre, sondern ist auch *das* Motto und *der* Leitsatz für nachhaltig erfolgreiche Menschenführung im 21. Jahrhundert.
Leistung ist Urquelle des Ökonomischen, das Lebenselixier einer funktionsfähigen Wirtschaft, seien es nun geistige, physische
oder in Folge auch technische Leistungen. Immer geht es um das
Erbringen von Arbeit im relevanten Zeitbezug. Vom Menschen
wird Leistung gefordert und nicht erst im Erwachsenenalter in der
Arbeitswelt, sondern heutzutage bereits in Vorschule und Schule. Walter Böckmann hat – gerade als Arbeitssoziologe – auf die
große Bedeutung des menschlichen Existenzials[103] „Arbeit" immer wieder hingewiesen – eben nicht nur als Maloche und fremd-
bestimmte oder gar entfremdende Tätigkeit allein zur Sicherung
des Lebensunterhalts, sondern auch als bewusstes schöpferisches
Handeln und Selbstgestaltung des Menschen. Wir bezeichnen uns
heute selbst oft als Leistungsgesellschaft, denn, so die durchaus
nicht unplausible Verheißung, Leistung schafft Wohlstand und im
besten Falle nicht nur für den Einzelnen, sondern *Wohlstand für
Alle* (vgl. auch Ludwig Erhards gleichnamiges Werk zur sozialen
Marktwirtschaft). Während früher Arbeit und Leistung – oft ohnehin nur Pseudo-Leistung – vom Menschen noch leichter erzwungen und abgepresst werden konnte, – hierfür steht der Ansatz der
angst-orientierten Führung, die Böckmann immer wieder scharf

---

103 Grundqualität des Mensch-Seins im Sinne der Heideggerschen Fundamentalon-
tologie.

kritisiert hat, – ist die heutige Wirtschaftssituation im Allgemeinen durch mehr Freiheit zur möglichen Leistungsverweigerung gekennzeichnet. Die Zeiten der Zwangsarbeit sind im Großen und Ganzen vorbei, und selbst der objektive, existenzielle Arbeitsdruck wird in Zeiten von Hartz IV und der konkreter werdenden Perspektive eines (bedingungslosen) Grundeinkommens grundsätzlich geringer. Was motiviert Menschen also auch noch in der Zukunft tatsächlich Leistung zu erbringen, wenn die äußeren Zwänge – erfreulicherweise – tendenziell immer geringer werden? Oder von zentraler Bedeutung für die Wirtschaft: Wie verhindern wir den enormen Leistungsverlust durch das wachsende Problem der inneren Kündigung und des Burnout? Je weniger Repressionsmittel faktisch zur Verfügung stehen, desto weniger funktioniert der angst-orientierte Führungsstil und desto mehr müssen nachhaltig gangbare Wege der Motivation gefunden werden. Wie der einflussreiche amerikanische Arbeitswissenschaftler Frederick Herzberg gezeigt hat, ist Geld kein Motivator, sondern wie er es nannte ein „Hygienefaktor", d.h. ein Faktor, der zwar bei hinreichend positiver Ausprägung Unzufriedenheit und Demotivation verhindert, aber nicht selbst Zufriedenheit und Motivation aktiv schaffen kann. Es ist die Weiterentwicklung unserer Wirtschafts- und Arbeitswelt selbst, die immer mehr eine Sinnorientierung in der Menschenführung fordert, denn wie schon Hegel in seinen *Vorlesungen über die Philosophie der Geschichte* sehr klar gezeigt hat, ist der Gang der Weltgeschichte ein, wenn auch nicht linearer, so doch ein „Fortschritt im Bewusstsein der Freiheit." So könnte man auch sagen: Je weiter der wirkliche Fortschritt im Bewusstsein der Freiheit in der menschlichen Gesellschaft, desto relevanter die Sinnorientierung im Bereich der Menschen- und Selbstführung, denn Freiheit bedeutet auch immer Verantwortung für konkrete Werte, wie auch Böckmann und Frankl immer wieder betonen.

Sinnorientierte Führung im Licht
einer hypermodernen ökonomischen Vernunft

Bereits 1983 hat der an der Universität St. Gallen lehrende, deutsche Wirtschaftswissenschaftler Thomas Dyllick-Brenzinger einen vielbeachteten grundlegenden Artikel *Management als Sinnvermittlung* veröffentlicht[104], in dem er zeigte, dass Unternehmen primär tatsächlich als „Teile der geistigen Welt" aufzufassen sind und erst sekundär als Teile der materiellen Welt, und dass aus dieser Sicht zwangsläufig eine Neudefinition von Management erfolgt, nämlich: *Management als Sinnvermittlung.* Demzufolge sind die vorrangigen Aufgaben von Management weniger Planen, Organisieren, Anordnen und Koordinieren als vielmehr Definieren, Bezeichnen, Erklären, Bewerten und Legitimieren – also: *Sinn vermitteln.* Das *neue* Management-Verständnis weiß auch um die geistige Dimension der Wirklichkeit, somit auch der Unternehmen, und kommt folgerichtig zu neuen Prioritäten für ein *nachhaltig wirksames* Management. Demnach ist Management nicht mehr nur das effektive und effiziente, sondern vielmehr auch das sinnorientierte Umsetzen ökonomischen Denkens, wobei das neue, *integrale* Ökonomie-Verständnis die geistige oder, nach Viktor Frankl, „noetische Dimension" schon integriert hat.[105] Hier übernehme ich auch die hilfreiche Böckmannsche Unterscheidung zwischen „Leiten von Prozessen" und „Führen von Menschen"[106]. Mit der Sinnorientierten Führung sind wir beim *Herzstück* des Integralen Managements, das wiederum *das* Organon zur Realisierung integral-ökonomischen Denkens ist.

---

104 Dyllick, Thomas: *Management als Sinnvermittlung*; GDI impuls 3/83 des Gottlieb Duttweiler Institute / Rüschlikon; CH

105 Vgl. hierzu auch meinen Grundlagen-Essay *Das Integrale Management – Eine Standortbestimmung* unter: www.IntegralManagement.de/IntegralManagement.pdf

106 Mascha, Andreas: *Das Integrale Management*, a.a.O. S. 10.

Wenn die immer stärker erhobenen Forderungen und wachsenden Personalanforderungskriterien nach Kreativität, Innovativität, nachhaltiger Selbstmotivation und Eigeninitiative, Leistungswille, Teamgeist, eigenverantwortlichem und mitunternehmerischem Denken und Handeln, etc. nicht nur Lippenbekenntnisse und schöne Schlagworte bleiben sollen, ist eine Sinnorientierten Führungsphilosophie unabdingbar nötig, um eine entsprechende Unternehmenskultur- und Personalentwicklung tatsächlich auch zu ermöglichen. Dazu bedarf es auch eingehender Schulung auf diesem Gebiet. Sinnorientierte Führungslehre trägt wie keine andere der geistigen Dimension des Menschen Rechnung und ist in ihrer tiefen Verwurzelung in der Logotherapie und der philosophischen Anthropologie Viktor Frankls und Max Schelers prädestiniert, d i e Führungsrolle unter den Führungsstilen im 21. Jahrhundert zu übernehmen. Die Sinnorientierte Führungsphilosophie ist auch die logische Konsequenz aus ihrem Grundaxiom: dem ganzheitlichen Menschenbild, dem zufolge der Mensch nicht nur ein Psychophysikum, sondern auch und zutiefst ein geistiges Wesen – Frankl: geistige Person – ist, dem der „Wille zum Sinn" ursprünglich innewohnt, so wie das Herz dem Körper inhärent ist.

Es ist eigentlich trivial: Wer Menschen gut führen will, muss den Menschen – psychologisch wie geistig – kennen! Dies gilt sowohl für den jeweiligen konkreten, individuellen Menschen im Sinne der psychologischen Menschenkenntnis, als auch für das allgemeine Menschsein im Sinne der *conditio humana*. Also: Was ist der Mensch? – auch nach Kant ist dies *die* Frage der Philosophie. Hier gibt insbesondere Viktor Frankl nicht nur sprachlich, sondern existenziell-biographisch und sein gesamtes Lebenswerk hindurch die zukunftweisende Antwort: Der Mensch ist vor allem ein „sinnsuchendes Wesen", und glücklich ist er nur dann, wenn er seinen Sinn findet und realisiert. Wir wollen an dieser Stelle nicht in die tiefenfundierte, dimensionalontologische Begründung seiner ganzheitlichen Schau des Menschen einsteigen. In diesem Zusammenhang möchte ich aber noch auf die wertvollen Arbeiten der an der Management Hochschule in Innsbruck lehrenden Führungstheoretikerin Anna Maria Pircher-Friedrich hinweisen, die gerade die große Bedeutung des zugrundeliegenden Menschenbildes für Leadership und Führung sehr erhellend herausgearbeitet hat.[107]

Dass der Mensch in seinem Wesen primärmotiviert ein Sinnsuchender ist, ist an sich nicht neu, sondern ein Gedanke, der schon in der Antike zu finden ist. So geht auch die erste formulierte, europäische Sinnorientierte Führungsphilosophie auf Platon und seine „Agogia-Theorie" sowie seine „Psychagogik-Lehre" zurück und auch die neurobiologisch naturwissenschaftlichen Erkenntnisse z.B. des Göttinger Neurobiologen Gerald Hüther bestätigen dies, denn das Hirn selbst ist primär ein sinn- und bedeutungsuchendes Organ. Aber zur vollen Entfaltung dieses impliziten Potenzials innerhalb des sozialen Organismus bzw. der konkreten Gesellschaft, in der das Individuum lebt, bedurfte und bedarf es der hypermodernen Entwicklungsebene und Evolutionsstufe unseres sozio-kulturellen Gesellschaftssystems – speziell des Funktionssystems „Wirtschaft", mit ihrer überragenden autopoietischen und autokatalytischen Macht.[108]

In seinem letzten Buch *SINN in Arbeit, Wirtschaft und Gesellschaft* von 2008, das auch als Grundlagenwerk einer *Sinnsoziologie* gelesen werden kann und auf das ich im Rahmen des vorliegenden Buches noch ganz speziell hinweise, erhellt Walter Böckmann das

---

107 Speziell: Pircher-Friedrich, Anna Maria: *Sinn-orientierte Führung in Dienstleistungsunternehmungen,* Augsburg 2001, Kapitel 2 und 3; sowie: *Mit Sinn zum nachhaltigen Erfolg,* Berlin 2005, S.65 ff.

108 Vgl. hiezu auch Erich Jantschs großes Werk: *Die Selbstorganisation des Universums,* Wien 1992, S. 114 ff.

Sinn-Prinzip bzw. das Prinzip der Sinnorientierung als das „Ordnungsprinzip der Welt" sowie Leitprinzip sozio-kultureller Evolution. Es eröffnet so einen Blick auf die *Sinngesellschaft* als nächsten Entwicklungszyklus nach der Informations- und Wissensgesellschaft. Denn geht man auch – wie die moderne Wissenssoziologie – von einem nicht-metaphysischen Wissensbegriff aus, von einem Wissens-Verständnis im Sinne von *kohärent vernetzter Information* und wissenschaftlich gesicherter Faktenkenntnis, so ist doch klar, dass auch die zugrundegelegten Wissens*kategorien* selbst wiederum vom Sinn als „universaler Ordnungsform" (Niklas Luhmann) abhängen und erst aus der „noetischen Dimension" (Frankl) bzw. der Sinn-Dimension richtig geordnet, gewichtet und (auch ins neuronale Netzwerk) integriert werden können. Erst das vernunftbegabte, d.h. sinnerkenntnisfähige Subjekt, ermöglicht *kohärent vernetztes Wissen*[109]. Wie auch Kant in seinem berühmten Aufsatz *Was heißt: Sich im Denken orientieren?* gezeigt hat, liegt der zentrale Maßstab für die Orientierung im Denken in der Vernunft – im *Logos* – im SINN.

Die kommende Sinngesellschaft ist der logische nächste Entwicklungsschritt im Anschluss an die Wissensgesellschaft, so wie es gleichermaßen die Wissensgesellschaft nach der Informationsgesellschaft ist. Dabei gehen die jeweils vorherigen Stufen nicht verloren, sondern werden in der nächsten, höheren Ebene im dreifach Hegelschen Sinne *aufgehoben*.

Wer Wirtschaft und Führung im 21. Jahrhundert neu und situationsadäquat denken will, muss sie primär *sinnorientiert* und *integral* denken.

---

109 Somit ist auch klar, dass die Sinnorientierte Führung die *Selbst*führung nicht nur mit einschließt, sondern von ihr ausgeht, was sich z.B. auch im Aufbau des *ISF-Leadership-Programms* klar widerspiegelt.

Institut für Sinnorientierte Führung (ISF)

Zum Schluss dieser Überlegungen zu den Perspektiven der Sinnorientierten Führungsphilosophie und Führungslehre im 21. Jahrhundert möchte ich noch kurz auf meinen persönlichen Sinn-Bezug zu diesem Themenfeld eingehen. Während meines Studiums der Betriebswirtschaftslehre in München Anfang bis Mitte der 1990er Jahre bin ich auf Walter Böckmanns Werk *Sinnorientierte Führung als Kunst der Motivation* gestoßen. Seine Übertragung und Anwendung der Franklschen Logotherapie und anthropologischen Grundlagen in und auf die Wirtschafts- und Arbeitswelt – im Besonderen auf die Führung, (die ohnehin im klassischen BWL-Studium eine für ihre Wichtigkeit viel zu vernachlässigte Rolle spielt) hat mich tief beeindruckt. Das Buch hatte mich so stark inspiriert und mir wesentliche motivations- und führungspsychologische Kernfragen so klar beantwortet, dass ich mit dem Autor unbedingt in persönlichen Kontakt treten wollte. So kam es 1994 auch zur ersten persönlichen Begegnung mit Walter Böckmann in seinem *Westdeutschen Institut für Logotherapie und Psychologie der Arbeitswelt* in Bielefeld. Diese Begegnung war der Auftakt für eine nun fast zwanzigjährige Freundschaft und eine Vielzahl von Gesprächen, aus denen ich viel gelernt habe und für die ich sehr dankbar bin. Nachdem mir Walter Böckmann 2007 die Verlagsrechte seiner *Littera* Publikationsreihe anvertraut und übertragen hatte, habe ich begonnen, die Titel zur Reihe *Sinnorientierung* in meinem *Verlag Andreas Mascha* neu aufzulegen und herauszugeben.[110] Die tiefe Überzeugung des großen Wertes und der hohen Relevanz der Sinnorientierten Führungslehre – gerade für die heutige Zeit – hat mich dann auch dazu bewogen, am 8.8.2008 ein eigenes *Institut für*

---

110 Vgl. www.AndreasMascha.de/VAM-Littera.pdf

Sinnorientierte Führung (ISF) in München zu gründen, dessen zentrale Aufgabe die weitere Erforschung und Weiterentwicklung der Sinnorientierten Führungslehre für das 21. Jahrhundert ist. Weiteres Ziel des ISF sind neben Forschung und Lehre (*ISF-Education*), sowie der Verwaltung des *Böckmann-Archivs*, die professionelle Dienstleistungserbringung als privates Wissensdienstleistungsunternehmen im Feld der sinnorientierten Führungskräfteentwicklung (*ISF-Leadership-Programm*[111]) – dies im Besonderen in Kooperation mit dem *Süddeutschen Institut für Logotherapie und Existenzanalyse* in Fürstenfeldbruck. An dieser Stelle bedanke ich mich auch für die Zusammenarbeit und vielfältige Unterstützung bei Dr. Otto Zsok und Nadja Palombo sehr herzlich. Weitere Informationen zum ISF und seinen Aktivitäten finden sich im Internet unter www.I-S-F-online.de.

© Andreas Mascha / München, Januar 2013

Andreas Mascha (Jahrgang 1967), Dipl. Betriebswirt (FH). Geschäftsführer des Instituts für Sinnorientierte Führung ISF (www.I-S-F-online.de), Managementberater, Trainer und Coach für integrales Management und sinnorientierte Führung.
Inhaber des IntegralManagement Beratungsgesellschaft (www.IntegralManagement.de). Autor vieler Aufsätze. Bewusstseinsforscher, Hochschuldozent und Verleger, u.a. auch der Littera-Reihe von Dr. Walter Böckmann. Siehe: www.AndreasMascha.de/VAM-Littera.pdf.
Kontakt: mascha@i-s-f-online.de

---

111 Weitere Informationen zum *ISF-Leadership-Programm* unter: www.I-S-F-online.de/curriculum.pdf

LITERATURVERZEICHNIS

Zunächst werden die Bücher und Schriften von Walter Böckmann aufgezählt, und dann andere Autoren, die in diesem Buch zitiert wurden.

Walter Böckmann: Bücher

Millionenverluste durch Führungsfehler, Düsseldorf – Wien: Econ Verlag 1967

Der Geist, der Zinsen trägt. Über Miteigentum, Mitverantwortung und Mitrisiko der Mitarbeiter in der Wirtschaft, Düsseldorf: Econ 1972

Botschaft der Urzeit. Zur Stammesgeschichte menschlichen Verhaltens, Düsseldorf: Econ 1979

Sinnorientierte Leistungsmotivation und Mitarbeiterführung. Ein Beitrag der Humanistischen Psychologie, insbesondere der Logotherapie nach Viktor E. Frankl, zum Sinn-Problem der Arbeit, Stuttgart: Enke 1980

Das Sinn-System. Psychotherapie des Erfolgsstrebens und der Misserfolgsangst, Düsseldorf: Econ 1981

Psychotherapie des Heilens. Arbeit – Konflikt – Kranksein in der Industriegesellschaft, Freiburg: Herder Verlag 1982

Wer Leistung fordert, muss Sinn bieten! Moderne Menschenführung in Wirtschaft und Gesellschaft, Düsseldorf: Econ 1984

Sinn-orientierte Führung als Kunst der Motivation, Landsberg: Verlag Moderne Industrie 1987

Sinn und Selbst. Vom Sinn-Verständnis zur Selbsterkenntnis, Weinheim: Beltz Verlag 1989

Vom Sinn zum Gewinn. Eine Denkschule für Manager, Wiesbaden: Gabler Verlag 1990

Lebenserfolg. Der Weg zur Selbsterkenntnis und Sinnerfüllung, Düsseldorf: Econ 1990

Freiwilligkeit ist der Preis der Freiheit, Band I und II, Bielefeld 1996 (nichtveröffentlichtes Manuskript)

SINN in Arbeit, Wirtschaft und Gesellschaft, Verlag Andreas Mascha Littera Publikationen 2008

Walter Böckmann: Aufsätze

Hemmende Strukturen in der Wirtschaft: Wirtschaftsordnung im Spiegel ihrer Gesellschaftsordnung (1969), in: Hemmende Strukturen in der heutigen Industriegesellschaft. Bericht eines interdisziplinären Symposiums, gdi-Verlag, Gottlieb Duttweiler-Institut für wirtschaftliche und soziale Studien, Rüschlikon-Zürich 1969, S. 107 – 122.

Am Anfang war der Sinn. Sinn als Zentraltheorem der Logotherapie und als „Grundbedingtheit" des Lebens, in: Logotherapie. Zeitschrift der Deutschen Gesellschaft für Logotherapie, Jahrgang 1, Heft 1, 1986, S. 44 – 62.

Viktor Frankl, nah, in: Logotherapie und Existenzanalyse. Sonderheft zum 90. Geburtstag von Univ. Prof. Dr. med. Dr. phil. Drs. h. c. mult. Viktor Emil Frankl (Zeitschrift der Deutschen Gesellschaft für Logotherapie und Existenzanalyse e. V.), März 1995, S. 28 – 33.

Die Bedeutung der Logotherapie für die Welt der Arbeit. Sinn – Zweck – Motivation in der Industriegesellschaft, in: Kompendium der Logotherapie und Existenzanalyse. Bewährte Grundlagen, neue Perspektiven, herausgegeben von Wolfram Kurz und Franz Sedlak, Tübingen: Verlag Lebenskunst 1995, S. 571 – 626.

„Sucht – Rausch – Sinn", in: Logotherapie und Existenzanalyse 2/1995 und 1/1996, S. 74 – 93.

Logotherapie und Sinn-Theorie. Überlegungen zum therapeutischen wie außertherapeutischen Umgang mit dem Frankl'schen Sinn-Begriff und seiner erweiterten Definition im Rahmen einer Sinn-Theorie, in: Journal des Viktor-Frankl-Instituts, 2/1997, S. 106 – 124.

Logotherapie – kritisch, in: Existenz und Logos. Zeitschrift für sinnzentrierte Therapie – Beratung – Bildung, Heft 14/2007, S. 7 – 15.

**Weitere Autoren und Werke,
die in diesem Buch zitiert wurden**

Adorno, Theodor Wiesengrund, Negative Dialektik, Frankfurt am Main: Suhrkamp Taschenbuch 1994

Allport, Gordon W., Gestalt und Wachstum in der Persönlichkeit, Meisenheim am Glan: Anton Hain Verlag 1970

Biller, Karlheinz und Stiegeler, Maria de Lourdes, Wörterbuch der Logotherapie und Existenzanalyse von Viktor E. Frankl. Sachbegriffe, Metaphern, Fremdwörter,Wien: Böhlau Verlag 2008

Bernoulli, Carl Albrecht, Rezension über Bô Yin Râ, Das Gespenst der Freiheit, Basel-Leipzig: Kober Verlag 1930, in: Blätter für Deutsche Philosophie (4) 1930

Bô Yin Râ (Joseph Anton Schneiderfranken):

Briefe an Einen und Viele, Bern: Kober Verlag 1971

Das Gespenst der Freiheit, Bern: Kober Verlag 1990

Das Geheimnis, Bern: Kober Verlag 1952

Das Buch der Gespräche, Bern: Kober Verlag 1978

Über dem Alltag, Bern: Kober Verlag 1979

Wegweiser, Bern: Kober Verlag 1992

Auferstehung, Bern: Kober Verlag 1981

Das Buch der Liebe, Bern: Kober Verlag 1990

Courtois, Stéphane u.a. Das Schwarzbuch des Kommunismus: Unterdrückung, Verbrechen und Terror, München: Piper Verlag 2004

Frankl, Viktor Emil:

Ärztliche Seelsorge, Wien: Deuticke Verlag 1946

Im Anfang war der Sinn. Von der Psychoanalyse zur Logotherapie. Ein Gespräch, München: Piper Verlag 1986 (zusammen mit Franz Kreuzer)

Der Wille zum Sinn. Ausgewählte Vorträge über Logotherapie, München: Piper Verlag 1991

… trotzdem Ja zum Leben sagen. Ein Psychologe erlebt das Konzentrationslager, München: Kösel Verlag 2012

Judt, Tony, Geschichte Europas von 1945 bis zur Gegenwart, München: Carl Hanser Verlag 2006

Kershaw, Ian, Das Ende. Kampf bis in den Untergang. NS-Deutschland 1944/45, München: Deutsche Verlags-Anstalt 2011

Kurbjuweit, Dirk, Die Stunde des Souveräns. Warum eine Volksabstimmung über die Euro-Politik notwendig ist. (Essay). In: Der Spiegel Nr. 36/03.09.2012, S. 30 – 31.

Kurz, Wolfgang und Sedlak, Franz (Hrsg.), Kompendium der Logotherapie und Existenzanalyse. Bewährte Grundlagen, neue Perspektiven, Tübingen: Verlag Lebenskunst 1995

Landmann, Michael, Philosophische Anthropologie, Berlin 1964

Le Bon, Gustave, Psychologie der Massen, Hamburg: Nikol Verlag 2009

Lukas, Elisabeth:

Wer ist der Gaukler? – Einspruch gegen eine Diffamierung der Logotherapie, in: Journal des Viktor-Frankl-Instituts, Nummer 2/1994, S. 89 – 93

Heilungsgeschichten. Wie Logotherapie Menschen hilft, Freiburg: Herder Verlag 1998

Rendezvous mit dem Leben. Ermutigungen für die Zukunft, München: Kösel Verlag 2000

Spannendes Leben. Ein Logotherapiebuch, München: Profil Verlag 2003

Mak, Geert, Was, wenn Europa scheitert, München: Pantheon Verlag 2012

Maset, Pierangelo, Geistessterben. Eine Diagnose, Stuttgart: Radius Verlag 2010

Scheler, Max:

Der Formalismus in der Ethik und die materiale Wertethik. Neuer Versuch der Grundlegung eines ethischen Personalismus, Bern und München: Franke Verlag 1980

Die Stellung des Menschen im Kosmos, Bonn 1991

Schwarz, Hans-Peter, Helmut Kohl. Eine politische Biographie, München: Deutsche Verlags-Anstalt 2012

Velten, Wilhelm, Kriegserlebnisse eines Unfreiwilligen von 1943 bis 1945. Auf Rädern, im Sattel und zu Fuß von Frankreich nach Italien und von dort durch Lazarette in die alte Heimat der Vertriebenen. Ein authentischer Bericht, Thalhofen: Bauer-Verlag 2011

Zsok, Otto:

Sinn ist nicht machbar. Über den transsubjektiven Charakter des Logos in der Logotherapie, in: Existenz und Logos, Heft 1/2000, S. 110 – 125.

Vom guten und vom bösen Menschen, St. Ottilien: EOS Verlag 2002

Der Arztphilosoph Viktor E. Frankl (1905 – 1997). Ein geistiges Profil, St. Ottilien: EOS-Verlag 2005

Das geistig „Unbewusste" oder das geistig „Unterbewusste"? Kritischer Versuch, das Gemeinte adäquat auszudrücken, in: Existenz und Logos, Heft 17/2009, 49 – 73.

Weiterwirkende Sinn-Spuren. Bleibender Wille zum Sinn. Zum 25-jährigen Bestehen des Süddeutschen Instituts für Logotherapie und Existenzanalyse, Edition: Logos und Ethos, Bauer-Verlag 2011

Biologismus und Rassenwahn in Deutschland in den Jahren 1859 – 1939 im Lichte der Logotherapie und Existenzanalyse Viktor E. Frankl, in: Existenz und Logos, Heft 20/2012, S. 38 – 62.

NAMENREGISTER

Auf eine vollständige Aufzählung aller Personennamen wurde hier bewusst verzichtet. Es gibt so viele nicht und die meisten werden nur ein oder zwei Mal erwähnt, wenn man vom Namen des Wiener Arztphilosophen *Viktor E. Frankl* absieht. Deshalb werden weder Frankl noch Böckmann im Namenregister auftauchen, da sie fast auf jeder Seite des Buches „mit im Spiel" sind. Walter Böckmann bezieht sich in seinen Büchern, die hier zitiert worden sind, öfters auf Persönlichkeiten, die im Zweiten Weltkrieg eine „große" Rolle gespielt haben. Über Hitler, Goebbels u.a. Nazis spricht Böckmann in einer „anderen, *düsteren* Tonart", – eher im Sinne einer Abschreckung, – als beispielsweise über *Churchill* und *Montgomery,* die er mit einer deutlichen positiven Konnotation erwähnt.

Die nach dem Geschmack des Autors wichtigen Namen, die im Buch – und vor allem in den Texten von Böckmann – vorkommen, seien nun alphabetisch aufgelistet:

ÜBER DEN AUTOR

Otto Zsok, (Jahrgang 1957), ist seit 1991 Dozent am Süddeutschen Institut für Logotherapie und Existenzanalyse in Fürstenfeldbruck. Dort seit 2003 auch Institutsdirektor und Vorstand. Er ist verheiratet, hat einen Sohn und lebt in Fürstenfeldbruck. Studien: Katholische Theologie und Christliche Gesellschaftslehre (Diplom) in Freiburg im Breisgau, und Philosophie in München (Promotion mit dem Thema *Musik und Transzendenz,* EOS Verlag 1998). Rundfunkjournalist (1983 – 1991) und Sozialarbeiter (1986 – 1993) in München. Übersetzer. Ausgezeichnet mit dem »Viktor-Frankl-Preis« der Stadt Wien (2001). Europäisches Zertifikat für Psychotherapie (2005). Zusammen mit Berthold Goerdeler und Dr.-Ing. Siegfried Pfeiff Mitbegründer der »Logos und Ethos Stiftung für Logotherapie und Existenzanalyse« (2007). Seit 1989 Referent und seit 1991 Lehrtherapeut. Viele Vorträge und Seminare. Autor zahlreicher Aufsätze und Bücher: *Das Rätsel, das aus Kinderaugen fragt. Nach Texten von Viktor Frankl und Bô Yin Râ* (2000, zusammen mit der Fotografin Rita Briese); *Logotherapie in Aktion* (2002, Herausgeber); *Vom guten und vom bösen Menschen* (2002); *Der Arztphilosoph Viktor E. Frankl. Ein geistiges Profil* (2005); *Sinn-Funken. Ein neues Menschenbild für die Wirtschaft* (2007, zusammen mit Erich Schechner); *Vom Sinn und Glück des Alters* (2007); *Thomas von Aquin. Liebe und Hass. Wege der mittelalterlichen Weisheit* (2007, hrsg. zusammen mit Rita Briese); *Sozialethische Dimensionen in Politik und Wirtschaft* (2008); *Sinnseelsorge* (2009, zusammen mit Stephan Neufanger); *Viele suchten und suchen noch den Sinn. Erfahrungen eines Dozenten für Logotherapie und Existenzanalyse,* Edition: Logos und Ethos, Bauer-Verlag 2011. –
Adresse:
Süddeutsches Institut für Logotherapie und Existenzanalyse gAG
D – 82256 Fürstenfeldbruck / Hauptstraße 9
Tel.: 08141 – 180 41
E-Mail: si@logotherapie.de
Homepage: www.logotherapie.de
Und: www.logos-und-ethos.de

SINNSPUREN UND WIRTSCHAFT
herausgegeben von Otto Zsok

BAND 1

Erich Schechner / Otto Zsok

Sinn-Funken
Ein neues Menschenbild für die Wirtschaft

192 Seiten, broschiert, € 14,80, ISBN 978-3-8306-7289-0

Soziale oder persönliche Normen führen zu Kooperation und zur gelebten Verantwortung. Nicht die „große Masse", sondern viele Einzelne, die seelisch und geistig wach geworden sind, bewirken, dass unser Leben humaner wird. In einer Hinführung wird aufgezeigt, wie die Orientierung an Sinn und Werten zu einer besseren Wirtschaft und Politik führt. Dabei wird besonders eine europäische und globale Perspektive betont.

www.eos-verlag.de

SINNSPUREN UND WIRTSCHAFT
herausgegeben von Otto Zsok

BAND 2

Andreas Wingartz

»An mir« führt kein Weg vorbei
Humane Gesichtspunkte
einer zeitgemäßen Führung

158 Seiten, broschiert, € 14,80, ISBN 978-3-8306-7291-3

Führen ist eine Aufgabe, die täglich stattfindet und auf das Individuum abgestimmt sein muss. Von entscheidender Bedeutung ist dabei der Zusammenhang zwischen gelungener Lebensführung und erfolgreicher Betriebsführung. Management sollte nicht von Wertorientierung und Sinnzentrierung getrennt werden: „An mir" führt kein Weg vorbei.

www.eos-verlag.de

SINNSPUREN UND WIRTSCHAFT
herausgegeben von Otto Zsok

BAND 3

Otto Zsok

Sozialethische Dimensionen
in Politik und Wirtschaft

182 Seiten, broschiert, € 14,80, ISBN 978-3-8306-7341-5

Soziale oder persönliche Normen führen zu Kooperation und zur gelebten Verantwortung. Nicht die „große Masse", sondern viele Einzelne, die seelisch und geistig wach geworden sind, bewirken, dass unser Leben humaner wird. In einer Hinführung wird aufgezeigt, wie die Orientierung an Sinn und Werten zu einer besseren Wirtschaft und Politik führt. Dabei wird besonders eine europäische und globale Perspektive betont.

www.eos-verlag.de